细微之处看教育

XIPIN SHIDAO

JIAOYU GUSHI YU

SHANGXI

细品师道：

教育故事与赏析

孙望安 编著

華中師範大學出版社

图书在版编目(CIP)数据

细品师道:教育故事与赏析/孙望安编著.—武汉:华中师范大学出版社,2023.5

ISBN 978-7-5769-0107-8

Ⅰ.①细… Ⅱ.①孙… Ⅲ.①学校教育—案例 Ⅳ.①G4

中国国家版本馆 CIP 数据核字(2023)第 058261 号

细品师道:教育故事与赏析

© 孙望安 编著

出　　版:华中师范大学出版社

社　　址:武汉市洪山区珞喻路 152 号　　邮　　编:430079

策　　划:基础教育分社

责任编辑:缪　玲　　责任校对:肖　阳

封面设计:胡　灿

电　　话:027-67863040(市场部)　　027-67862387(编辑部)

传　　真:027-67863291　　邮　　购:027-67861321

网　　址:http://press.ccnu.edu.cn　　电子信箱:press@mail.ccnu.edu.cn

印　　刷:湖北新华印务有限公司　　督　　印:刘　敏

字　　数:360 千字

开　　本:710mm×1000mm 1/16　　印　　张:25.5

版　　次:2023 年 5 月第 1 版　　印　　次:2023 年 5 月第 1 次印刷

定　　价:68.00 元

欢迎上网查询、购书

序

XU

我们的中小学教师大都经历或见证过本书中所描述的教育故事（案例），然而如何看待所发生的一切、所观察的一切、所施行的一切、所记录的一切，则往往仁者见仁，智者见智。认识有高低，角度有异同，看法有深浅，想把问题看准、看深、看透并非易事。

讲述教育故事，积累教育案例，看似一个比较简单的举动，但是站在立德树人的高度，从教育专业人士的角度，将视野扩展到现实社会背景、大众对教育的期待以及教育改革与发展等方面去理解和探讨教育，就能反映出教育工作者本人所拥有的教育格局。

微小教育故事、案例、随笔等通常是一事一叙、一案一录，充满解决实际问题的技巧与妙方，包括为人师者需平等对待每一个学生的原则。教师在教育教学活动中给予学生平等的机会，会让他们感悟到自己在教师心目中的位置。教育实践中的细节没有做不到的，只是唯恐临场想不到。教师细心观察，敏锐发现，临场应对（变），时刻关注学生成长中的细微变化，这就是靶向施策、精准引导，这些都需要教师拥有教育智慧。

书中教育故事（案例）必定会涉及教师个人在故事（案例）中扮演的角色、发挥的作用、获得的感悟等，这就是将讲述者或其同事置于其中，重新认识过往或实时教育实践的举动。作为故事（案例）中的主角，老师面临的场景既有“润物无声”，也有“如履薄冰”或“惊涛骇浪”；既有“非管不可”“无法绕过”，也有“无关紧要”或“亦可回避”等，然而他们往往主动应对，谨慎处置，体现出教师的责任感与担当精神。

无论是在敞亮的教室里还是宜人的校园中，施教的讲台和活动的场地相对是比较小的，因此通常说老师脚踏的是狭小的三尺讲台，引领的却是学生心灵的无限空间。在狭小的讲台上、在有限的校园里上演的不乏“大戏”——培养出诚实、辛勤的劳动者，孕育出社会各界的骨干与精英。广大教师将小教室与小校园当成自己与学生人生与事业的大舞台，奋斗终生。

尤其难能可贵的是，有的教师非常勇敢地分享了并非十分“成功”，甚至因曾经不当的态度或不完美的方法导致“失败”的教育故事（案例）。事实上，“失败”的故事（案例）同样值得分享与研究。因此，编撰者在着重给教育故事（案例）配上点评与赏析，尤其是对其中部分故事提出“有待商榷”时，并不是在对原创故事（案例）作者的教育教学能力进行评价，而只是对发生的问题进行探讨与研究。在讲述“失败”的故事时，当事老师从选题开始就已经对事发过程有了深刻的认识，对其研究价值做出了恰当的判断，此时的讲述与分享更能反映出写作者认识的升华。

对教育叙事和教育案例研究存有误解的不乏其人，误以为会讲、会写，就能讲出好故事、写出好案例，其实不然。熟练掌握讲和写的技巧固然很重要，但是讲和写既不是出发点，也不该成为落脚点。好的教育叙事和教育案例，无论是偏重分享成功经验，还是反思失败教训，教师在教育教学实践中秉承的教育理念和持有的工作态度才是关键。纵观《细品师道：教育故事与赏析》所含的58篇教育故事（案例），从教育实践到故事讲述、案例分享，无处不反映出教师对学生的关爱，对教育事业的忠诚，在被需要时表现出的担当，在日复一日的工作中的可贵奉献。

因此，撰写教育故事（案例）等，尤其是日常积累，绝非只是通过积累提高教育写作能力，而是在提高教育研究能力，最终达到提升教育教学以及教育管理水平的目的。点评与赏析则从不同的视角，甚至站在不同的高度对教育故事（案例）进行评判，或肯定赞赏，或商榷质疑，读字里行间，释弦外之意。

简而言之，教师讲述的是故事（案例），展示的是智慧，引发的是思考，升华的是认识，锤炼的是师魂，坚守的是初心；另一方面，赏析的是要点，紧扣的是细节，赞赏的是精神，商榷的是观点，期待的是共鸣。

但愿《细品师道：教育故事与赏析》能让读者产生自己的思考与感悟，继而进一步激发他们的职业热情，讲述和演绎属于自己的精彩教育经历与教育故事，分享教师耕耘的芬芳，关注和解决好学生成长中的困惑与问题，切实履行立德树人根本任务。

以此为序。

2023 年 2 月

目录

MULU

第一编　热血与冰河的碰撞

第二编　“补丁”创造教育之美

第三编　施教如苔　虽微却著

第四编 走出迷茫 走进青春

第五编 静待之中“修枝整叶”

第六编 休止并非意味放弃

第一编
热血与冰河的碰撞

五块钱的事

故事撰写：任自锋，湖北省枣阳市杨垱镇中心小学

这是多年前的故事了，但我却总是记忆犹新。

那天，上课铃响起，我准时走进教室，刚站上讲台，几个孩子叽叽喳喳开始向我报告了：

“老师，邢嘉怡（化名）* 哭了！”

“老师，邢嘉怡奶奶给她五块钱让她中午买饭，下课时徐鸣川从邢嘉怡文具盒里把钱偷了！”

“老师，徐鸣川又偷钱了，她就是个小偷！”

…………

我示意让学生们停下来，教室里安静后，邢嘉怡仍趴在课桌上伤心地哭着。在她前面，徐鸣川满脸涨得通红，倔强地拗着脖子，眼里含着泪花，嘴中重复地说着：“我没偷，谁看见我偷了？我没偷，谁看见我偷了……”

“案情”已经基本清楚，邢嘉怡的五块钱丢了，学生们怀疑是她前排的徐鸣川偷的，但没有证据。邢嘉怡是我们四（1）班比较优秀的一名学生，平时言语不多，上课认真，学习勤奋，成绩优异，是老师眼中的好学生。邢嘉怡的父母在外打工，由爷爷奶奶看护，她平时放学都自己回家吃饭，今天奶奶给她五块钱让她中午自己买饭，与正是农忙收割季有关。徐鸣川

* 说明：本书故事（案例）中出现的人名均为化名。

父母也在外面打工，爷爷去世了，由奶奶在看管，她奶奶一人看管着两个儿子的四个孩子，接送不过来，便将徐鸣川放在校外托管处，每周一送到学校，周五接走。徐鸣川一日三餐都在托管阿姨家吃，晚上也在托管那里住。徐鸣川本也是一个聪明的女孩子，但因缺失监管，她养成了贪玩、乱花钱、不做作业的坏习惯，成了老师眼中的问题学生。

我让邢嘉怡站起来，问："邢嘉怡，你看见谁拿你的钱了吗？"邢嘉怡两眼哭得红红的，茫然地看着我，摇了摇头。我又让徐鸣川站起来，问："徐鸣川，你抬头看着老师，我问你，你拿邢嘉怡的钱了吗？"

徐鸣川气呼呼地站起来，还是倔强地拗着脖子，眼睛斜到一边，像放机关枪似的说："我没偷，没偷就是没偷，谁看见我偷了？谁看见我偷了？"

"就是她偷的，我们看见她下课还到学校小卖部买东西吃了，正好拿的五块钱，就是偷的邢嘉怡的钱！"一个很有正义感的小男生立马站起来反驳徐鸣川。徐鸣川的脸一下子又涨得通红，争辩道："那，那五块钱，是，是星期一我奶奶给我的，不是偷的！"

我再次示意学生安静，说出了我的处理意见："同学们，今天邢嘉怡的五块钱丢了，那是她中午的饭钱，我们不能让邢嘉怡同学中午挨饿吧？徐鸣川说她没拿，老师相信她说的是真的，相信徐鸣川想做一个好学生，大家没有证据不能随便怀疑自己的同学。这样吧，我给邢嘉怡五块钱，今天我请她吃中饭。"说完，我顺手从裤兜里掏出五块钱放在邢嘉怡的课桌上。

我本准备过两天再找徐鸣川谈谈，故事到此应该结束了。

然而"剧情"很快翻转。班主任王老师眼里容不得沙子。在得知此事后，王老师坚持现在就要把事情查清楚，还请了徐鸣川的奶奶到校协助教育。一连几个回合的质问、反驳和求证，王老师对徐鸣川"步步紧逼"，为的就是让徐鸣川说真话，承认自己的错误。然而徐鸣川拒绝当面承认错误，王老师也无计可施，只好要求她奶奶将她带回去教育，等她说清五块钱的来历后再来上学。徐鸣川的奶奶也是气得直颤抖，对孙女恨铁不成钢，当着老师的面甩了孩子两巴掌。

徐鸣川走后，班主任王老师走到我面前开始介绍整个处理经过，数落徐鸣川刚才是如何狡辩，她又是如何一次又一次揭穿她的谎言。望着认真负责的王老师，我一句话也没听进去。我的心里在一遍又一遍地呐喊：“班主任，五块钱的事，你有必要吗？”

◆ 故事赏析

有效沟通方能形成教育合力

● 故事特点

故事讲述了两个老师处理同一起“偷窃”事件所持的不同态度。两个老师的反差很明显，一个是宽容、体贴，顾及当事学生的脸面与感受；另一个是严格、较真，不容学生有任何侥幸与谎言。两位老师的性格不一样，岗位不一样，但是这些都不重要，重要的是他们在教育方式上的分歧很可能来自各自所持的不同教育理念。从当事学生的年龄段以及两种方式的效果看，科任老师的态度与方式更有利于维护学生的自尊，值得肯定。

因势利导现场调查，表明立场与态度。科任老师进教室后，从学生们的议论声中获取信息，很快便掌握了“案情”，本着公平的原则，分别让相关的邢嘉怡和徐鸣川陈述。在两位学生各执一词的情况下，没有继续纠缠，而是很明确地表明了老师的立场。

科任老师在课堂上遇见突发状况，有些很可能与所承担的教学任务没有直接的联系。但是，这时科任老师不可视而不见、充耳不闻。科任老师在做了现场调查后，首先是安抚了丢钱的邢嘉怡同学，减少或消除其因丢钱而产生的痛苦与不安。其次是避免了浪费宝贵的课堂教学时间。迅速处理完突发事件后，全班同学很快进入课堂学习状态，且不会在猜疑中影响学习效果。最后是为课后跟进调查处理留足了余地和空间。对于徐鸣川是否拿了同学的钱的问题，课后还有机会进一步核实并施以相应的教育和引导。

明知真相不揭谎言，维护自尊与脸面。在教育故事陈述中，当事老师在表明态度之前，在脑海里像放电影一样扫描了两个学生的家庭情况以及在校表现。从两个孩子不同的处境和在校表现，老师或许已经有一个基本的判断，但是没有直截了当地当着全班同学的面说出实情，而是采取了比较婉转的办法。对于邢嘉怡这样“老师眼中的好学生”，老师相信她丢钱是真实的，侧重解决其丢钱后面临的午饭困难和心理上的压力问题；而对于“老师眼中的问题学生”徐鸣川，老师当众表示“相信徐鸣川想做一个好学生”。这“想做”两个字既表达了老师的希望，也提出了要求，有效地为该生维护了自尊与脸面。

事虽已毕但放心不下，撰稿梳理与反思。在当事老师撰写本教育故事的时候，有关“五块钱的事”肯定早已处理完毕，但是科任老师仍然不能放下。略加对比分析，班主任的处理方式存在明显的瑕疵，而故事撰稿人的处理方式明显要优于前者，它至少避免了矛盾的激化，能保住学生和家长的脸面。若能在课后跟踪徐鸣川对其进行相应的教育引导，助其认识偷拿同学的钱以及说谎的错误，相信结果会比较圆满。

撰稿者通过撰写教育故事，进一步深入思考，总结正反两个方面的经验和教训，以利于后期改进教育引导工作，提升专业水平。通俗地讲，就是撰稿者在教育实践中做了一次有心人，学会观察现象，分析缘由，从应对和处理日常细小的教育现象和问题中不断感悟教育的真谛，提升教育教学专业能力。

● 有待商榷

发现学生有偷窃和撒谎的行为时，老师的教育引导办法可有多种选择，事后也该有补救或跟进措施。对于本故事后期老师是否曾有过补救或跟踪办法我们不得而知。但就故事中记录的处理过程而言，有些地方的确值得商榷。

从整体上看，教师之间缺乏及时的、必要的交流与沟通。班主任在得知此事时，忽视了科任老师是否在课堂上已做出处理等因素。而科任老师当堂做出处置后，也没有将问题告知班主任。班主任与科任老师在工作上若已形成默契，也许会主动考虑相互之间先行交流后再做选择。

就班主任而言，所用方法简单欠考虑。班主任采取“步步紧逼”“不依不饶”“一查到底”的办法来处理一个小学四年级女生的问题，显然不是最好的选择。即使徐鸣川此前有过同样的不良行为，班主任也应该充分考虑处置方式对学生的影响。维护尊严与脸面并不意味着对问题学生放纵不管，而是给该生必要的时间和空间让其认识错误。

就科任老师而言，后期的态度略显消极。“我一句话也没听进去。”“我的心里在一遍又一遍地呐喊：‘班主任，五块钱的事，你有必要吗？’”从这几句话中可见其对班主任处置方式并不赞同。既然如此，为何不能开诚布公与班主任进行充分沟通呢？是碍于同事之间的面子，还是出于对年长老师的尊重，我们不得而知。但无论是何种原因，在教育学生的问题上，同事之间不该存有个人的芥蒂。教育工作者常说“一切为了学生”。因此，我们应该采取更加积极的态度，即使身处两难境地，仍然要有所作为。

● 建言促改

不能低估班主任揭穿徐鸣川的谎言对其本人及家长（奶奶）造成的负面影响。尽管在处理的过程中，科任老师和班主任的态度不同、意见有分歧，但是事后仍然有必要共同努力做好后续工作。这既是徐鸣川健康成长的需要，也是教师自身专业成长的需要。

首先，尽快达成一致意见。根据故事情节，科任老师可以主动找到班主任，说明自己的想法以及在课堂上处置的过程，包括原本打算进行的后续工作，认真听取班主任对学生采取措施的动机和后续反思。在此基础上，两位老师可对该事件中两种截然不同的处理方式的利弊进行深入分析，特别是在事件对学生造成的负面影响方面要进行细致的分析，在分析中统一意见和看法，并共同采取跟进措施。

其次，联手消除负面影响。此事对徐鸣川及其家长的负面影响已成事实，需要解决的是如何消除负面影响或将负面影响减小到最低程度。至少可做如下几项工作：一是引导徐鸣川认识“拿钱”以及撒谎的错误。实事求是，切不可顾及负面影响再去否定客观事实。二是向学生和家长解释不同的处理方式的出发点。一个是希望留至课后再深入沟通引导，另外一个是通过一查到底纠正学生说谎的毛病，共同之处就是矫正学生的不良习惯。三是主动家访，做好奶奶的安抚工作。奶奶愤怒的举动是内心五味杂陈的反映，饱含带娃的辛苦、管不住娃的无奈、丢失脸面的难堪等。老师可视情况进一步向家长介绍孩子在行为习惯方面的缺点，以及下一步的跟进措施，强调老师有改善学生学习生活习惯的信心，从而争取家长的配合与支持。四是必要时直接与学生的父母联系，说明情况，提出具体建议。

最后，建立有效沟通机制。学生德育工作和班级管理少不了科任老师的参与，但是对待同样的问题或现象，不同经历或不同年龄的老师的处理态度和方式很难做到完全一致。本故事中科任老师和班主任分别采取的两种截然不同的方式就是一个很现实的例子。为了增强德育工作和班级管理等的合力，在班主任和科任老师之间需要建立有效的沟通机制。这个牵头的责任最好由班主任承担，既要定期沟通，又要在遇到特殊问题时及时沟通。科任老师在课堂上发现和处理问题后，需在课后及时告知班主任，并提出后续跟进建议。班主任得知学生在课堂上有过异常状况时，除非是涉及学生安全的紧急问题，一般可先与科任老师沟通后再行处置（理）。不然，教师之间缺少沟通机制，教师对学生的教育也会缺乏有效性。

（原载《湖北教育》2019 年第 33 期）

代管“闲事”闹出“大动静”

故事撰写：刘治，湖北省公安县甘家厂小学

李晓波是一个成绩优秀的孩子，在学校表现挺不错，但是他性格倔强，在家总和妈妈“对着干”。

一天，我突然收到了李晓波妈妈的短信：“刘老师，请您帮我教育下李晓波，他每天回来就是玩手机，不让玩就发脾气，还故意打妹妹。他爸爸在外打工，我一个人带两个孩子，实在管不住他了。麻烦您帮我教育教育他。谢谢您了。”感受到家长深深的无奈和无助，我决定帮助李晓波妈妈。

这天上课，我在学生中做了一个小调查，让大家讨论放学回家以后都做些什么，并分析了玩手机的危害。我想借此机会让李晓波认识到自己的错误，同时又可以不“出卖”家长，不激化矛盾。但是李晓波对此毫无反应，若无其事地和身后的同学聊天。看到他不以为意的样子，我怒斥：“李晓波，你为什么不认真听讲?”他转回身子来。但我仍在气头上：“听说你特别喜欢玩手机，还跟家长吵架，不让你玩手机还打妹妹?”听到我的斥责，他忍不住回了我一句：“我没有。”我让他站到讲台上来。可是无论我怎么命令，他都不为所动。我飞快地走到他的座位边揪住他的衣袖，将他拉到讲台上，还“威胁”道：“今天中午不准你吃饭。”

下课后，同学们都像平时一样排好队去吃饭，而李晓波却站在教室里一动也不动。我走过去问他：“你知道错了没有?”谁知道他依然倔强地说：“我没有。”这样僵持并不是办法。我收起怒气，摸了摸他的耳朵说：“你这耳朵怎么不听话，你听点话不行啊？”谁知道他立即回道：“我回家去的。”学校规定上学期间学生不得随意进出学校。我便回道：“回去？校门口的门卫不会放你出门，我看你怎么回去！”我话音刚落，只见他“嗖”地一下窜出教室，我立刻追了出去。但我穿着高跟鞋追不上他，刚追出教室便不见孩子踪影。我立即调取了学校各处的监控，并发动了班上学生一起找，都找不见孩子。我又马上联系了学生家长，并向学校负责安全方面的领导反映了情况，领导也出面帮忙找孩子。在大家寻找了近 3 个小时后，我终于接到了李晓波妈妈的电话，她说：“孩子回家了，他说是自己翻墙出来的。”后来，李晓波妈妈还隐约表示孩子说我揪他耳朵了。我想是我当时为了缓和气氛，摸了摸他的耳朵，以为更亲近。但家长并不知道实情，言语中似乎还有些埋怨。我有些后悔帮忙处理家长和孩子的矛盾，如此吃力不讨好的事早知道就不掺和了。

第二天，孩子来到教室，我也接到校长的电话，说这事就此作罢，让孩子回教室上课。

再后来的一次课后，我把李晓波叫到身边跟他敞开心扉，讲述了之前发生那件事时老师的心态，也告诉了他父母的良苦用心。自那以后，李晓波的表现规矩了许多。

我曾有很长一段时间对李晓波及其家长耿耿于怀，上课也不太搭理这孩子；现在回想起来，心里还是充满了内疚。那时候因为自己的情绪，没有冷静地处理问题，对孩子的冷落也让孩子情绪低沉了很久。后来，我也尝试着进行补救。比如，有段时间李晓波妈妈外出打工，李晓波转为住校，我就在查寝的时候和他聊天，询问一下他和他妈妈的情况，经过几次接触，感觉孩子比以前懂事了许多。

作为一名有多年教学经验的老师，自己在处理事情的时候仍会有许多不妥当之处。希望我能吸取教训，争取在以后的教学中能够更好地处理问题，做一名优秀的人民教师。

◆故事赏析

坦诚交流，合理惩戒

●故事特点

一、代管“闲事”展现了担当精神

故事的起因是当事老师接到了一则家长的短信。作为班主任，收到家长类似短信是常态。班主任没有置之不理，而是在思考中寻找恰当的机会引导学生。

从故事情节上看，李晓波同学在校期间没有突出的不良行为，老师也没有发现该生在校有玩手机的毛病。班主任利用上课机会，引导全班学生不要沉迷于手机，其实内心的指向就是李晓波，这也是对家长提出的请求做出的积极回应，是担当与负责的体现。

通常我们讲家校合作，在很多情况下都是老师请求家长配合的比较多。家长请求老师帮助纠正孩子的不当行为或缺点，这反映了家长对老师的信任与期盼。在很多家长心目中，自己缺少方法，教育不好孩子，而老师是“先生”，是教育的专业工作者，自然会有办法纠正孩子出现的偏差。因此，对于家长的请求，老师不能一推了之，或只要求家长自己想办法解决孩子在家出现的问题。孩子的行为习惯、品德品行的养成会受到不同环境的影响，孩子甚至会在不同的场景中有不同的表现，但是校内与校外的教育与引导是不可分割开来的。老师可充分利用家长提供的信息，有针对性地做好教育引导工作。

故事里，班主任在对家长的请求作出回应时，碰到了始料未及的状况，其行为受到家长质疑时，老师的思想和情绪也出现过波动，但这丝毫不影响老师管“闲事”所体现出的担当与责任感。相信绝大部分老师遇见类似

"闲事"也会毫不犹豫地管下去。

二、将学生安全放在了首要位置

利用上课内容结合生活向学生讲解玩手机的危害性，这本身并无任何不安全因素。然而，随着师生矛盾的激化，老师不曾料想李晓波会跟老师赌气，不吃午饭。其实这时候老师已经下意识地感觉到安全风险，在随后的交谈中老师选择和解的态度："摸了摸他的耳朵"；在李晓波"'嗖'地一下窜出教室"后，老师赶紧去追。

在不见学生踪影的近3个小时里，班主任、校领导、班上学生在校园里寻找，调看校园监控录像，联系家长。这一切都证实了老师以及学校对学生安全的高度重视，没有半点的懈怠与马虎。

不见学生踪影，无疑隐藏着安全风险。学生翻院墙可能导致其摔伤，出校后学生还很有可能不直接回家或在途中滋生其他想法乃至遭遇险象。只有见到孩子，或确切知道他的去处，老师才能将一颗悬着的心放下。安全风险，我们宁可信其有，保持加倍警惕，不可轻信无而掉以轻心。历经近3个小时的折腾，幸运的是李晓波安全回家了，但老师和学校对学生安全高度重视的态度以及采取的寻找措施值得称道。

三、惩戒遭误解却摆脱了怨悔

在故事的发展过程中，班主任在几个节点上实施了教育惩戒。例如，李晓波在课堂上不听教诲并顶撞时，老师对其当堂进行了批评；继而让他站到讲台上来，"飞快地走到他的座位边揪住他的衣袖，将他拉到讲台上来"，并"威胁"孩子："今天中午不准你吃饭。"这几个举动具有典型的教育惩戒的特征。虽然家长对老师的这几个举动没有提出质疑，但是误以为老师"摸了摸他的耳朵"是在过度惩戒。根据故事中所描述的情节，这个误会首先应该是来自学生，这也许是他“‘嗖’地一下窜出教室”的直接原因。其次还有来自家长的误解，不仅仅是以为老师“揪”了孩子的耳朵，很有可能对老师在课堂上的几项惩戒措施都不满意，只是抓住“摸耳朵”发泄不满。

学生的误解，班主任或许可以理解。但帮家长管教孩子在家的不良行为，最终遭受质疑与误解，这难免使老师产生怨悔。

最终，老师的理智战胜了怨悔。在之后和学生的相处中，老师还采取诸多举动亲近该生，体现了人民教师无私的思想境界。

● 有待商榷

代家长管学生“闲事”，老师的出发点是好的，发生预料之外的情节后所做的工作，也是认真负责的。但是冷静反思事情发生和发展的过程，老师在教育引导该生的过程中的一些细节还值得斟酌。

一是欲当堂纠正不良习惯，结果顾此失彼。家长专门向老师求助，这足以说明孩子在家玩手机的习惯已经达到家长无法纠正的程度。老师从中已做判断：纠正该生玩手机的不良习惯并非易事。

然而老师在课堂上的言辞不仅“暴露”了妈妈向老师告状，而且还踩到了孩子“性格倔强”的雷区。若是换一种思路与方式，采用“顺毛摸”的方法，肯定他在学校不玩手机、学习成绩好等优点，劝说其在家里与在学校表现一样好，或许这样教育引导的效果会更好，也不至于将家长卷到该事件之中。

二是原想吓唬能发挥作用，没料学生当真。不认错就不准吃午饭，很明显这是在吓唬学生。老师就是想利用儿童的恐惧心理，促使其尽快认错，但是没想到这个倔强的孩子会跟老师较真。

记得有这样一个故事：小孩在家捣蛋，其父吓唬他说，这个家不要他了，要他滚出去。没想到晚饭时候，天色渐黑，这孩子还没回家。其父四处寻找，最终在院子的角落找到了十分沮丧的孩子。父亲问其为何不回家吃饭，孩子哭泣着答道：“是你们让我从家里滚出去的。”家长听后十分后悔，想想都后怕。年幼的孩子无法辨别老师或家长是吓唬还是在动真格。因此，吓唬的手段无论是老师还是家长不可轻易使用，更不能经常使用。

● 建言促改

学生第二天照例回到班级上课，老师也逐步采取了相应的措施化解师生矛盾，改善师生关系。但是对于纠正学生不良行为习惯的工作不可放松，更不能放弃合理的要求。第一，要落实随后的惩戒措施。学生上课说小话、顶撞老师、不接受惩戒、不辞而别等缺点和问题，仍然需要老师采取跟进措施予以引导和纠正，紧跟其后的惩戒措施应该敦促其按要求完成。这并非要揪住学生的问题不放，而是要通过完整的过程让学生受到真正的教育。第二，跟进学生在家行为习惯的变化。事情因纠正学生在家玩手机而起，老师与家长的最终目的都是纠正孩子的行为习惯。老师在分析问题时就应该与家长坦诚交流，给予家长必要的指导。第三，与学生的沟通可以更坦诚。老师在事后主动接近学生做了积极的工作，并在回忆这个教育故事时“充满了内疚”。既然有如此感悟，就应主动找到学生沟通，在劝说学生认识自身错误的同时，也告诉学生老师采取“吓唬”“冷落”等办法有失妥当。当学生冷静下来后，坦诚的交流定能进一步引导学生理解老师的良苦用心。这样我们更有理由期盼，学生在思想认识和行为习惯方面会发生较大变化。

（原载《湖北教育》2019 年第 36 期）

我的第一个教育故事

故事撰写：肖婉，湖北省红安国际育才实验学校

初春的阳光透过窗户洒在我身上，因冬季帮孩子们提水，给孩子们洗澡、洗头、梳头而生冻疮的手，又开始痒了……

那天，教务处秦老师领着一个男孩过来，笑呵呵地对我说，宝娃很聪明，多关注一下。宝娃的父亲身板精瘦，一看就是长期做体力活的人。他留下电话号码后便匆忙离开。就这样，二年级迎来了第13个孩子。

我所在的学校是一所十二年一贯制农村学校，专门接收留守儿童。我不仅是他们的老师，更是他们在学校的“妈妈”，这也是我为什么还能在这里坚持下来的唯一动力。

在下午的课堂上，宝娃几乎不听讲，他从作文本上撕下一张纸，折成飞机，在嘴边哈了一口气，准备让飞机“起飞”的时候，被我一个眼神制止了。……他两眼无光，直觉告诉我，他是个有故事的孩子。我本打算下课后和他好好聊聊，然而，他一下课就一溜烟跑出了教室。

每天下午课程结束后，孩子们先提水洗脸、泡脚。当天全班依然只有12人，不知道宝娃跑哪儿去了。吃饭的时候他倒是来了。一般情况下我不会在吃饭的时候批评孩子，只好等晚自习时再谈。刚吃过晚饭，政教处王老师告诉我学校超市失窃了。监控画面里拍得清清楚楚，宝娃无法抵赖！

缓过神后我立马联系家长。他爸爸在电话里开口就问：“孩子是不是在学校闯祸了？”我只好直言相告。爸爸说：“实不相瞒，他是在别的学校犯

了错，学校不让读，我才到处打听送到你们学校去的……希望他小学毕业，然后跟着我出门打工！”

这件事情之后，他不再捣乱，安静地上了几天课。大约一周后，本校高中的男生找我，说他们打篮球时将衣服放在篮球场旁边的台阶上，口袋里的钱包被我班的男生偷走了。我第一反应是宝娃，因为只有他具备这个“胆量”。

没过几天，王老师再次找到我说校园内有住户家里被翻了个底朝天，丢了几百元钱。有人看到是小学生的背影，政教处觉得除了宝娃没有别人了。

可是宝娃他的内心非常“强大”，他不害怕偷东西被人发现，不怕别人用异样的眼光看他。同时他学东西特别快，在数学第一次单元测试中考了满分。我有时候在想，这样的孩子，如果好好培养，一定是能为国家做出贡献的人才；如果培养不好，那将会成为危害社会的毒瘤。

开学不到二十天，他就干了三起“大事”。其间，因为他不睡午觉，曾被生活老师抓到老师宿舍里罚站，他就顺手偷走了老师的手机。学校幼儿园组织活动，他趁幼儿园老师办公室没人，跑进去偷走一位老师包包里的零钱。

自从他来到这个班，我就一天没有停着，天天处理各种异常。我意识到我不能放任他这么下去，我要随时随地知道他的动向。于是，我专门在我办公室和宿舍为他设立了“专区”，将他置于我眼皮子底下；每天晚上去宿舍和他聊天，给他讲故事。听我讲外面的世界，讲大学的生活，甚至自己小时候干的淘气事，他有时斜着眼睛看着我，有时干脆闭着眼睛装睡。后来慢慢地他开始回我一两句，即使不跟我交流他也会静静地听着。每三天我还给他爸爸打一次电话，当着宝娃的面夸奖他的进步，并让他和他爸爸聊上几句。

在随后的日子里，他没有再做过坏事。放月假的时候，宝娃用奶奶的手机给我打电话，接通之后他不讲话……再后来，我离开了那所学校，直到现在他还是会拨通我的电话，但电话那头，他依然不讲话。

◆ 故事赏析

坚守乡村学校源于那份挚爱

● 故事特点

曾有幸读到本故事“加长版”，用3900字讲述一个曾有偷窃行为的学生故事，略显冗长，但是真正读起来，感觉到故事连贯性很强。透过一个学生的不良行为及其转化过程，故事反映了农村学校教育的部分现状，将读者带入农村师生的工作、学习与生活现实中。

一、呈现了农村学校的教育现状

“一所十二年一贯制农村学校，专门接收留守儿童。”这句话信息量大，包含多层意思：学生基本上或全部是来自农村的留守儿童；当地政府及主管部门设立这所特殊的学校，其目的是满足当地留守儿童的教育需求；当地政府、教育部门和学校对留守儿童教育问题的高度重视。当地政府、教育部门和学校重视留守儿童教育的举动值得赞赏。

宝娃的父亲接到老师的电话时能够坦诚交流，不仅反映了家长对专收留守儿童学校的期盼，而且揭示了留守儿童教育和成长中的困难和问题及其与父母陪伴缺失的关联性。就像许多其他留守儿童家长一样，宝娃父亲所做出的无奈选择事出有因，他既担心孩子的教育，又要为维持生计而不得不远走他乡。

故事并没有就留守儿童教育等问题展开探讨，但是寥寥数语已经描述了当事老师对农村学校的外部环境的认识。只有客观地认识、比较全面地了解学校教育的社会环境和学生成长的家庭环境等，老师才能采取针对性相对强的有效措施，以赢得学生和家长的信任，承担起农村教育的重任。

二、反映了农村青年教师的真实生活现状

当事老师对自身工作与生活的描述笔调细腻，引人入胜："初春的阳光透过窗户洒在我身上，我那因为去年每天帮孩子们提水，给孩子们洗澡、洗头、梳头而导致生了冻疮的手，又开始痒了……更是他们在学校的'妈妈'。"很多农村老师都有当"代理家长"的体验，只是为学生做的事情各有不同。正是因为养成了深入学生的职业习惯，当事老师才及时地发现宝娃没有和其他同学一样提水洗脸。

课后农村老师承担的工作任务就是家长带孩子时每天需要干的活。故事中这些真实的写照不是叫苦喊累，更不是矫揉造作，而是农村教师工作与生活的现状。这种"被需要"的感觉，让优秀的青年教师找到了发展的舞台，体验到如何去实现自己的人生价值。坚守在农村学校辛勤耕耘，为留守儿童的教育倾心竭力，教师亦师亦母的言行充满人性光彩。正如讲述者所言："这也是我为什么还能在这里坚持下来的唯一动力。"

三、传授了开展留守儿童工作的经验

对宝娃的教育转化工作见效比较缓慢，其中的原因可能是多方面的，但是这并不能否认当事老师以及所在学校耐心细致的工作。当事老师面对再三偷窃的宝娃，没有气馁，没有放弃，而是变换着方法坚持做转化工作。例如，充分考虑学生当时的心情与工作效果，"不会在吃饭的时候批评孩子"。这既是出于对孩子的尊重，也是确保学生正常的生活不受打扰。在教室和办公室为宝娃"设立了'专区'"，其目的是要对其实行刚性约束……

这些好的做法让宝娃感受到老师和家长的关注和关爱，使他寻求存在感的愿望得以实现，使其自尊心得到满足，也使其亲情感得以表达。讲述者的耐心与细致、认真与热情，都是做好留守儿童工作的经验之谈，值得

其他老师学习借鉴。

这个故事也提出了一些农村教育现状和家庭教育等亟待改变和解决的问题。虽然在单个的教育故事里农村教育问题不可能得到充分论述，但是通过一个个教育故事，我们可以不断认识和解决农村教育面临的困难与问题，并争取到社会的大力支持和家长的积极参与。

● 有待商榷

转校生的交接工作显得过于简单。秦老师将宝娃带到学校，笑呵呵地交给讲述者，并提醒：宝娃很聪明，多关注一下。宝娃事实上是个“麻烦制造者”，为何秦老师没有直言相告？若是当着孩子和家长的面，担心伤害他们的自尊情有可原，但是事后秦老师应该如实介绍情况。二年级就一个班，且班额偏小，不存在班主任“拒收”的问题。另一方面，所在班级突然转来一个新生，作为班主任也应该多问几句。特别是家长陪伴到学校来，是一次难得的沟通机会。若当时因时间关系没有来得及，但是在撰写教育故事时可重点反思其中原因。

原学校“不让读”的提法需要推敲。在宝娃窃取了学校超市的钱款之后，老师与家长联系时，家长说：“他是在别的学校犯了错，学校不让读，我才到处打听送到你们学校去的。”学生转学是正常的流动，但是义务教育学校实行划片就近入学，学校有责任接收本学区的适龄儿童。宝娃在原来的学校注册入学后，原校不应该因为该生有偷窃行为而“不让读”，除非是学生及家长个人申请，或学校为了维护该生及家长的自尊，才会协商或建议学生转校。若是从维护学生的利益出发考虑转校，所在学校也应该主动为其联系落实拟转入的学校，并主动介绍该生的问题以及教育转化的建议等。我们应该确保学生入学的权益得到落实，避免因工作失误造成适龄学童流失、辍学，或因信息交流不充分影响教育转化工作。

● 建言促改

反思对宝娃的教育转化过程或重构这个教育故事，建议可从如下几个方面着手完善教育转化工作。

做好新生交接工作，及时做好引导转化。班主任听说该生偷窃了学校超市的钱款一时半会没缓过神，其主要原因是对宝娃缺乏了解。若能在交接时掌握更多的情况，不仅可让班主任更好地了解该生，而且还能及时开展一些工作。例如，不急于安排该生进教室上课，先进行比较深入的谈话，表明老师的基本态度，鼓励该生在新的学校有个良好的开端等。这样做至少有可能促使该生有所收敛，有可能推迟转校后的第一次偷窃行为，为教育转化工作赢得更多的时间。

坚持联络跟踪，彰显个人的持续关心。在转化宝娃的工作初见成效的时候，当事老师因工作调动离开了原来的学校，离开了宝娃。在这个时候与自己的学生分开，老师很可能会有点舍不得。就宝娃而言，自己开始信任的老师离开了，心里一定有很多的想法。这份互相信任来之不易，曾经的老师需要思考如何才能对得住来自一个“屡教不改”学生的信任。除了经常在电话里说说话以外，还可与他的新班主任联系，避免因再次交接时交流不够而让该生“旧病复发”。要彻底改变孩子父亲“希望他小学毕业，然后跟着我出门打工”的糊涂想法，确保宝娃完成九年义务教育。

调整部分内容，聚焦整个故事主题。讲述者花了较多的篇幅讲述自己的日常例行工作。若能深入对宝娃形成偷窃习惯、屡教不改的原因等进行比较细致的分析，反思教育转化过程与措施等，定能使故事的主题更加突出。宝娃的不良习惯很有可能与家庭成长环境有关，那么为何他选择了偷窃而不是打架呢？从孩子愿意与父亲通话以及主动打通老师的电话后不说话的表象看，也许宝娃偷窃是在寻求关注。因此，从心理学的角度进行深入的分析，是做好教育转化工作的重要一环。

（原载《湖北教育》2020 年第 12 期）

热血与冰河的碰撞

故事撰写：童浩洋，武汉市常青树实验学校

四（3）班期末考试前最后一次美术课堂，有好几个孩子不顾我的反复劝导，不停地讲小话，影响到正常的教学。眼看为本学期美术课画上完美句号的愿望就要泡汤，我不禁有些烦躁。勉强上完第一节课后，我打算在接下来的连堂课上好好收拾这帮毛孩子。

上课铃响，我黑着脸回到教室讲课，板着面孔却没有震慑住学生。短暂的安静过后，此起彼伏的叽叽喳喳声令我怒火难抑。正好看到乔吕强正与同桌大声说笑，怒火喷涌而出，我拿起讲台上的练习册就往乔吕强课桌上扔去。没想到练习册居然飞到乔吕强的头上了。这让人不忍心，但我故作没事，径直走到他身旁，高声批评道："老师再三强调保持安静，你听不见吗？"乔吕强立马哭了，擦着眼泪委屈地说："是我同桌找我说话的……"第一次面对小娃娃的哭泣，我束手无策，无奈之下丢下一句话："一个巴掌拍不响，你们都要自己好好反省。"本学期最后一节美术课就这样草草收场。

初踏杏坛不足一年，我的想法非常简单：快速适应新角色，把书教好，不要出什么乱子。然而，这次还是发生了在我意料之外的事情。因不甘心，也为安抚学生，课后我将乔吕强单独请到办公室。一改课堂上的辩解，乔吕强承认是自己先找同桌讲话。听到我肯定他勇于认错、表现真诚，乔吕强频频点头，然后不声不响地回到教室去了。我想这件事应该过去了。

当日晚上，四（3）班的班主任打来电话，我顿感不妙。班主任告诉我，乔吕强的妈妈与她通话长达一个多小时，情绪非常激动，硬说我上课动手打了她的孩子，扬言要为孩子讨个公道。

此时此刻，我心里五味杂陈，有种“信而见疑，忠而被谤”的感觉，真想冲到家长面前质问一番：孩子在学校，老师管还是不管？孩子犯错了，老师还教育不教育？班主任觉察到我有几分抱怨，安慰了我几句。我联想起入职前后对职业的热情，内心渐趋平复。略加思索，我主动给家长打电话沟通，想消除误会。电话拨通的那一刻，我还没开口就听到电话里的吼叫：“我的孩子太阳穴被打了，非常委屈，心灵受到了伤害，现在躺在床上不吃不喝……”

耐心等到一个插话的时机，我简要介绍了事发过程以及自己的良苦用心，希望家长理解；同时，也为课堂上处理方式的不妥向家长道歉。大约20分钟后，家长的情绪也逐渐平稳，我便主动商约改日与其一起坐下来聊一聊。

作为刚毕业的大学生，我的心情虽有平复但委屈感并没有瞬间消除。满腔热血从事教育事业，换来的却是“不理解”“不支持”“兴师问罪”等等，犹如青春热血流进万里冰河。为什么会这样？为什么我在教师生涯中会遇到这么难的问题？教师生涯我是否应该继续？

当天晚上我彻夜未眠。第二天早上，我提前来到办公室，脸色苍白，满眼血丝，很不在状态。这一切没有逃脱我“师父”王老师敏锐的眼光。听了我的诉说与困惑，王老师笑着说，教育是世界上最复杂的工作，老师除了完成好教学任务，还要学会如何与学生处理关系，如何与家长处理关系，形成教育合力……这些似曾熟悉的话语让我豁然开朗。下午，我鼓起勇气，邀请班主任、乔吕强和他的同桌及两位学生的家长，当面把这件事说清楚，捋明白，并郑重地对乔吕强说了一句“对不起”。

这是我教师生涯中第一次对学生说出“对不起”，我将永生难忘。此后两年，乔吕强向上向善、健康成长，这使我无比欣慰。满满的幸福感将激励我为教育事业继续挥洒自己的青春热血。

◆ 故事赏析

保持良好的师生关系必不可少

● 故事特点

初入杏坛的青年教师，满腔教育热情，胸怀教育志向，在一年左右的教育教学实践中，遇难不退，有偏即纠，表现出良好的职业水准。《热血与冰河的碰撞》从一个侧面反映了入职初期教师真实的经历与感受，不仅记录了其本人职业生涯难忘的故事，也可为新教师培训和新教师做好上岗前的思想和业务准备工作提供重要参考。

一、立志当好老师，为“简单”想法不懈努力

故事讲述者多次强调了自身“初踏杏坛不足一年”“刚毕业的大学生”等事实。一个大学毕业生，对教育情有独钟，并选择把教师作为职业，他对教育的热情，反映了自身的社会责任感与担当。用比较谦虚和朴实的语言描述“快速适应新角色”“把书教好”的想法虽然“非常简单”，但它是表明志向与决心的强烈信号，目的是实现教育人的梦想与追求。为了落实“非常简单”的想法，在学期最后一次美术课前后，这位老师多次采取积极的举动，其努力程度可见一斑。

课前有良好的愿望。在学期结束前的课堂上，老师提出了要“为本学期美术课画上完美句号”的目标。所教学科虽为小学科，这位年轻的美术老师却没有因此降低对课堂教学的要求。他饱满的热情和严肃的态度展示

了对完美课堂的追求。

课堂上有良好的举动。小学生在课堂上叽叽喳喳并不鲜见，然而科任老师没有放任不管。在前第一节课上，反复劝导学生不要讲小话。在随后的课堂上，进教室“板着面孔”想以此“震慑住学生”；课堂之中发现与同桌讲话较大声的乔吕强后，又走到其身边批评。这几招维护课堂纪律的方法，显然效果不佳，但是相对一些缺乏课堂管理经验的老师遇到问题“放鸭子”的行为而言，还是值得肯定的。

课后有良好的姿态。没想到练习册飞到乔吕强的头上后，“我”当时“不忍心”的感觉实则来自对学生的关爱。“第一次面对小娃娃的哭泣”“我”不知所措，但下课后能及时找到该生核实情况，赞赏乔吕强“勇于认错、表现真诚”，表达了老师对学生的关爱以及面对师生矛盾时应具有的良好姿态。

二、主动放下身段，向学生坦诚认错

由于缺乏经验，在维护课堂纪律时，不幸将练习册扔到学生的头上去；课后找到乔吕强谈话时，学生主动认错，但老师对事态的发展做出了误判，以为“这件事应该过去了”。得知当天晚上学生家长过激的反应，能克制住自身的委屈，并做出耐心且理性的处理，方法得当，效果也好。

回复电话听取家长倾诉。当事老师明知当晚直接回复电话会面临尴尬，但没有推诿，胸怀几分“入职前后对职业的热情”，主动拨通了家长的电话。面对劈头盖脸的一阵抱怨与训斥，当事老师保持了冷静的态度，耐心听取家长的倾诉，直到有机会插上话才作了必要的解释。

主动邀约各方人员沟通。青年教师与家长发生矛盾或冲突后，进行有建设性的沟通和处理需要勇气和智慧。当事老师在有过较为激烈的思想斗争后，仍然主动邀约班主任、两位学生及其家长在一起核实事实，理清责任。这样积极的态度和举动值得很多教师，特别是缺乏实践经验的青年教师学习。抱怨和悔恨都不能解决问题，相关各方只有都不逃避问题，且愿意心平气和地坐在一起，才能有机会达到沟通、协调、理解等目的。

向学生道歉以身示范。当事老师在课堂上扔练习册，事后证实没有对学生的头部造成伤害。家长不依不饶的主要原因很有可能是希望在班级、在老师面前为自己的孩子找回面子。面对自身的失当行为，老师主动向乔吕强说了一声“对不起”。这是从教以来第一次对学生说出这三个字，但是老师用实际行动告诉乔吕强及其他同学，错了就要勇于认错，做人要诚实，师生是平等的，老师错了也不应该被偏袒。

除此之外，当事老师能向“师父”虚心请教学习，袒露自己的内心也是胸怀教育热情的一种具体表现。“师父”所言的老师“还要学会如何与学生处理关系，如何与家长处理关系，形成教育合力”犹如画龙点睛之笔，对当事老师起到了指点迷津的作用。青年教师的成长离不开有经验的前辈们的传帮带，若没有虚心的态度与坦诚的交流，再好的经验也不可能在青年教师身上发挥作用。

● 有待商榷

“师父”向“徒弟”强调了师生关系的重要性，但这并不等于讲述者在维护课堂纪律以及随后的交流沟通过程中找到了自身没有建立良好师生关系的根本原因。讲述者入职后的工作热情高，立志成为学生的好老师这一点让人确信无疑，但是其看待、对待学生的态度与方式有待商榷。

老师应如何平等看待学生？讲述者用了几个很独特的词“毛孩子”“小娃娃”来形容或称呼自己的学生，显然没有平视学生，而是在俯视学生，似乎有一种居高临下的心理。基于这样的态度，当事老师采取的方法也是“收拾”“毛孩子”的方法。例如，第一节课上，“反复劝导”，第二节课上欲用自身的威严去“震慑住学生”。当练习册误飞到乔吕强头上后，还“故作没事”，继续“高声批评”。虽然练习册没有伤到学生，但老师在课堂上向学生扔东西的做法是不妥当的，也很难确保不伤害学生。那时的乔吕强因受老师突如其来举动的惊吓，故而不愿意认错；而老师的心情也颇为复杂，既有点“不忍心”，又想维持自身的威严。老师若是能以平等态度对待学生，当即说声“对不起”，也许就不会发生随后的故事。

另外，故事中用“青春”“热血”等词来表述年轻教师的活力与激情无可非议。但是若将学生在课堂上的不配合，以及家长对老师施教方法的不满等视为“冰河”，形成“热血”与“冰河”的对立，亦需要商榷。在课堂上，师生应该是同在一个舞台上，只是角色不同；老师和家长有着共同的愿望，都希望孩子好好学习、健康成长，只是信息不对称，各自的角度不同。故事最后的结尾正好阐明，通过充分的交流与沟通，老师、学生和家长完全有可能统一观点与看法，形成教育合力。

● 建言促改

一是反思课堂管理。故事比较集中地反映了练习册“误飞”后老师采取的沟通与补救措施，但是对课堂为何秩序不好、学生为何不听老师的劝告等问题缺乏深入分析。笔者以为，当事老师维护秩序的方式过于单一，对学生当时的兴奋点把握不准是其中一个重要的原因。因此，结合当时的场景以及一年来课堂教学实践进行深入的反思，向同事学习课堂管理的小技巧等，必将有助于当事老师提升课堂管理能力。

二是克服急躁情绪。青年教师有热情、激情是做好教育工作的一个重要因素，但是面对学生，或课堂上出现状况后“烦躁不安”，甚至产生“怒火难抑”的极端情绪就不恰当了。学会管控情绪对很多青年老师而言十分重要，这也应该成为磨砺自我的一项重要内容。

（原载《湖北教育》2020 年第 18 期）

调处意外的心理历程

故事撰写：肖肖，武汉市硚口区紫润小学

“丁零零”上课铃响起，喧闹的走廊安静下来了。突然，有学生喊：“报告!”“请进!”我回应道，头也没抬，继续批改作业。“老师，小树哭了。”我紧蹙眉头，抬头一看，董哲带着“调皮鬼”小树来了。见小树满眼泪水，我则满脸疑惑，问道：“这是怎么了?”小树抽泣着，董哲告诉我，小树的脸被抓破了。我起身拿出急救箱为小树处理伤口，同时让董哲将“欺负”小树的孩子请到办公室。

“怎么回事？跟老师说说。”我严肃地问道，心想一定又是他先动手招惹别人了。小树继续抽泣，就是不作声。正当我板起脸，欲张口批评时，小树开口说：“老师，我没有打他，是他打我。”我半信半疑地问：“过去都是你先招惹别人，今天咋就被打呢?”“我真的没有打那个一年级的小朋友!”“一年级的小朋友？他受伤了吗?”我心里一紧，非常担心那个孩子也受伤了。小树的眼泪又在眼眶打转：“我真的没有打他……”这时董哲回来报告：“老师，那个小朋友不肯来办公室……”没等董哲说完，我急忙问道：“这次是小树先动手打人吗?”董哲摇摇头说：“小树没有打人，他是被那个小朋友打了!”真是这样？我紧锁的眉头锁得更紧了，但看着小树委屈的表情，我又有点于心不忍。于是，我让董哲先回教室上课，然后牵起小树的手，轻声说：“不要哭，老师现在不批评你，我们这就去一年级。”

走到一年级教室的不远处，我就看到一个小个子的男孩站在教室门外，心想：这孩子还挺倔，犯了错还不来办公室，得好好批评批评。我一个跨步出现在那孩子面前：“你怎么回事？”还没等我接着往下说，那孩子便吓得哇哇大哭。我顿时一头雾水：我还没批评他，他咋还先哭了起来？小树这时也慌了，撇了撇嘴说：“老师，我真的没有打他，是他动手打了我！”一边是那孩子因害怕我“兴师问罪”而哭得稀里哗啦，一边是小树担心我不信任连声解释，我一时不知从何说起。

于是，我左手牵一个，右手牵一个，把他俩从走廊带到操场上。我俯下身，眼神坚定地看着那位一年级的小朋友，并温柔地说：“老师现在没有批评你，只是想知道发生了什么事情，你能告诉老师吗？”那孩子听我这么说，哭声变小了：“您真的不会批评我吗？”“当然啊！老师只是想知道发生了什么。”我再次温和地表明了自己的态度。那个孩子平复了一下情绪后说：“老师，他们在玩老鹰捉小鸡的游戏，我也想参与，可不小心就抓到他的脸了，我不是故意的。”我转身问小树：“是这样吗？”小树边点头边说：“他太小了，我们怕他摔跤，就没有让他加入我们，但是他非要一起玩不可，不小心就抓到我的脸了。”原来如此！小树是担心小弟弟玩游戏会受伤啊！我摸摸小树的头，笑着对他说：“你真棒，知道保护小弟弟，真是个好哥哥。”转过身，我说：“小朋友，以后想参与同学的游戏，要征求别人的同意，千万不能动手。”那孩子望着我，点点头。我又指着小树脸上的伤口，对他说：“哥哥的脸被抓破了，你应该给哥哥说什么呢？”“哥哥，对不起！”他小声地说……两个小朋友笑着握了握手，便各自回教室上课去了。随后，我打通电话向小树的妈妈通报了情况。

办公室里，一摞作业还等着我去批改，然而我的思绪仍然停留在处理学生意外的过程之中。遇见意外的状况，我们应该及时处置，但不可把孩子之间的矛盾想得太复杂，要相信孩子的纯真；面对出错的学生，我们既要坚持严慈相济，又要学会用孩子的视角看问题，收获的将是不一样的惊喜！

◆ 故事赏析

处理误伤防止再发误伤

《调处意外的心理历程》描述了当事老师调处发生在两位小学生之间的一次意外状况的过程，调处花费的时间很短，但结局比较圆满。故事的标题强调了“心理历程”，可见讲述者对本次学生意外处理过程中自己的心理变化印象之深。

教师的心理历程是其处事态度与情绪变化的体现。当事老师所述心理历程有几个较为明显的转折点。

听闻发生意外，“满脸疑惑”。在上课铃响后，正埋头批改作业时，当事老师见到班上的学生满眼泪水就“紧蹙眉头”，一方面反映出对“意外”毫无准备，另外一方面预感事情不妙。当得知是小树被打了，不敢相信一个素有“调皮鬼”之称的学生，一直是他让别的同学“哭”的，这次怎么就自己哭起来了，便疑惑不解。

严肃启动调查，半信半疑。虽存不解，当事老师仍然给予小树申述的机会，学生尚未开口答话，老师便“板起脸来”，其严肃态度疑似刻意而为之，其目的是对小树产生震慑，防止他说谎。但是听说是他被别人打了，当事老师还真不敢全信，在与同学的纠纷中从来都没吃过亏的小树，怎么这次就被“打败”了呢？当事老师甚至向董哲求证，以消除对小树的疑惑。

得知对方年级，“心里一紧”。了解到与小树发生矛盾的对方是一年级的小朋友，当事老师开始担心“他”是否也受到伤害。在这个节点上，同学之间哪个在理已经不是那么重要，重要的是受伤没有。当事老师为学生的安全考虑，体现出较强的警觉性，在遇突发状况下较好地把握住了重点。

遭遇过激反应，“一头雾水”。带着抽泣的小树到一年级找另外一位涉事学生调查核实，当事老师一句“你怎么回事”便让对方“吓得哇哇大哭”。按照当事老师此前了解的情况，是一年级的小朋友“他”伤到了高年级的同学，“他”为何还要哭起来呢，难道另有隐情？这也许是当事老师“一时不知从何说起”的原因。

面对两方哭泣，转向“温和”。此前当事老师的心理集中体现为“严肃”与“质疑”，然而面对两个不停哭泣的孩子，老师便转向了“温和”。发现双方的陈述一致后，对“哥哥”能为“学弟”安全考虑感到欣慰，对一年级的小朋友的举动表示充分的理解，彻底放弃了原来打算“批评批评”的想法，成功地引导两位同学握手言和。

笔者梳理当事老师心理变化过程的几个节点的目的是想强调，教师面对学生，尤其是毫无心理准备需要面对和解决学生中发生的意外状况时，心理变化是影响其处事态度与情绪变化的重要因素，只有心态正常，在思想深处捋清楚了思路，才能游刃有余，采取正确的手段与方式。因此，作为教师，我们在处理问题和状况时，调整好心态，把握住态度显得尤为重要。

学生哭泣是恐惧与担忧、无助与求救的反映。在我们分析当事老师心理历程的同时，我们不可无视发生意外后学生的情绪以及应激反应。两个小学生，不管自身是否有错，见到老师时都有一个共同的行为——哭泣。小学低龄段孩子，哭鼻子一般被视为“好哭”“爱哭”，然而，笔者以为本故事中，两者的哭泣并非我们常见的儿童“爱哭”。这两位学生的哭泣至少有两个共同之点：一是暗示恐惧与担忧。小树被抓伤，从其淘气的性格特点看，当时的抓伤不至于让他疼痛难忍，非用哭泣来缓解不可。因为有淘气的记录，他担心的是这次老师不会相信他被人抓伤，反而会挨上一顿批评。就一年级的小朋友而言，也许从未经历过被其他班级的老师“召见”，况且这一次的确是他抓伤了小树，他对小树的老师的处理方式无法做出判断，以为老师要“兴师问罪”，便心生害怕，“哭得稀里哗啦”。随后他还反复与当事老师确认“您真的不会批评我吗”，这就是其恐惧与担心的一个真实的写照。二是表达无助与求救。在董哲的陪伴下，小树到教师办公室的目的很单纯——求助，一方面希望老师能帮助他处理伤口，另外一方面期待老师为其伸张正义，证明他并非恶意招惹了一年级的小朋友。一年级的小朋友，自然缺乏与非本班老师相处与沟通的经验，更何况是在发生意外后主动带学生找上门来评理的老师。原以为自己班的老师不在场，这次肯定没有人听自己申辩，因此他表现出比较明显的无助感。这种无助感并非毫无依据，这是因为当事老师带着小树到一年级时，见到小朋友大声地哭，还真想到过“得好好批评批评”“我还没批评他，他咋还先哭起来了”，疑似“偏听偏信”，一年级小朋友难免对此有所觉察。

小学生遇到意外情况，例如在嬉闹中致对方破皮流血等情况，就会不知所措，只会本能地用哭虚张声势壮胆，或掩盖自己的过错。这种举动一方面说明他们缺乏沟通能力，断定自己无论如何也说不清；另一方面也是他们“事后诸葛亮”式的表现，知道自己弄伤了同伴或无理可讲，便担心有更大的潜在安全问题。面对此状，教师深入调查，摸清真相将成为缓解恐惧、给予帮助的有效行为。

公正处理误伤是防止再度误伤学生的关键所在。意外抓伤背后的原因证实，小树是被一年级小朋友误伤了。面对和处理此类意外误伤，稍有不慎或处理不当就会造成教师对学生的再度伤害。这类心理上的伤害也许较之肌肤之伤对学生的负面影响更大。本故事中，当事老师的心理过程与面对学生的态度最终有效地避免了对两名学生的误解，防止了处理不当对学生造成二次伤害，其中奥秘至少体现在三个方面：（1）坚持找出事实真相。为锁定事实，找出真相，当事老师放下手上批改作业的工作，分别向两个当事的学生以及旁观者董哲调查了解真相。（2）坚持倾听学生申述。尽管对小树半信半疑，但最终还是认真听其说出实话；虽然对一年级小朋友不了解，且掌握部分情况后拟对其进行批评，但见该生“哇哇大哭”后当事老师并没有开口指责，而是鼓励其诉说。（3）坚持公平对待学生。两位涉事的学生，一个是本班的，一个连名字都叫不出来，当事老师除了给予他们均等的申述机会外，还“左手一个，右手一个，把他俩牵到操场上”，这个姿态本身不仅体现了温和，也是表达公正的一个象征性动作。不然，教师就会因工作不细，辜负学生对自己的信任；或因处理不公，直接对相关学生造成二次伤害。

● 我的建议

小学生在校园内发生纠纷，产生矛盾，或者正面冲突，甚至造成肢体破溃出血受伤，是每一个教师都在努力预防却难以杜绝的现象。青少年学生，尤其是小学生虽然懂得一些道理，知道校规班纪，绝大多数也力争做到行为规范，但是要求他们在日常校园活动中“不折不扣”地做到完美无缺，的确有一定的难度，更何况他们生龙活虎，精力旺盛，正处于学习与成长的重要阶段。若是学生在与同伴相处以及成长的过程中，一切都处于“理想”的状态，也许作为教育工作者，我们又会担心这些孩子们是否“成熟过早”或“缺乏活力”。因此，笔者以为，教师，特别是新入职的教师需要有一个正常的心态，客观理性地看待学生中的一些常见的“意料之中”的意外状况。因此，当事老师遇见学生在嬉闹中引发的意外，大可不必在心理上起伏不定，在情绪上波动频繁，在态度上拐弯太多，不然稍有不慎，则会再度“误伤”学生，反而我们应该学会冷静处之，利用好解决矛盾、处理纠纷的机会，用校园中鲜活的案例，给学生施以正面的教育和引导。

（原载《湖北教育》2022 年第 36 期）

成绩稳居前列却逃学了

故事撰写：陈叶红，湖北省公安县埠河小学

马上又到毕业季，我的心情格外沉重，因为六（3）班的陈杰文已经有两个月没来上学了。陈杰文是四年级时从南方省城转来的插班生。初次见面，他肩背崭新的米奇书包，发型炫酷，一身名牌，一副与众不同的样子。安排座位时，他对同桌满脸嫌弃，好一会儿不愿意落座。课后我做通了陈杰文的工作，但同学们却没人愿意和他同桌了。独来独往好一阵子之后，陈杰文开始“找出路”：将签字笔送给同学，请同学吃火腿肠……这才有同学开始和他一起玩。

目睹这些微妙的变化，我当面表扬陈杰文：“没想到你这么快就融入班集体啦！不过呢，是不是还有更好的办法与同学做朋友啊？你喜欢读书，家里的课外书应该也很多，能不能与大家一起读读书？”陈杰文很聪明，听懂了我的意思，将家里的课外书带到学校和同学们共享。那些喜欢读书的孩子迅速向他靠拢，还和他一起交流读书心得，他们的脸上洋溢着幸福和快乐。读书活动周时，他带了70多本书到学校，分发给同学人手一本。陈杰文还和班干部一起策划了故事会，自己带头绘声绘色地讲起了故事；在《走进对联》公开课上，他利用课堂上学到的扩充法迅速作出了几副对联。他凭自己的奇思妙想、阅读分享和稳居前列的成绩赢得了同学们的真心喜欢。

天有不测风云。陈杰文的父亲曾经做过心脏移植手术，突然旧病复发。

学校和班级多方组织筹款，虽然一笔笔充满爱心的善款从四面八方汇集到医院，但是他的父亲还是没能逃离死神的魔爪。此后，陈杰文一蹶不振，上课时也心不在焉。同学们能感受到他的悲伤和痛苦，经常在课余时间陪着他，握着他的手说说话。我也时常跟他讲一些励志的故事，鼓励他振作起来，但他却越来越沉默。

春季开学后，陈杰文频繁地逃学。清晨，校门口总会出现他和爷爷奶奶僵持的场景。每次我都会赶过去，苦口婆心地劝导他，好说歹说把他劝到教室……但过不了几天，这一幕又会上演。

面对陈杰文的“逃学”，我第一次知道什么叫作束手无策。他成绩这么好为什么要逃学呢？我向同事及一些心理专家请教，科任老师也给他做了不少思想工作和心理辅导，但他仍然坚持要回家写网络小说赚钱。不过临走前，他答应我会来参加毕业考试。

每次我的视线扫过那个空着的座位，我都会想，他现在在家里是不是正在学习呢？他会不会想念我们呢？随之涌上心头的是无奈、苦涩和心疼。几次家访，我都看见他在照顾他的妈妈，陪着他的妈妈，或许只有妈妈先从痛苦中解脱出来，他才能熬过来吧。

我相信时间是最好的良药。我没有能力说服他，也没有能力说服他的家长。在自责的同时，我也尽自己最大的努力去帮助他，每一套复习题我都会发给他的妈妈，让他完成后再拍照发过来，由我逐一批改。有时，我也会和他视频，询问他在家里的复习进度，帮他答疑解惑。我满心期待着他能来参加毕业考试，顺利步入中学的大门。

教书育人，这四个字说起来轻松，写起来简单，但做起来却要付出毕生心血。我不去想是否能够成功，既然选择了远方，便只有风雨兼程。在我心中，不管什么样的孩子都有无限的可能，都有无限的希望。

◆ 故事赏析

风雨兼程，定能走向远方

一、因势利导，帮转校学生融入班级

陈杰文从南方省城转回老家的农村学校，肯定有“一落千丈”的感觉。一方面农村学校的客观条件以及同学们的穿戴等有别于省城的学校，另一方面他从省城学校转回农村学校也许是迫于无奈，心理上也会经历适应期，这才有与同学初次见面时的不愉快。当事老师敏锐地觉察到问题，并没有当堂批评陈杰文，而是在课后与之单独沟通，做通了该生的思想工作。

为摆脱被孤立的境地，聪明灵活的陈杰文用尽了“交际手段”。当事老师赞赏该生融入班集体举动的同时，及时引导其纠正了与同学相处出现的偏差，比较巧妙地将同学关系引入正轨。

当事老师的两三个举动，不动声色，顺势而为，有效地缩短了转校生的心理适应期，构成了一个成功案例。一般情况下，转校的学生人数不会太多，但是如何让转校生尽快融入新的班级却是个值得重视的问题。特别是转入和转出两校之间环境与条件存有一定的差异，或转校生因个人行为或学习等原因申请转校的，老师的及时引导必不可少，而且必须注意方法，这样才有利于当事学生尽快适应新的学习生活环境。

二、发挥优势，促班级学习氛围转变

当事老师抓住陈杰文“喜欢读书，家里的课外书应该也很多”的特点与优势，启发和引导该生组织班级读书活动。这个小小的建议最后收到了“一箭多雕”的效果。陈杰文带头在班级里阅读，带动了一批同学养成阅读的习惯，使得班级的学习氛围更加浓厚，同学们在交往与交流中必定增进

了友谊；他将家里购买和收藏的70多本书带到学校，体现了互相帮助的集体主义精神，也让同学们体验到分享的快乐；陈杰文发挥自己的组织才干，与班干部一起策划故事会，既为阅读活动找到了一个有效的载体，又为同学们展示自我提供了平台。这一切都有利于将班级同学的注意力聚焦到读书学习上来。

在没有转校生的班级，老师同样需要发挥每一个学生的优势与特长，增强和改善班级的学习氛围。当事老师用在陈杰文身上及其所在班级的具体做法，相信同样可以移植到其他班级，特别是义务教育阶段的学生身上。只要老师有发现的眼光，任何一个班级就不会缺少有特长或优势的学生。

三、帮贫解困，让学生慷慨奉献爱心

陈杰文的家庭是比较典型的因病致贫困难户，其父曾做过心脏移植手术，医疗费用的高昂可想而知，这也许是陈杰文从省城学校转回老家学校的重要原因。在急需费用保障后续治疗的困难时期，当事老师采取了很具体的措施，组织班级同学捐款，多渠道募集善款，表达爱心。

通过中小学生和家长募集资金，也许资金量有限，对于一个危重病人来说是杯水车薪，但是多少能解决一些问题。更重要的是，这给予了班级学生一次奉献爱心的机会，让陈杰文感受到来自身边人的关爱。在充分动员和自愿的基础上，组织学生参与一次奉献爱心的活动，就是在开展一堂关于爱的主题教育。鲜活的实例、主动的参与、切身的体验，必定能让全班同学对这场爱的主题活动终生难忘。

四、锲而不舍，做精神安抚劝慰不止

因其父病故，陈杰文开始“逃学”，这让当事老师“束手无策”，经历了“无奈、苦涩和心疼”的心理与情感历程。其实，当事老师一直都在尝

试各种途径和方式劝说陈杰文返校上课。例如，和他的爷爷奶奶一起规劝，请教心理专家，动员科任老师辅导，坚持上门家访等等。在初期规劝效果不明显时，当事老师并没有轻言放弃，而是采取了变通的方式，“每一套复习题我都会发给他的妈妈，让他完成后再拍照发过来，由我逐一批改”，促使该生坚持学习，不耽误学业。

平心而论，当事老师该做的、能做的工作都做了，但仍然放不下这个学生，每当其“视线扫过那个空着的座位”时，都会想到他“在家里是不是正在学习”。与之相呼应的是故事结尾：“教书育人，这四个字说起来轻松，写起来简单，但做起来却要付出毕生心血……”这既是讲述者工作过程的收获，也是对教师职业的感悟，更是初心不改的承诺。

● 我的建议

幼年丧父给陈杰文带来的悲痛可想而知。正因为他懂事、聪慧，他对父亲离世后家庭和生活即将面临的变化与困境看得十分清楚，同时也开始意识到自己身上的担子，这也许是他“逃学”的原因。为了劝慰陈杰文，老师也做了许多工作，但是很明显效果不理想，陈杰文有两个月没有到校上课，只是答应老师“会来参加毕业考试”。关于陈杰文“逃学”有两个方面的问题值得进一步深入探讨。

一是“逃学”的深层次原因。从故事陈述看，陈杰文“逃学”是想“回家写网络小说赚钱”。一个小学生想通过赚钱承担起家庭责任的想法，无论是老师还是家长都应该给予充分的肯定。然而，陈杰文毫无写网络小说的经历，为何他就相信自己一定能通过网络小说赚到钱呢？这个想法虽好，但很明显不现实。另外，即使他能写网络小说，他完全可以边上学边创作，没有必要在家里“逃学”写小说。因此，笔者以为，对于陈杰文“逃学”的深层次原因有待进一步分析研判，或者需要进一步对他阐明其想法并不可取。

二是家长自身的态度。陈杰文“逃学”后，在“校门口总会出现他和爷爷奶奶僵持的场景”。可以推测，很有可能是爷爷奶奶“押着”孙子到学校去的。无论老人是否讲明白了道理，他们希望孙子继续好好上学的态度是鲜明的。老师多次上门家访，还“看见他在照顾他的妈妈，陪着他的妈妈，或许只有妈妈先从痛苦中解脱出来，他才能熬过来吧”，从这句描述中可以推测陈杰文逃学是想陪伴妈妈，与前所述的打算“写网络小说赚钱”而“逃学”的缘由不完全一致。除此之外，也许更重要的是，在孩子“逃学”的问题上，其母亲没有明确的态度。孩子的母亲还没有或难以“从痛苦中解脱出来”不假，但是事发已两月有余，孩子的母亲和爷爷奶奶是否有过认真的沟通，或简单地将劝说孩子继续读书的任务交给爷爷奶奶，就不得而知了。从其父亲去世后陈杰文的举动看，其母亲的话语很可能对他的影响更大。若能做好其母亲的思想劝慰工作，再让其母亲引导和说服陈杰文，也许会收到不同的效果。

本故事中所发生的事已经成为历史，但是就故事中的情节而言，当事老师还是有可能进一步深入做好工作。一是与陈杰文深入交谈。用事实促使该生认识到撰写网络小说所需要的知识储备，助其自觉认识到现在读书的重要性。同时，结合义务教育法的相关规定，在给予适当的缓冲期的基础上给该生提出一个明确具体的返校时限要求。二是单独与家长沟通。从故事情节看，其母的态度尚且不知或者至少没有像爷爷奶奶那样坚决，可与其母亲单独交流或请其亲友就孩子上学事宜上门沟通，或许其母亲的态度才是促使孩子返回学校的关键。

（原载《湖北教育》2021 年第 15 期）

一路奔跑，一路风景

故事撰写：刘雅妹，武汉市光谷实验小学

2019年9月1日，我带着感恩与感动上岗执教，成为一名小学一年级体育科老师。入校启蒙的孩子就如一个未知的起点，是迷蒙的，是无垠的。大半年以来，与孩子们相处经历了不少感人故事，总想着要与人分享。因为分享，我能收获的远比亲身经历的感动还要多，抑或促成自身的“感情升级”“感情重装”，让我更好地去爱这些孩子们。

故事的主角是胡晓康，一个活在自己世界的孩子。开学第一个周三午托，同学们吃完饭、做完清洁准备午睡的时候，胡晓康慢悠悠地走进教室。我问：“你吃过饭没有?”他低头不语。他的同桌说：“胡晓康去饮水机那里玩水了。”就因为他与众不同的举止，我记住了他的名字，不禁想到以后还要多“盯着”他。每次叫胡晓康，他就像没听见一样，从不理会人。若是他找老师说话，就一句口头禅：“老师，有同学欺负我。”说着说着，他还会习惯性地拉着老师的手哭泣。

上下课铃声对胡晓康没有太大的约束，他在课堂上来去随意。有一次上课铃响后好一阵子，胡晓康的同桌跑回教室告诉我：“老师，我实在找不到他。”那一刻，我因担心学生的安全而不安，因发现他不守纪律而气恼……

在我一心挂两头之时，胡晓康毫发无损地回来了，我的不安与气恼顿时消失。尽管确信胡晓康被询问时会一如既往地不作回答，在学生们动手画各自喜欢的运动项目后，我还是本能地将他请到面前单独询问。无奈之下，最后我只提出了一个要求：听见上课铃响，就回教室。“你可以做到吗？咱俩拉钩算数，好不好？”出乎预料，胡晓康伸出小手指和我拉钩了。

由此，每逢我上课，听见上课铃声，胡晓康就会端正地坐在自己的座位上。当他上课期间随意走动时，听见我叫他的名字，他能马上回到自己座位上。接下来的一段时间里，午托他自己加饭，安静午休；课后活动时间里，他能主动与同学们一起打篮球。我窃喜，一年级的小朋友也懂得承诺与守信。

胡晓康喜欢打篮球，这让我这个体育老师与他又多出一个共同的话题。在校园碰面了，我都会主动跟他打声招呼，时不时夸奖他几句。胡晓康开始用“嘿嘿”来回应我了。从他收敛害羞的笑容中，我也看到了他的快乐。

学生的世界很简单，老师只要花时间，用心，慢慢地就会走进去，学生也很愿意让我们走进去。孩子再怎样活在自己的世界里，都会留出一扇门给我们。老师能做的，就是小心地，耐心地，一次次去探索这扇门的位置在哪里。如果进入了这扇门，我们应该做的是什么？

无情的新冠肺炎疫情阻隔了师生面对面的交流，然而信息化技术仍然让我俩师生之间感情继续升温。

记得胡晓康入学后不久，我曾经与他的妈妈谈论到孩子对篮球有兴趣，在随后的沟通中，也肯定过胡晓康行为习惯向好的变化。但是，胡晓康对跳绳这类大运动、精细运动等的学习不太适应。他甚至不会摆绳，我就坚持每天陪他徒手练习摆绳与跳起的配合。

在“停课不停学”家中线上学习的日子里，师生均居家，胡晓康在家仍坚持练习跳绳。2020 年 4 月 22 日，胡晓康成功跳过一次，视频中他露出了羞涩的笑容，我能感觉到他成功之前及其家长话语背后的诸多不容易。胡晓康情不自禁地畅快欢呼，让远在视频另一端的我见证了他的进步。

一个月之后，胡晓康跳绳最多为 29 次/分钟。这个数字代表着他的坚毅、妈妈的鼓励与老师的期盼。两个月后，他又用 31 个刷新纪录。我很欣慰他第一时间将这个好消息传递给我，与我分享这份成功后的愉悦。“刘老师，我会积极努力的，谢谢刘老师。”晓康呀，老师的心都要融化了。

◆ 故事赏析

入“教门”更要入“心门”

● 故事特点

《一路奔跑，一路风景》是讲述者走上教育岗位后记录在案的第一个教育故事。故事情节与教育转化过程并不复杂，甚至让人感到相对比较平淡，属于那种教育案例或故事主题内容不起眼的类型——注重改善师生关系，转化个性特别的学生。然而，当我们仔细阅读、深入品味，特别是结合讲述者初为人师的经历时，我们就能从看似平淡主题的背后见到当事老师对职业的挚爱，从简单的表达之中体会到当事教师对教育的感悟。综合起来，“入门”是本故事集中体现的特点。

首先，上岗走入学生“心门”。胡晓康起初是个不善言辞的学生。与许多刚入学校的其他同学不一样，胡晓康不喜欢叽叽喳喳，几乎不会或不愿意与老师或学生有语言交流，这给老师开展针对性的教育引导造成了许多困难。

故事中有这样一段文字描述：“孩子再怎样活在自己的世界里，都会留出一扇门给我们。”初入职的青年教师有如此的感悟，这必定来自亲身的经历与体验。简单的阐述已经揭示了其中的奥秘。

准确探位是步入“心门”的基础。发现胡晓康的毛病之后，老师拿着教育“钥匙”在一次次地探索，小心翼翼地寻找学生的“心门”。胡晓康行为与众不同，马上引发了老师对其特别的关注。关切地询问“你吃过饭没有”，可是这招不灵！胡晓康对老师主动的询问、谈话不理不睬，然而却习惯性地找到老师“告状”，说有同学欺负他。在胡晓康心目中，老师会为他主持公道，是可信赖的。这恰好证实他并没有刻意对老师关上自己的那扇“心门”，有助于老师增强继续“探索”的信心。

一改无视老师话语的习惯，胡晓康对“咱俩拉钩算数”却表现出意外的认可。小学低龄段学生中，尚未建立或对“规矩”“纪律”“铃声”等意识不够强的孩子不乏其例，因此需要在入学后一段时间内，或相对长的一个阶段接受强化、反复训练才能懂规矩、守纪律。孩子们在入学前对“拉钩算数”的动作并不陌生，他们也许与玩伴或家长有过“拉钩”的体验，懂得这是表达承诺与守信。无意之中，当事老师找到了学生已知的办法，引导其学会闻“铃声”而动。

步入“心门”须以育人为目的。“如果进入了这扇门，我们应该做的是什么?”讲述者没有自问自答，更没有给读者列出个一二三，但是从其随后与胡晓康的互动中，我们可以看出，步入学生“心门”的目的就是要有针对性地教育和引导学生。

利用学科优势与学生保持紧密联系。胡晓康对篮球有兴趣，当事老师除了陪同其打篮球外，还与其家长探讨该生对体育的兴趣。相信胡晓康从老师的陪伴与态度中，能感受到老师对其参与篮球运动的支持，从而进一步增强对体育活动的兴趣与积极性，达到学习体育技能和健身强体的目的。

关注并肯定学生行为习惯向好的变化。得到老师的肯定或表扬，胡晓康没有像其他孩子一样，说声“谢谢”。对于一个“活在自己的世界里”的他，会意的“嘿嘿”足以告诉老师，他内心充满喜悦。从他收敛害羞的笑容中，老师感受到适当的鼓励或表扬一定能引导学生继续向好变化。

“停课不停学”的坚持使体育科教学见成效。面对新冠肺炎疫情，学校及教师按照教育主管部门的统一要求，做到了“停课不停学”。令人难以想象的是，当事老师利用这个机会，在家长的配合下，让胡晓康补起了体育项目的短板，在家练习跳绳，引导他从不会直到逐步提高了每分钟跳绳的次数。在师生不“见面”的情况下，让学生练习自己原本不会的精细运动项目，若不是老师的“面子”大，是很难让学生坚持下来的。

其次，入职跨进人生“教门”。按照常规逻辑顺序，应该先有入“教门”的机会，随之才有走进学生“心门”的可能。然而，这里将二者倒置的目的是想突出本故事的重点内容。有的读者看到故事开篇中“总想着要与人分享……”这段文字时，也许以为讲述者仅仅是为自己的故事选择了一个提笔开启的方式。然而，据笔者所知，讲述者是有感而发、真情流露。

话还得从上年度的暑期说起。当时，讲述者结合入职后的第一次培训内容，联想到当年自己如何得到老师的帮扶的故事，给培训班的授课老师发送了一个自己撰写的教育故事。从当年老师的身上，作为当年的学生她感受到了老师的关爱与帮扶；而今作为新入职的老师，她从自己老师的言行中感悟出一个教师应具有的品质与素养。幸运的是，她的故事得到了培训班授课老师的认可，并专门回信予以鼓励。于是，讲述者开门见山发出感慨：“因为分享，我能收获的远比亲身经历的感动还要多，抑或促成自身的‘感情升级’‘感情重装’，让我更好地去爱这些孩子们。”

讲述者在发送本故事的同时，还给笔者写了一段话：“原来作为一位老师做到的远远不止伟大，我已重新审视了自己的感情，我现在除了感恩他（当年的老师），更多的是佩服，我佩服一位老师能做出足以‘感天动地’的奉献……自我当老师的那天起，我就想传承他关爱学生的那份付出。原谅我用这么多感性化的字词来诉说我的情感……把当年经历的爱，带给现在的孩子们。我一直努力向这个愿望靠近。”这既表达了讲述者立志从教的决心，也让我们看到了她选择的专业发展路径。

新入职老师对教育、对学生有如此深刻的感悟，这是基础教育之大幸。更难能可贵的是，讲述者在职业“入门”阶段就能较快地走进学生“心门”。步入“教门”上岗当老师，犹如跨过“物理”之门，而走进学生的“心门”需要经历精神和心理的历程。

● 有待商榷

本故事中关于胡晓康在疫情期间坚持练习跳绳的情节大约占整个篇幅的四分之一，其重要性在讲述者心目中可想而知。用如此长的篇幅阐述练习过程、分享喜悦等的同时，对胡晓康为何对练习跳绳“情有独钟”等原因阐述不够充分，这有些令人费解。跳绳是小学低年段的基本运动项目，学生需要达到相应的标准，或是以增强肢体协调性为目的，或是在疫情防控期“就地取材”在家坚持锻炼的方式等，可以酌情扼要交代。跳绳虽为精细运动项目，但是“跳”对绝大多数学生来说并不困难。胡晓康起初跳绳的困难之大，甚至摇绳都不会，其背后的原因是什么？只有找对了“病根”，才能对症下药，给予针对性的指导。对于学生是否适合参与特定的运动项目，老师需要作出科学的评价，确保学生在运动期间的安全。在喜悦之时、兴奋之余，老师可相机引导学生学习和发扬体育之拼搏精神，让单调的练习经历变为育人的过程，有时候用一语“道破天机”会收到“授人以渔”的效果。

● 建言促改

“良好的开端是成功的一半。”讲述者入职后起步很稳，首次“调教”一个“活在自己的世界里”的学生“旗开得胜”。但是，这并不意味着同样的方法可以走进自己将遇见的所有学生的“心门”。“教门”之内自有其规律可循，但是老师在教育引导中的方式与方法需要秉承因材施教的理念，因生而异方能达到预期的教育效果。建议讲述者在自身的教育实践中，始终注重积累教育案例、教育故事、教育经验，积极参与教师研修活动，向校内外同行学习。记录、整理、积累教育教学资料是促进个人专业成长的重要途径。既然讲述者已深有体会，只要持之以恒，不半途而废，就一定能实现自己的教师职业目标和人生梦想。

支教后再续师生缘

故事撰写：宋涛，湖北省建始县特殊教育学校

支教任务结束后，我返回原来的学校，继续当班主任。这时，支教时的学生梅梅因父母外出打工，转到了我们学校，正好在我所带的五年级。梅梅的家离县城很远，父母便让她寄宿在学校对面的居民家。

支教期间，梅梅留给我印象最深的是学习刻苦，成绩不错。我们在乡村学校时接触并不算多，但是毕竟有支教时已经认识的缘分，梅梅转来后，我俩倒是多了几分亲近。

转眼就入冬了。有一次，我突然看见梅梅的双手长满了冻疮，肿得像馒头一样，心中顿生怜惜。我便问道："寄宿的地方没火炉吗？""有，可是寄宿的孩子有好几个，我挤都挤不到炉子边上去。不过，早点睡就暖和一些，但是晚上还要看书、做作业……"

当天傍晚，我来到了梅梅寄宿的居民家，映入眼帘的是好几个孩子紧紧挤在一起，一个个恨不得挤到火炉上去，梅梅只能独自待在一边挨冻。当时，我心里就一个念头：不能让梅梅待在这里，我要带她到我家。我马上跟梅梅的父母联系，简单地说了一下寄宿点的条件和我的想法："梅梅听话，学习好，我也喜欢她，让她来我家住，不要你们任何回报……"就这样，梅梅住进了我家，白天她是我的学生，晚上我就把她视为自己的孩子。

由于来自农村，受家庭环境的影响，梅梅性格比较内向，平时话不多，基本不与人沟通。我对她的关注从生活转向成长……

学校组织"六一"国际儿童节活动，我为梅梅争取到作为学生代表发

言的机会。原以为梅梅会欣然接受，但她却胆怯地说：“宋老师，我肯定不行的，我不行。”“有老师在，你就不要怕。不会的话，我们就多练习几次。什么事都有第一次，不锻炼就永远都不行！”梅梅答应了，并认真地练习。活动开始后，我看着她自信地走上台，她的发言得到了全校师生的热烈掌声。我注视着她站在台上微笑的双眼，连连给她竖大拇指，那一刻，梅梅像一朵绽放的花儿，又像一个初升的小太阳。

有一天，我带梅梅去买学习用品，发现街上新开了一家小煎包店，排队的人特别多。我跟梅梅说：“你去买煎包，我在这等你。”她说：“好。”过了好一会儿，她竟然哭着回到我面前：“老板不给我包子，他说我没付钱，可是我已经付过钱了。”见她一脸委屈，我弯下腰来劝道：“遇到这点小事就哭，那你以后如果遇到各种挫折和失败，也用哭来解决问题吗？你要学会面对和解决问题，还要学会动脑筋，学会跟老板沟通啊。”我拉着她的手说：“我们一起去跟老板说清楚。”后来，我们顺利吃上了煎包。

返回的路上，我调侃说：“煎包是你哭鼻子要回来的，是吗？”梅梅害羞地说：“是老师讲道理，拿证据争取回来的。”“好！知道用嘴巴说话解决问题就好。”“老师，以后我再也不哭鼻子了……”

后来，县教研部门举办全县小学生英语口语竞赛，在英语老师的鼓励下，梅梅鼓起勇气报名参赛。我就当起了陪练，她在家里跟着光盘练习时，我就坐在她身边帮她纠正发音……比赛那天，梅梅有点紧张，我轻轻地告诉她：“我就坐在台下，不要怕，就像在家里练习一样，认真对待每一个问题就行。”上台后，她沉着冷静，对答如流，斩获全县第三名的好成绩。

升入初中后，梅梅住进了学生宿舍；后来她顺利进入重点高中，考上了西南一所师范大学。不管在哪里求学，梅梅遇到问题时，无论是青春期的困惑，还是选择加入哪个社团，她都会主动与我交换看法、询问意见。

人生总有很多的不期而遇，“不期”是时间的浪漫，“而遇”是冥冥之中的缘分。我庆幸在职业生涯中遇到一位像女儿、像朋友一样的学生。

◆ 故事赏析

相伴之中的教育与引导

一、清晰的教育理念帮助学生成人成才

在城镇学校工作的老师大多都有到农村学校或薄弱学校支教的经历，这既是促进义务教育均衡发展，加快农村学校及薄弱学校建设的重要举措，也是加强教师队伍建设的一条重要途径。就参与支教的教师而言，一段农村学校或薄弱学校的经历会成为自身成长和专业发展的宝贵财富。教师到农村（薄弱）学校支教，看似从“高处”走向“低处”，看似从“优势”学校去帮助、支援处于“弱势”地位的学校，其实对自身而言是一次全新的学习和体验。在履行“支援”“支持”职责的过程中，支教教师有机会更加全面地了解中小学教育，接触不同家庭背景的学生，了解不同区域学生的需求。因此，完成支教任务后，教师的教育观念、对教育以及学生的认识发生改变的现象比较普遍、比较常见。相信凡参与了支教的老师读到这个故事，都会引发他们对之前支教经历及其间发生的美好故事的回忆。

《支教后再续师生缘》是一个普通但比较典型的例子。当事老师若是没有支教的经历，也许见到梅梅后就不会那么关注她，对梅梅及其家长面临的困难的体会就不会那么深刻。正因为了解，才会更加关注，主动邀梅梅免费寄宿在自己家里；因为关注，才会给予更多的关爱，而且对其成长的关爱，远远超出了物质的关爱。当事老师视梅梅为“一位像女儿、像朋友一样的学生”，对保持良好的师生关系的认识也很深刻，值得学习与称赞。

笔者以为，当事老师在关爱梅梅的过程中，尝试了比较恰当和清晰的教育理念，较好地将关爱与教育融合在一起；采取了启发、引导等有效的方法，将陪伴与呵护的落脚点放在促进学生健康、自主成长上；演绎了一

日为师，终生为友，最终促使学生成人成才的动人故事。

二、利用现实场景培养和提升学生生活能力

当事老师让梅梅去排队购买煎包，这对于一个五年级的孩子而言，并不构成挑战。然而就是这样一件看似不起眼的生活中的小事，梅梅却办“砸”了，不仅没买回来煎包，居然还哭鼻子。在陪伴梅梅去讨回煎包的前前后后，当事老师利用现实场景，给孩子上了生动的一课。

简单的一次买煎包的行为，细致分析起来，却牵涉几个方面的知识与能力：与店老板的沟通，付钱时是否向老板示意过、确认过；店老板说没付钱，自己说付过钱，双方能提供证据否，涉及诚信问题；如果自己已经付过钱，却没有“硬”证据，自己能否将付钱的过程等说清楚，是否会讲道理……因此，从付过钱拿不回煎包，再到说理讨回属于自己的煎包这一完整的过程，诚信、证据、说理、沟通等主题内容尽在其中，是尝试“生活即教育”的一次极好的实践。也许当事老师让学生去买煎包时，并没有想得那么复杂，但最终的实际效果令人欣慰。

三、引导学生在实践中寻求解决问题的方案

遇事胆怯、退缩、哭鼻子，在青少年学生中是常见的现象，这是他们缺乏经验与胆识，缺乏勇气与信心的外显表现。梅梅生长在农村，且进入县城就读的时间不长，尤其是面临比较陌生的环境时，她“退缩”“哭鼻子”的问题就更为突出。值得庆幸的是，当事老师在引导梅梅克服弱点的过程中，指导思想明确，时机把握准确，所用方法得当。

首先是充分理解，表现出耐心。梅梅在故事的三个场景中都表现出她的弱点，当事老师给予了充分理解，毫无批评、责怪之意，体现了宽容与耐心。正因如此，在三个不同的场景中，梅梅均取得了令人满意的进步与

成绩。其次是提供机会，有意地引导。针对学生的弱点，并非一次开导就可以奏效的，必须不断提供机会，并进行针对性较强的引导方可收到实效。安排梅梅在“六一”活动上发言，针对梅梅所说“我肯定不行的”，当事老师就劝说：“不会的话，我们就多练习几次。什么事都有第一次，不锻炼就永远都不行!”最后是及时鼓励，肯定其进步。每当梅梅取得一点儿进步，当事老师必定要赞赏。梅梅的发言得到全校师生的热烈掌声，老师就在台下“连连给她竖大拇指”；梅梅参加小学生英语竞赛时“有点紧张”，老师就“坐在台下”当她的后盾，告诉她“不要怕，就像在家里练习一样，认真对待每一个问题就行”。

梅梅在老师的指导下，不仅在活动中取得了好成绩，更重要的是她感受到老师在陪伴自己成长，在练习与实践中获得的自信将使其受益终身，学会了遇见困难与问题，不再畏缩不前，而是勇往直前，寻找解决问题的方案。这也许就是在她离开小学，升入初中、高中、大学后，仍然与当年的老师保持联系与交流的一个重要原因。

● 我的建议

当事老师发现梅梅寄宿在民居后，很快做出安排将梅梅接到自己家里，妥善地解决了梅梅在寄宿点挨冻及生活不方便的问题。当事老师对寄宿点生活条件较差的现状比较了解，但是否对寄宿点的其他问题，以及其他孩子的问题也有所了解，我们不得而知。进一步推测一下，很有可能其他孩子都经历了一样的问题，正如故事描述的一样，“映入眼帘的是好几个孩子紧紧挤在一起，一个个恨不得挤到火炉上去”。这里，笔者毫无责怪当事老师的意思，因为这并非当事老师的过错。即使老师想帮助寄宿在居民家的其他孩子，肯定也不具备相应的条件与能力。其实，我们要感谢当事老师讲述了她与梅梅的故事，正是这个故事揭示了部分学生寄宿在居民家的特殊现象以及可能存在的问题。

几年前，笔者出差到了一个镇上，看到一处民居家门口挂着“老夫子寄宿”的牌子，心存好奇便询问：“老夫子”指的是哪个群体？当地同行的人员回答说：“就是中小学生。”“镇上的学校没有学生宿舍，家长就将孩子送到这类寄宿点。”当问及食品卫生安全、消防安全、心理疏导等问题时，当地同行人员明确地说：“是家长自己找的，由他们自己负责。”自此以后，我时常回想起当时的一幕，但愿那些“N 无”（无执照、无规范、无人管……）的寄宿民居已经被取缔或已得到规范管理。

话题回到本故事上来，当事老师个人的力量是有限的，能将一个孩子接到自己家实属不容易。但是若能向学校反映一下寄宿点存在的问题、孩子们面临的困难，也许由学校出面或家长组织起来与寄宿点协商，或通过学校提请相关的政府部门介入，则可以解决更多的孩子面临的困难与问题，并非只是烤火取暖，还有安全、教育、管理等多方面的问题，特别是对学生可能造成的一些无形的伤害。

当事老师和梅梅都是幸运的，相遇、相伴、相知，勾画了美好的师生情谊。梅梅已成长起来，无需更多的关照，或许她也在培训自己的学生了。作为老师，陪伴学生成长应是终生的追求，呵护职业生涯中遇见的每一个孩子也是其职责所在。当事老师在陪伴梅梅的过程中一定对教育有比较深刻的感悟，例如对“生活即教育”的理解与体会等。因此，建议老师在教育实践中，不断加深对教育理念的理解，注重反思，不断改进教育实践活动，提升育人能力；还可从关爱学生、呵护学生的举动中，不断加深对教育规律的理解，同时进一步强化总结、提炼、分享等工作。

（原载《湖北教育》2022 年第 6 期）

“没关系，我们等他”

故事撰写：王琦，湖北省荆州市四机中学

清脆而响亮的声音起起伏伏，踏着欢快的节拍，孩子们念到了“勇敢是什么”。这时，一个少年举着鲜红的旗帜走上前来，用铿锵有力的声音回答道：“勇敢是不惧等待！”在庆祝“六一”儿童节活动彩排的现场，这个昂首挺胸、目光坚定的少年叫太平。他的腿先天有残疾，走路一瘸一拐，相当吃力。看着他在舞台上认真的模样，我的内心有股暖流奔涌。

去年9月开学后的第一节课，我一边上课，一边仔细打量着这些新面孔。我的目光落在太平身上，他用略带挑衅的眼光看着我。我的心里一紧，生怕自己太敏感，可定睛一看再看，他确实是故意的。我请他到黑板上做练习题，他表情骤变，但还是顺从地离开座位走上讲台。我还担心他要与我对着干……

课间休息时，我立马找到太平原来的班主任，得知太平性格古怪，在班里没什么朋友。等我返回教室时，孩子们正叽叽喳喳地数落着太平。太平却一副无所谓的样子，仿佛批评越多，他就越甘之如饴。同学的数落与太平的无所谓，却让我的心剧烈地疼痛起来。太平自身的问题需要纠正，可这个世界对他也应该多一分善意。

每天上课，我有意地点太平回答问题，肯定他的进步；我也要求其他同学设身处地去思考。我知道，他所有的表现都是因为他只是个孩子，在不良习惯的背后，隐藏着他偏执的骄傲。过了一段时间，班上很少有人抱怨太平了，太平脸上的笑容也越来越多。

每学期，学校都会安排一次防震减灾疏散演练。演习前，我向全班交代注意事项……突然，太平举起右手喊道："老师，我从来没有参加过!"我望着他，郑重地问道："你愿意参加吗?"他没有说话，只是摇摇头。我微笑地对他说："要是地震真的来了，你也要积极自救。如果老师和同学在你身边，我们也会帮你的。"一些孩子赶忙回答："是的，是的。"太平开心地点了点头，说自己愿意参加。

疏散演练正式开始了。第一次警报响起，第二次警报响起……我故作轻松，大喊一声："太平，我来救你了。"太平赶忙站起来，用尽全身力气拖动双腿，一步一步小跑着。我从未想过太平也是可以奔跑的，我的眼睛有些湿润了，用颤抖的声音对他说："没关系，我等你。"

演练完毕回到教室，我做了活动小结，言语之中抑制不住我的喜悦与骄傲，孩子们的真诚与善良、团结与友爱，无一不让我激动。

下课铃声响了，该吃饭了，孩子们开始在教室门外排队。与往常一样，太平站在队伍的最后；有所不同的是，他开始与身边的孩子说话了，学会交朋友了！不知是谁喊了一声："老师，让太平站在最前面吧。"马上有孩子附和："是啊！老师，让他站在最前面。""他慢慢走，我们跟着。""没关系，我们等他。"……

一句"没关系，我们等他"让我感动不已，甚至觉得惭愧。我从未见过太平对当"尾巴"有过不满，他自己可能也觉得不该拖慢大家的速度。一句"没关系，我们等他"也让太平震撼不已。他的表情和我一模一样，是那么不可置信。同学们的关爱来得太突然，让他不知所措了。我定了定心神，走到太平身边，示意他走到队伍的前面。太平慢慢地走到队伍的最前面，热烈的掌声响了起来。

从此以后，只要是排队，太平就成了班级队伍的“排头兵”。其他孩子顺应他的节奏，不再慌忙，不再着急，而是井然有序；太平也逐渐提高了行走的速度，瘦弱的双腿仿佛有了更大的力量。

一个特殊孩子的存在，让全班同学懂得了团结和友爱。一句掷地有声的话语，让整个班集体凝聚出无限力量。

“勇敢是什么？勇敢是不惧等待！”少年的风采在于勇往直前、无畏摔倒、从不言败，在于厚积薄发中的等待。

◆ 故事赏析

“我们等他”是一种境界

《“没关系，我们等他”》讲述了患有腿疾的学生太平在学校成长过程中发生的故事。一方面，有学习障碍或肢体伤残的孩子随班就读所遇见的问题具有特殊性，因此面对有特殊学生的班级，老师需要充分考虑他们的特殊情况与个性化需求；另一方面，这些孩子在成长中所经历的困难和需要面对的问题在同龄人中也具有一定的代表性，老师需要遵循教育的基本规律，秉承教育的基本理念来组织和实施教育教学活动。只有这样才能达到随班就读预期的目的，让特殊学生融入班集体，享受学校生活，接受同等的教育，为他们未来融入社会做好必要的准备。这就是《“没关系，我们等他”》的特殊意义所在。

一、思想认识与教育行动步步推进，做法可供借鉴

从故事发展的情节判断，当事老师也许是平生第一次遇见随班就读的特殊学生，对于太平的思想认识和教育帮助行动，也经历了几个阶段。尽管有的阶段在时间上很快就过去了，但是阶段性特征仍然很明显。

从相互试探到相互适应。接手新班，老师和学生必定要经历一个从认识到适应的过程，而这在老师和一个特殊学生之间就有点不寻常。太平腿脚不便，在学生档案中已有记载，只是当事老师没有想象到太平会有什么样的“特殊”表现。在老师心目中，太平会是一个“弱者”，然而，他“略带挑衅的眼光”着实让老师“心里一紧”。这个举动应该是太平发出的“试探”信号。随后，老师也做出了试探，点名让太平到黑板上做题，原以为他会“对着干”，结果他顺从地离开座位走上讲台。第一次试探，让彼此有了基本的认识与了解：太平没有想象的那么“老实”，但也没有与老师作对的举动；老师没有无视太平的存在，太平用眼神刷存感的目的达到。第一次试探也让老师感到自己思想准备不足，遂利用课间休息时间急忙找到太平原来的班主任进一步了解情况。

从主动关注到采取行动。一般而言，老师关注特定的学生，会有个特殊的节点、事件、场景等。当事老师开始关注太平，除了相互间的试探举动外，还有一个重要原因就是“同学的数落与太平的无所谓”让老师的心“剧烈地疼痛起来”。这个世界应该对太平这样的孩子“多一分善意”。当事老师便开始担当起“善意”的倡导者、引导者、实施者，这才有随后在课堂内外的多项教育与帮助行动。

从不断鼓励到逐步变化。在帮助太平的过程中，当事老师采用的一个重要策略就是鼓励——大胆鼓励、当众鼓励、持续鼓励。鼓励一方面满足了太平对关注的诉求，让他能感受到老师对自己的态度与关心；另一方面也较好地引导太平看到了自己的进步与成长。特别是在疏散演练中，当太平开始“奔跑”时，老师一句“没关系，我等你”对其是莫大的精神鼓励。“班上很少有人抱怨太平了，太平脸上的笑容也越来越多”，排队时“他开始与身边的孩子说话了，学会交朋友了”等，这都是太平渐进式变化的具体体现。

从融入班级到共享阳光。在疏散演练中，太平感受到老师的关爱与同学们的友谊，所以参与疏散演练成为太平融入班集体的一个重要节点。但是，融入不能是一时一事的短暂或孤立行为，而应该是一个持久、持续的过程，是一种常态。只有这样，才能让孩子们享有同样的阳光，享受同样的童年，享受同样的教育。这一切都发生在排队的过程中，太平成为班级路队的“排头兵”，标志性地融入班集体，并得到了同学们的认可。“没关系，我们等他”体现了同学们对太平友善的态度，反映了同学之间情感上的增强，象征着孩子们精神上的升华。笔者以为，“等待”是一种精神境界，不是停止，而是向前、向上、向善迈出的一大步。这并非夸大其词，因为“从此以后，只要是排队，太平就成了班级队伍的‘排头兵’……太平也逐渐提高了行走的速度，瘦弱的双腿仿佛有了更大的力量”。

二、客观与理性描述随班就读个案，问题应该得到重视

《“没关系，我们等他”》围绕教师与特殊学生认识与做学生工作的过程、班级同学的态度转变以及太平的融入等给读者再现了特殊儿童随班就读个案。太平是幸运的，他遇见了一位善良的老师和一群友好的同学。虽有曲折，但太平终归享受到随班就读的快乐，享有同龄人同等的教育和同样幸福的童年。太平的经历也许在随班就读的特殊儿童中有一定的代表性，它为特殊学生随班就读工作提供了参照，引发了思考，值得高度重视和认真研究。

首先，安全避险问题。在每学期一次的防震减灾疏散演练开始前，太平举手告诉老师“我从来没有参加过”。太平不是一年级学生，而学校也不是第一次组织疏散演练，为何太平就没有参加过呢？至少是在一段时间内，在部分老师心中，疏散演练只是“演练”，没有考虑到在“实战”时特殊学生的疏散问题。

其次，人格尊严问题。当老师课间休息返回教室时，“孩子们正叽叽喳喳地数落着太平”。其实，在当时的课堂上，太平除了与老师“交换”过眼神外，没有其他不当之举，没有惹怒任何同学，为何就受到同学的数落呢？太平的“一脸无所谓”告诉我们，他对于来自同学们的数落已经习以为常了。类似这样的语言欺凌直接伤害了当事学生的人格与自尊。

最后，心理健康问题。太平在班里很明显处于弱势地位，长期在“自卑”与“好强”之间交替，这必定给其心理带来不利的影响。先前的班主任说太平“性格古怪”，对来自同学的数落“无所谓”、对老师“挑衅的眼光”等都是太平心理健康方面存在的问题的真实写照。

● 我的建议

太平同学能较好地融入班集体，其他同学的关爱与帮助是一个很重要的因素。当然，若是没有太平本人所表现出的坚强和毅力，成功融入班集体也是不可能的。从一定意义上来说，太平也为全班同学，甚至为全校同学树立了一个励志的好榜样。

在讲述太平成长的过程时，整篇故事偏重强调班级其他学生的关爱与接纳，而对太平自身表现出的励志与自强的部分的描写略显薄弱。这样很有可能给学生留下一种印象，是“强者”在等待和帮助“弱者”，而“弱者”始终是“弱者”，从而让人们忽视从“弱者”身上汲取精神力量。即使太平在当“排头兵”时，其他孩子是在顺应他的节奏，但实际上，太平的付出与努力已经超过了其他孩子，是勇于挑战自我、乐于自加压力的体现。如果能挖掘出太平同学更多身残志坚的情节或例子，相信对所有同学包括太平本人的教育会更有力度。

采取弥补教育措施。当事老师可以在适当的时候，在全班重点强调太平在融入班集体的过程中表现出的坚强与毅力，引导全班同学，包括太平自己，充分认识到“弱者”也可以转化为“强者”，特别是思想与精神上的强大更难能可贵，更值得赞扬和学习。

探讨随班就读问题。本故事介绍了太平同学随班就读过程中老师所开展的积极工作。建议从总结工作的角度，对特殊儿童随班就读进行比较全面的分析总结，并在此基础上深入探讨随班就读工作中的常见问题，提出工作建议与对策，开展交流与分享，或供面临随班就读学生的教师及学校借鉴参考。

（原载《湖北教育》2022 年第 9 期）

电话打出的“家校矛盾”

故事撰写：周密，湖北省宜昌市夷陵区仓屋榜小学

“喂，您好！请问是红红妈妈吗?”

“是的!”

“我是红红的数学老师，红红昨天有一道背诵的作业您知道吗?”

“我不清楚哦!”

“红红说她昨天把背诵视频传给您了呀!”

“那我不是很清楚，我等会儿看一下吧!”

“还有一个事，就是红红的课堂作业上很明显出现了大人的字迹，您要引起重视哦!”

“我跟她爸爸天天都不在家，这个孩子的作业都是爷爷辅导的，爷爷也不会做呀!”

“我知道你们家里的情况，我的意思是您还是要跟家里照顾孩子学习的大人说一下，不论孩子的课堂作业会不会做，家里的大人都不能代替孩子做作业!”

“我们家孩子之前就说，她很多题不会做，因为老师在学校都没讲!”

……“那您有没有问过你们家孩子上课有没有认真听讲呢？老师们都了解你们家里的情况，所以上课比较关注她，经常点她发言。如果发现她没跟上，要么老师把知识点再讲一遍，要么请其他听懂了的学生再讲，怎么就不管她呀!”

“红红之前还跟我说她都不想去学校上课了！”

“红红妈妈，今天给您打电话的目的有两个，一是想跟您沟通一下背诵作业的事，二是了解大人替孩子做作业的事。”

“好吧！我跟他爸爸抽时间来一趟学校吧！”

“那就这么说吧！”说到这里，数学老师忍不住主动挂断了电话！

因为一个电话，红红爸爸在半个小时内赶到学校，气冲冲地对老师说：“教不教得好？教不好就转学！”在场的语、数两位老师内心先是一震，最后老师们只说：“我们带您去找孩子吧！”

把红红爸爸带到办公室时，红红正站在老师办公桌旁，脸上还挂着几滴眼泪。此时班主任语文老师虽然也在极力跟家长沟通孩子在学习上出现的问题，但是家长已经不耐烦，当着老师和孩子的面把孩子的语、数课堂作业丢在地上，带着孩子到教室收拾好书包就离开了学校！

没过多久，家长群里就出现红红爸爸的抱怨：家里只有老人，孩子在家有很多作业不会做；孩子看不懂题目，去学校了，老师让学生罚站、让学生站在办公室里哭；本人愿意与有同样感受的家长一起探讨这样的问题。

虽然有几位家委会的成员在维护教师的立场，但也被红红爸爸粗鲁地怼回去了，他甚至将自己与班上其他家长私聊的记录截屏发到群里，以此来辅证他的言论，说到激动处，还扬言要去教育局告状。事情发酵至此，惊动了校长，校长亲自登门拜访，软言细语、耐心沟通，才勉强平息家长的怒气。虽然最终家长向老师表达了歉意，但是两位老师的内心都是拒绝的，在得知数学老师不肯接受家长道歉后，家长再一次怒言：“不肯原谅就算了，我这辈子还没跟人道过歉！”就这样数学老师和家长的关系一直僵持到现在……

这场“风波”来得很快，但是要消除“风波”造成的影响并没有那么简单。今后老师与红红的家长打交道会更困难了，至少重新建立互信需要更长的时间！红红目睹了这一切，虽然她没有“选边站队”，短暂离校后又返校回到课堂，但是她内心一定有过纠结，能否摆脱阴影一时半会还难以判断。

老师联系家长的初衷就是帮助红红改进学习状况，或者说大一点不就是关注孩子的成长吗！一切为了孩子，这是老师奉行的理念，也是很多家长的想法；这既是出发点，也是落脚点。然而，沟通不畅却引发了老师与家长之间的矛盾与纠纷。为了红红这个孩子，作为老师，我们是否该审视自己所做的，以及将要做的“一切”呢！

◆ 故事赏析

“话”外音折射出的问题值得重视

● 故事特点

在现代通信技术比较发达，电子通信设备普及率比较高的情况下，老师与家长可通过电话、邮件、微信或视频等联系沟通，其便捷、快速、成本低、效率高的优势显而易见。《电话打出的“家校矛盾”》记述了老师与学生家长电话联系的过程和随后家长对老师以及学校所持的态度与采取的行为。老师与家长的通话并没有“煲电话粥”，双方的话语不多，且言来语去一共就七八个来回。老师与家长谈论的话题也很简单，就是孩子的作业。然而，笔者以为并非每一次家校沟通都会顺利畅通，能收到预期的效果。老师和家长通过手机联络交流时引发的潜在问题往往会出乎预料。一次比较简短的电话交谈，就足以引发老师、家长以及其他读者的思考，双方的话语以及随后发生的情节留给我们许多启示。除此之外，电话所折射的家校关系等问题更值得我们重视，老师和家长需要共同努力寻找有效的解决方案。这也许就是故事撰写者选择与读者分享这个故事的初衷。

一、正视新媒体背景下家校沟通亦存障碍

遇到学生在学校发生状况的情况，拿起手机就打电话、发微（短）信联系家长，已经成为很多老师的工作习惯。然而，用手机联系家长后节外生枝的事情并不少见。笔者就曾了解到一个案例：老师家访时家长承诺说只要有事老师来个电话就行，家长一定配合。老师起初几次电话联系时，家长客客气气，但是慢慢地就在电话中哼哼哈哈，最后拒绝接听老师的电话。当事老师经过冷静分析后，再次上门联系家长方才得知，家长没有能力满足老师电话中的“要求”，只能出于礼貌“应付”老师，到后来就不敢接听老师的电话了。

笔者并非不赞成利用现代通信手段与家长保持联系与沟通，只是以为老师在拿起手机联系家长前，需要对事态可能的发展方向以及“隔空喊话”的效果做出预判。老师能独立解决的问题，不要轻易联系家长；电话和微（短）信中难以讲清楚的，最好采取其他变通的方式与家长沟通；能够找学生本人调查了解的信息，不要随便打扰家长；对于沟通能力比较差的或难以沟通的家长，非紧急情况一般不要用手机沟通等等。本故事中，核实学生的课堂作业为何没有完成，以及是否有家人代替孩子做作业等问题，老师亦可以直接与孩子沟通，相信一定能找到答案。若是在找出真正的原因之后，再与家长沟通，谈话的针对性会更强，对家长的建议与要求也能更具体。

老师在可能的情况下，还可以尽量用脚步缩小家校之间的距离，与家长当面交流沟通。家访不仅便于交流，更重要的是能增进老师与家长之间的互信。时代楷模张桂梅在 12 年里徒步翻山越岭，或坐着拖拉机、摩托车，甚至骑马摔断肋骨，走了 11 万多公里，走遍了云南省丽江边远山区的每一个村寨。张桂梅身体虚弱，工作繁忙，能坚持实地家访，其精神值得我们

学习，其方法可供老师们借鉴与模仿。

二、正视家校教育的态度与方法并非同轨

家庭教育和学校教育的目的具有一致性，这个不会存在争议。但是，家长和老师在教育孩子的态度与方法上可能存在较大的差异，并非总是在一个轨道上前行。当事老师在与红红妈妈通电话时，针对老师提出的问题，家长有过几句简单的回答：“这个孩子的作业都是爷爷辅导的，爷爷也不会做呀！”向家长提出有成年人的笔迹的质疑，老师应先把问题调查清楚再说话。“我们家孩子之前就说，她很多题不会做，因为老师在学校都没讲。”家长指责老师没有尽到责任，老师都没有讲（清楚），孩子怎么会做呢！“红红之前还跟我说都不想去学校上课了！”孩子不想上学了，你看你们这个学校是咋办的？

也许当事老师在拿起电话的那一刻，怎么也没有想到一位在外打工的家长会说出这些不软不硬的话来！其实，这正好反映出老师和家长在教育的态度与方法上的不一致。尤其是后来，红红的爸爸赶到学校后的一番举动，更是将家校教育的态度与方法不相一致的问题暴露无遗。更有甚者，红红爸爸在家长群里公开抱怨，其目的很明显就是指责老师，煽动家长，发泄不满。

对于老师而言，我们不可能苛求家长的家庭教育在理念与方法上与学校教育完全保持一致，但是了解和掌握家长对子女教育的态度及其施用的方法非常重要。只有掌握了情况，才能达到有效沟通的目的，才能缩小家庭教育与学校教育之间的不协调之处。故事中，电话沟通不畅只是暴露矛盾的一根导火线，所折射的家庭教育与学校教育之间的不协调性值得高度重视。

三、正视出发点与落脚点之间也存有落差

笔者非常庆幸地看到，在故事的结尾讲述者用比较简洁的文字进行了反思，特别提道：“一切为了孩子，这是教师奉行的理念，也是很多家长的想法；这既是出发点，也是落脚点。”当事老师督促红红完成作业，排除有成年人代笔的可能性等，其目的就是希望红红能独立完成学业，健康成长。最后，老师被家长抱怨，受到委屈，虽然内心拒绝家长的歉意，但仍然在替红红考虑，以为“她内心一定有过纠结，能否摆脱阴影一时半会还难以判断”。老师虽然受到委屈，但仍然在担心红红难以“摆脱阴影”。因此，对于当事老师奉行“一切为了孩子”的理念，并将此作为出发点和落脚点不容置疑。

然而，在教育实践中，由于措施与方式的选择不同，把握的时机不准，有时在出发点和落脚点之间会存在一定的落差。联系家长，是为了确保红红专注学习，但是老师除了受到一点委屈外，深受其害的还是红红。在老师与家长的“拉锯战”中，年幼的红红不知取舍，无所适从。在这个节点上，父母的“呵护”、老师的“管教”等无意之中留给她最大的痕迹应该是心理上的阴影，而这一切都有悖于老师和家长的初衷。

笔者以为，老师的管教措施，包括与家长的联络与沟通，需要尽量保持出发点与落脚点的一致性，至少应该努力缩小两者之间可能出现的差距。这既是“一切为了孩子”的客观要求，也是教育实践中需要追求的目标。

● 有待商榷

讲述者分享这个故事的意义并不在于展示老师与家长沟通的方法与技巧或交流的成功与否，而是以此引发读者的思考，继而得到一些启示。然而，从故事的情节看，当事老师的做法仍然值得推敲。在与红红妈妈通电话时，老师曾提到“我知道你们家里的情况”“老师们都了解你们家里的情况”，但是从选择通话对象以及通话内容看，老师并不是很了解红红家里的情况。若是知道是爷爷在负责督促孙女做作业，那么老师不用绕过爷爷去找孩子的妈妈；若是真了解他们家的情况，就该对其父母的家庭教育态度与方法有所了解，有效地避免其父来学校后发生矛盾等等。因此，确需联系家长时，老师不可舍近求远，否则稍有不慎，还可能引发家庭内部矛盾，孩子的父母还有可能会抱怨孩子爷爷没有尽到责任。

● 建言促改

既然当事老师已经开始担忧红红是否能及时消除心理阴影，相信老师会采取一些针对性比较强的措施，帮助红红回归到正常的学校生活轨道上来，其中包括表明自己的态度，阐明联系家长的初衷；倾听红红的心声，解答红红内心的困惑等等。就改善家校关系而言，笔者以为事发后最重要的是要在家校之间重新建立互信。一次电话就暴露出老师与家长之间的矛盾，可见家校关系与合作原本就比较脆弱，没能经得住一次电话沟通的考验。作为教育工作者，老师应该姿态更高一点，找机会主动联系家长，冰释前嫌。同时，老师要密切关注红红的变化，及时纠正孩子在学习和行为上的偏差。针对红红的家庭情况，努力实现家校之间的无缝对接，视不同情况分别联系红红爷爷或父母，建立有效的沟通机制。

“不要你管”的男生变了

故事撰写：万玉梅，武汉市光谷第九小学

一年级语文课堂上，我正在黑板上板书课文《对韵歌》，突然听见“砰”的一声，我立马转身，发现最后一排的小渊的课桌倒地，他抱着双臂坐在椅子上，用愤怒的目光瞪视我，好像是我惹怒了他。

看到他的同桌李森躲躲闪闪的眼神，我有了几分了然，于是平静地问道：“小渊，发生什么事了？”他没有作答，反而生气地踢了几下倒地的桌子。我放下粉笔，走到他身边，扶起课桌便说道：“看来是这张桌子惹你了，既然你不喜欢它，那我把它放在墙边……”在我挪动桌子时，小渊突然跳起来把同桌的书本扔到地上，当他想要扔掉同桌的书包时，我抢先抓住了他的手。小渊一边哭着一边喊：“我不要你管，我不要你管！”我提高音量严肃地说：“我可以放开你的手，但是你必须保证不再乱扔东西！”僵持约莫2分钟后，小渊点了点头……原来因没带笔，小渊不经同意便拿走同桌唯一的一支笔，同桌找他要回去了，他就生气至极地推倒了课桌。

我拉着小渊的手走向讲台，并把讲台上的凳子搬到讲台下方。“这节课，你就坐在这儿听讲。”说完，我便继续上课。见老师不理睬他，小渊用各种古怪的动作吸引同学……突然发现我在看他时，小渊又将头扭向一边，逃离老师的视线，随后他慢慢地也安静下来了。

其实在开学前一天游园时，小渊就曾引起我的注意。那天，小渊没有按时到校，我电话联系家长后，他在家长的陪伴下，急匆匆地赶到学校，他们迟到了约半小时。接到学校保安员的电话后，我立马赶到校门口，却看到小渊大哭大闹，用拳头捶打爷爷的胸口，还不停地喊着："就是你把时间搞错了，我要打死你！我要打死你！"我心里不由得有点郁闷，刚刚开学就来了这么个"大神"，看来我"手气"不太好，这孩子不太会让人省心。我走上前拉住他说："你要打死爷爷，就没有爷爷了。跟万老师说说是什么原因让你这么生气。或许我有办法帮你解决哦！"他满眼泪水，抬头看着我，我趁机做了自我介绍，告诉他以后碰到任何困难都可以找老师帮忙。这时，他才抽抽搭搭地说："这不是我爷爷，是我外公，你搞错了！""好的，你真幸福，万老师都没有见过自己的外公！""为什么？"他满脸惊讶。"因为我出生的时候他已经去了天堂……"就这样我带他去了教室。可是，中午吃饭的时候他因为我没有单独点他的名字而赌气不吃饭；他本想和同学玩，却故意打别人后跑开，引发不少同学在课间向老师"告状"……

当日下午，我主动跟孩子妈妈取得了联系。小渊由妈妈单独抚养，平日一直由外公照料，而外公觉得外孙可怜，便对其百依百顺。老人也不太懂如何与孩子沟通，很少带孩子去跟其他小朋友玩，小渊偶尔外出时还常和别的小朋友起冲突。

小渊反常举动的原因显而易见，引导他改善同伴关系的有效办法就是鼓励他友善地与同学相处，在玩耍中习得和同学相处的技巧。我从家里给他带来了《生气汤》《我的情绪小怪兽》等多种绘本，常陪他一起阅读……一年级期末，小渊在素养大赛中竟然取得了双 A^{+} 的成绩，那天我满足了他要和我一起在小花园的三角梅旁拍照的愿望，照片中的他笑得温暖极了！

如今反思陪伴小渊度过入学适应期的日子，我虽然感到所采取的方式仍然偏严，但是相对入职初期曾经有过的"高压""严苛"减弱了许多。对于低龄段的孩子，换上一种更加温和的方式与之相处，不仅有助于他们顺利度过适应期，而且也能让他们变得更加温和！

◆ 故事赏析

补短板，助小学新生度过适应期

《“不要你管”的男生变了》故事中的“不要你管”经常出自青少年学生之口，教师和家长对很多孩子的这句“口头禅”非常熟悉。尽管没有人会喜欢孩子的这句话，但是老师和家长不仅要面对“不要你管”的现实问题，而且还要与之相反，非管不可，有时候还得费九牛二虎之力一管到底。遇见叫喊“不要你管”的孩子，很多教师和家长都曾有过纠结，处理的方式也不尽相同，其结果自然就会呈现较大的差异性。若是真听从孩子的“不要你管”就放弃管教或放任自流，就教师而言，很明显这就是管教不到位或构成失职。然而，管好那些口口声声说“不要你管”的学生，考验的不仅是教师“要管”“想管”的意愿与决心，而且需要教师的教育智慧。

本故事中的小渊似乎就是常喊“不要你管”的孩子中的一个典型代表，他在家不要家长管，在校不要老师管。遇见此类学生，老师难免会有纠结，在多数情况下不是管与不管的问题，而是如何把孩子管好的问题。

从本故事的标题看，当事老师“管”小渊见到了实效，教育与引导使“男生变了”。就笔者看来，小渊的“变”并非是从“坏”变“好”的转变，而是从不适应校园生活到逐步适应的转变。当事老师在陪伴小渊的过程中所采取的措施，简单地讲就是帮助他补齐自身的短板。

首先，在观察中掌握学生的短板。虽然没有声称对小渊特别关注，但是在预备开学的那一天就注意到小渊，此后该生的所作所为必定都在老师的关注之中：（1）时间观念不强。预备开学当天迟到，尽管外公把时间记错了，负有一定的责任，但是学生本人一定也是没有时间概念的，对于自己要上学没有足够的重视。不然，他会自己记住上学的时间，或提醒家长与老师核实。（2）忘带学习用品。离家上学前，学生需要检查自己的书包，查看应带的书本、学习用品等是否带齐，而这一般应该是前一天晚上入睡之前就该完成的任务，但是小渊还是忘记了，显然还没有养成良好的学习用品收拾习惯。（3）性情急躁易怒。第一天上学迟到了，也没有耽误什么事，老师不仅没有批评，还电话提醒、到校门口迎接，但是小渊反应过激，对外公边打边骂："我要打死你！"另外，在课堂上擅自拿用同学的笔受阻后，居然将课桌推翻在地。（4）与同伴交流有碍。小学新生入学后，同学之间本该互相尊重、互相帮助、互相谦让，然而小渊遇到困难时，不知如何求助于同学或老师，这才在语文课堂上出现推翻课桌，扔掉同桌的书本那一幕。（5）不懂课堂规则。也许在入学教育时，小渊听到了老师提出的各种要求，但是他并不理解这些要求对于他来讲意味着什么。因此，诸如同学间相互尊重、上课遵守纪律等对小渊似乎没有太大的约束力，他仍然我行我素，想怎么玩就怎么玩，以致自己在课堂上犯错反而找同桌出气。

如前所述，小渊入学初期表现出的短板或缺点，在较多的幼小过渡的幼童中比较常见，因此值得引起教师的重视。

其次，在研判中找出问题的原因。当事老师在发现小渊推翻课桌的当天就联系上孩子的妈妈，在向其通报孩子在学校发生的问题的同时，想通过主动联系找出孩子异常行为背后的原因。果不其然，小渊的种种表现与其生活的家庭环境以及家庭教育不无关系：（1）溺爱助长霸道无礼。在特殊的家庭环境下，小渊主要同外公一家共同生活，而外公并非不负责任，而是"觉得外孙可怜，便对其百依百顺"，即使在校门口遭受外孙捶打胸口，外公也是忍气吞声，显得无奈，继而不断助长其霸道习气，以致孩子缺乏尊敬老人、尊重他人等基本的礼貌。（2）缺少玩伴不会社交。由于其霸道习气，加之外公不善于向孩子传授与同伴交往的技巧，即使偶尔有机会"外出时还常和别的小朋友起冲突"，逐步形成恶性循环，家长便很少带"孩子去跟其他小朋友玩"。儿童社交需求需要在其成长过程中得以满足，这样才能为其创造机会，在交往中学会交际。（3）缺乏亲子阅读学习。改善亲子关系，让孩子习得一些基本的礼节、交际技巧等是父母的重要责任，也是家庭教育的重要内容之一。然而，小渊的父亲缺位，母亲忙于生计顾不上，外公缺少家庭教育的方法与意识，更谈不上通过亲子阅读扩充孩子的知识面，施以积极的、正面的引导。

再次，在实践中采取补救的措施。小学新生在入学初期，本来就有很多细致的教育与引导工作需要开展，才能帮助新生较好地适应学校生活，顺利渡过适应期。但是对于部分类似小渊的学生，当事老师不仅要按常规引导学生实现从幼儿园到小学的过渡，还要采取针对性较强的补救措施，为他们补齐短板：（1）提供绘本陪伴阅读。由于特殊的家庭环境，小渊阅读绘本的量之少可想而知，因此，当事老师便“从家里给他带来了《生气汤》《我的情绪小怪兽》等多种绘本，常陪他一起阅读”，引导该生从阅读中吸取营养，明辨是非与道理。（2）鼓励加强同伴交往。虽然本故事中，讲述者没有过多地强调将鼓励该生与同伴的交往作为重要的引导措施，但是仍然明确强调鼓励该生“在玩耍中习得和同学相处的技巧”。（3）现场引导不言放弃。在开学前一天的游园活动中，当事老师见到小渊与其外公在校门口的场景，也曾在“心里不由得有点郁闷”，自责自己“‘手气’不太好”碰见了“大神”。但是，对于小渊这个“不太会让人省心”的孩子，当事老师并无放弃之意，而是在积极地应对，处理情况，联系家长，循循诱导，这才有一年后发生的可喜变化。（4）目标引领激励向上。想必当事老师从小渊的异常表现中，也看到了他的优点，迟到了怨恨外公虽然不对，但是毕竟他知道上学迟到是错误的；强行拿走同桌的笔是犯错了，但是他知道老师布置的作业必须完成，有学习的意识。也许正是看到了该生的优点便对其有所期待。当小渊在素养大赛中取得了双 A^{+} 的成绩时，当事老师满足他要和老师在校园合影的愿望。这张期待已久的合照，一直激励着小渊不断努力，做更好的自己。

● 我的建议

故事中的小渊纯属个案，但是它揭示的问题并非只是他个人在适应期中出现的短板，从一般意义上讲也是“幼小衔接”工作中的短板。如何帮助小学新生渡过适应期，是个值得认真研究的问题。笔者对“幼小衔接”有所耳闻，但的确知之甚少，不敢妄加议论。这里仅就当事老师在现场处置小渊在课堂上发生异常状态的方式提出一点建议。在简洁的反思中，当事老师提及“偏严”“严苛”“温和”几组关键词，这在一定意义上能体现出当事老师的教育观念与主张，及其转变的过程，充分认识到：“对于低龄段的孩子，换上一种更加温和的方式与之相处……让他们变得更加温和!”笔者以为，在课堂处置时，当事老师仍可在“温和”二字上继续下功夫。例如，小渊因生气将课桌推翻在地，实则是发泄对同桌的不满或欲遮掩自己的过错。当事老师将其课桌搬到墙边，该生很有可能以为老师借此在惩罚自己，这便有后面对同桌的报复性行为。若是老师先问明情况，帮其将桌子扶正，也许就不至于激怒该生。又如，让小渊坐在讲台前面，属于比较典型的惩戒措施，然而他并没有领会到老师的意图。课堂意外因一支笔而引发，当事老师了解情况后，若能及时为学生提供一支笔，整个故事也许会被改写。另外，对小渊的同桌也需要适当安抚，不然可能会致其日后与同桌的相处留下阴影。

第二编
“补丁”创造教育之美

美丽的补丁

故事撰写：李雪萍，湖北省襄阳市朱坡中心小学

翌日下午就要召开新学期首次班主任例会。晚上我查完寝室后，赶往教室去取班级日志，打算为例会做准备，却怎么也找不到日志本。我东翻西找，折腾好久，最终在书架上找到了，可日志本的封面却被撕得破烂不堪。

那一夜，我躺在床上翻来覆去地睡不着，仔细地把近两天的班级活动像放电影似的过了一遍，我想最有可能是闫涵宇做的。但如果我直接问他，他会承认吗？

闫涵宇有个性、自尊心强。他在班上有很强的号召力，但缺乏毅力，管不住自己。组建班委时，他自告奋勇要当体育委员，可是他却不按时跑操，导致被“撤职”。思考再三，我决定暂且把这事放一放，先不找他谈话。

第二天早上第一节课，当我走进教室看到孩子们的眼神时，就知道日志本被损坏的事情已经在班上传开了。下课前，我轻轻拿起破损的日志本，问孩子们：“假如你们是李老师，你们会怎么做呢？”同学们不淡定了，议论纷纷：“谁干的坏事？”“把家长请来一起批评！”“找出是谁干的，让他赔偿一本新的。”……

这时，我注意到闫涵宇惊慌失措的样子，他忐忑不安地低着头，两只

小手不停地搓着衣角。闫涵宇的举动证实了我的猜测，我提高嗓门说：“谢谢同学们给老师支招儿、出点子。但是我不想追究是谁干的，只是希望同学之间、师生之间遇到问题或者有什么意见，能坦诚地说出来，而不是利用搞‘破坏’去发泄。老师现在也意识到自己的工作方式需要改进，以后要与同学们一起进步成长！”孩子们两眼瞪得大大的，满脸惊讶，然后教室里响起了热烈的掌声。这时我发现闫涵宇满脸通红，看上去又紧张又羞愧……

上午第四节课，我又来到教室。孩子们关心地问：“日志本的封面怎么办？”“校长会不会批评您？”“我们班还能拿到流动红旗吗？”孩子们开始关心班级的荣辱、关心老师，我很是欣慰。我说：“那我们就动手设计属于五（2）班特有的班级日志本封面吧！”话音刚落，孩子们立刻拍手叫好！一节课很快过去了，孩子们纷纷展示自己的杰作。闫涵宇主动走上讲台介绍他设计的封面，并得到了同学们的一致认可。他的表情流露出一种卸下重担的释然。

下午，我带着“修复”后的班级日志本参加班主任例会。看到我手上独特的班级日志本，校长接过去认真地翻阅，给予了肯定并在会上提出创新班级管理的建议。

当天晚上，按惯例查完寝室后，我回到办公室，打开抽屉，一张写满字的作文纸展现在我面前：“李老师，对不起！日志本的封面是我撕毁的。因为我喜欢运动，太想当体育委员了，可是您把我给撤职了……其实，撕了后我也很后悔。您也一定知道是我干的，可是您既没有发火，更没有当众批评我，我很愧疚也很感动。谢谢您，李老师，我以后再也不会这么做了……”读到这里，我如释重负，闫涵宇总算没辜负我的良苦用心。

三周后，在学校举行的秋季运动会上，闫涵宇为班级争得了多项荣誉，得到了同学们的一致认可和称赞，他又重新担任了体育委员，并兼任班级日志保管员，他又恢复了往日的自信和阳光。

孩子毕竟是孩子，当孩子不小心犯错后，简单的处理或不恰当的批评，都可能产生负面效果，给孩子幼小的心灵留下阴影。作为小学教师，我们应该利用自己的智慧，以一颗宽容和理解之心，恰如其分地给孩子“心理松绑”，发现并提取其中的积极因素，这样既能教育好孩子又能保护孩子的自尊心。

假如孩子在成长过程中犯了错，不小心刮破了一个“洞”，那就不妨巧妙地补上一朵美丽的“花”，打上一个美丽的“补丁”，这样可能会创造另一种美丽，有时甚至是奇迹！

◆ 故事赏析

创造教育之美

● 故事特点

收到《美丽的补丁》这个故事，笔者正在外出的路途之中。第一次读到这样的故事，将纠正学生的缺点或错误比喻为在“‘洞口’巧妙地补上一朵美丽的花”“创造另一种美丽”，不禁产生细致品读的冲动。讲述者同时还发来了另外一个小故事，这里暂且称其为《鞋子上的补丁》。

女孩新买的一双磨砂皮鞋不小心被划了一道口子，她拿到鞋铺去修。年轻的徒弟看了一眼说：“没办法，除非换鞋帮。”老师傅接过来看了看，说：“要是你放心的话，我就在皮上再多划几道口子。”女孩不解地问：“为什么？”老师傅说：“这样看起来别具一格，又不影响穿着。”女孩留下鞋，将信将疑地走了。第二天女孩去取鞋时，远远地就发现了自己的那双鞋，鞋子上果然又添了五六道划痕，但已用铁锈红色的软皮补好，四周用的是粗针大线的细麻绳，针脚有意歪扭，显得质朴粗犷，与磨砂皮的风格一致，看上去既独特又显得有品位。

虽然笔者对此一直有疑问：究竟讲述者是先读到了《鞋子上的补丁》，因受到启发才给自己的教育故事取名为《美丽的补丁》，还是因为纠正了闫涵宇的错误而联想到《鞋子上的补丁》？但这无非是一个“受到启示”或“所见略同”的问题，对于讲述和阅读《美丽的补丁》的故事已经不那么重要了。无论属于何种情景，故事已经告诉读者，补丁原本是一种遗憾，却可以通过巧手匠心，让它呈现出另一种美！作为教育故事的读者，我们更应该关注讲述者是如何从纠正学生错误中发现教育之美和创造之美的。

一、发现问题、解决问题成为创造美的突破口

本来闫涵宇撕毁班级的日志本，是一件令老师头疼的事。这不仅是因为老师手上就拿着“破烂不堪”的日志本，会引起其他班主任的注意而自己感到尴尬，而更重要的是当事老师刚接手新班就被学生来了个“下马威”，今后如何做好班级管理工作令人担忧。然而，就是因为班主任“思考再三”后的一个正确选择，剧情翻转，收到了意想不到的教育效果。因此，称发现和解决问题创造了美一点也不为过。这个美至少可以体现在以下几个方面。

一是促进了学校各班级管理创新。校长看到当事班主任手上拿着别具一格的班级日志本，也许想到是班主任有意创新，极有可能校长对班主任围绕日志本经历过的几分煎熬根本不得而知。但受到“修复”的日志本封面的启发，校长则有可能会号召全校各班级创新班级管理。若是五（2）班不发生撕毁日志本事件，这样的班级管理创新活动也会相应推迟。

二是强化了是非观念与荣誉意识。班主任在班级“轻轻拿起破损的日志本”，启发同学们换位思考，有效地引导他们增强了明辨是非的能力，一致认为损坏日志本的行为是错误的。当老师第二次来到教室时，就有孩子

们关心地问："日志本的封面怎么办？""校长会不会批评您？""我们班还能拿到流动红旗吗？"这些都是学生班集体意识、荣誉意识的具体体现。若是学生心中没有"是非""集体""荣誉"等概念与意识，他们就不会把日志本是完好还是破损当一回事，更可能会觉得事不关己，将自己当成局外人。

学生的是非观念、集体意识、荣誉意识等仅通过从概念到概念地给他们讲述是远远不够的，必须要结合实际案例或身边发生的故事进行诠释，才能让他们加深印象，切身体验，深刻领悟。

三是引导闫涵宇受到了深刻教育。班级日志本被撕毁引发了故事，当事学生闫涵宇必须受到教育是整个故事的一个关键环节。老师在面对班级公开日志被撕毁时，虽然没有指明是谁干的，但是闫涵宇"忐忑不安地低着头"，是其内心受到谴责的外在表现。在同学们动手"修复"制作日志封面时，闫涵宇又表现特别积极，主动展示了自己设计的封面，是其表示悔过的具体行动。主动提交"检讨书"，而且言语真切，反映了闫涵宇敢于认错的勇气与担当。这不就是日常教育活动所追求的一个重要目标吗？

二、谋划在前、细致果敢成为当事者的金钥匙

一位入职不久担任班主任的青年教师，在班级管理中遇见棘手的问题后为何能够处理得当，收效显著？只要我们认真品读故事，不难看出当事老师在把事情做得像花儿一样美之前，她心中已先勾画了一支美丽的花朵。那些看似偶然的结局，其实是当事老师自身素质与努力的必然结果。她将当年的经历撰写成故事与人分享，想必对于其个人而言这也是一次愉快的经历、深刻的记忆。

一是谋划在前，处理步骤清晰。突然发现日志本被撕毁，班主任的焦急、恼怒可想而知。特别是在开学初期，在入职初期，就碰到学生给老师"下马威"的事，老师若采取强硬措施"扳回一局"也不为过。但是班主任

“思考再三”后选择了“暂且放一放”的策略。即使在结束课之前才提到日志本的事，也是“轻轻拿出”损坏的日志本，而不是朝讲台上一摔。在当天上午的第四节课上，班主任又引导全班同学动脑动手“修复”制作日志本封面。整个处理过程思路清晰，方式妥帖。

二是果敢奖惩，尺度把握恰当。当闫涵宇在体育委员的岗位上不能履职，且缺乏群众基础时，及时予以调整，比较好地实施了教育惩戒。几周后，闫涵宇认识到自身的缺点和错误，而且在学校体育运动会上表现出良好的体育素养，赢得同学的信任后，又及时恢复其体育委员的职务。奖惩分明，体现了老师果敢作为、勇于担当的行事风格。

三是坦诚细致，职业定位较高。当事老师每天晚上查寝后到教室或办公室加班工作，敬业精神由此可见。在班上公开向学生表示，老师的工作也需要不断改进，体现出老师对学生的坦诚。在参加班主任例会前，动员全班同学将损坏的日志本修复好，而不是抱怨学生的错误行为，这又在无意之中创生出班级特色。若是职业定位不高，工作不细致，遇事怨天尤人，谈何特色创新！只有有理想、有情怀、有思路、有办法，才能像当事老师这样全身心投入到教育实践之中，成就学生的未来。

● 我的建议

显而易见，闫涵宇撕坏日志本的目的是发泄对同学投诉的不满和对老师撤换他的体育委员一职的怨气，属于报复性举动。从错误的性质来讲，这与无意之中失手撕坏了班级日志是有很大区别的。班主任在闫涵宇认识到错误之前，没有直接找到他谈话或批评，是宽容的体现，也是在为学生自己改正错误提供机会；在班上班主任提出希望，要求同学之间、师生之间“能坦诚地说出来，而不是搞‘破坏’去发泄”等，指出了问题的性质，点到为止。尽管如此，笔者以为“报复性”心理在中小学生中具有一定的典型性，至少在闫涵宇自觉提交“检讨书”后，应对其进行个别教育，或择机对全班同学进行教育。老师必须强调，在同伴中实施报复性行为的危害性和危险性，这样可以杜绝此类事件的发生。

相信闫涵宇不会再次犯撕毁班级日志本之类的错误。但是，类似闫涵宇缺乏毅力的学生并不鲜见，而且在人生道路上每个人都会不断地接受毅力的考验。因此，有必要在教育教学过程中引导学生充分认识毅力与成功的关系，结合学生的年龄以及在校生活中反映出来的问题与现象，采取措施持续训练和不断增强学生的毅力，为学生走向未来锤炼坚强的意志力。

体面下台：老师需要，学生也需要

故事撰写：叶道山，湖北省洪湖市戴家场镇中心学校

“太不像话了！太不像话了！”美术科严老师突如其来的怒吼声惊住了正在办公室备课和批改作业的老师们。有老师起身过去一看，发现学生作业本上画有墓碑，严老师姓名中三个字的首字母 YXK 赫然在目。

严老师疾步走到教室，将李娟叫到办公室，放连珠炮似的咆哮：“没有教养。”李娟铁青着脸，哆嗦着，眼泪直流。班主任连忙跑过去，先是拍着严老师的后背，安慰他消消气，再又拉过李娟，帮她擦眼泪。

班主任带李娟移步到隔壁办公室详细询问。李娟说，没想到“副科”老师会批改作业。原先老师要大家随便照着书上插图去画，人物头像、瓜果蔬菜都可以。她就照着书上的一幅插图画了墓碑，便临时决定给老师立碑。

“孩子，你必须跟老师道歉！”“老师，我觉得我并没有做错什么，就是想检验老师是不是真的会批改作业。”“我觉得跟老师立碑，并没有什么，只是觉得好玩，可是老师不由分说，说我在诅咒他，还那么骂我……”“你本来就没有恶意，对吗？”班主任亲切地问道。

晚餐前，班主任又认真地跟严老师谈到“恶作剧”的起因和她个人的想法，劝慰严老师想开点，不要过于纠结，不要把孩子想得有多么坏……

火候已到。晚饭后班主任找来了李娟和严老师调解。李娟向严老师深深鞠躬：“老师，对不起！听到您说画什么都可以，我就画了一个墓碑……

我虽然没有恶意，但让老师心里不高兴，请您原谅!”“还有呢?”班主任提醒道。“我不该自作聪明，用这种办法检验老师是不是会批改作业……”

严老师诚恳地说：“我也不够冷静，没有了解你的动机，就自以为你在诅咒老师；现在想来，老师发火，确实也不冷静，老师骂了你，你也没有顶嘴。老师也向你道歉。”……就这样，干戈化为玉帛，老师和学生都“体面地找个台阶下了”。

在这件事情处理过程中，我看到了一位优秀班主任的担当。由此想到了在教育学生时，教师要讲究方式方法。

及时出面，调查了解。当事班主任及时发现问题，深入调查，妥善处理，表现出处事果断、严谨细致的工作作风，为师生双方减压卸包袱，避免了矛盾升级。有的校领导或班主任懒得管或者不屑于过问诸如学生对老师的抵触情绪、老师对学生乱发脾气之类的“小事”，殊不知这容易导致双方火药味越来越浓、矛盾激化。

善于引导，把握时机。班主任分别对双方劝说道：“你本来就没有恶意”，“不要把孩子想得有多么坏”。这巧妙地给学生一个台阶，暗示老师不会揪着问题不放；也意在老师要宽容大度，让老师也能体面下台。面对学生的“恶作剧”，即使有主观恶意，老师也要耐心说服教育，千万不能随意给学生贴上“熊孩子”等标签，更不能大吼大叫。不然，老师会颜面尽失，致使师生双方都“下不来台”。

办事公道，不偏不袒。面对师生之间的矛盾与冲突，当事班主任既没有强行要求学生做检讨，也没有迁就同事的错误。特别是给学生以独立人格的心理支持，是难能可贵的。若老师仅仅站在同事的角度想问题，无原则地指责学生，会造成对她的直接伤害。若是像那样培养孩子，只能致其失去个性化价值判断的能力，形成唯唯诺诺、亦步亦趋的性格，哪里还会有独立人格!

◆ 故事赏析

教师情绪失控，必须纾缓解困

● 故事特点

故事中的主角共三人：一位女生和两位老师，它反映了老师和学生均力求维护自尊的愿望。师生发生矛盾或碰撞时，老师需要维护自身权益，更应该考虑教育对象的感受以及对他们造成或可能造成的久远影响。化解矛盾与冲突的过程就是教育的过程，在教育学生的同时也促使老师重新认识自身的言行举止。

一、突出教师言行对学生的影响，抓住了关键

将女生叫到办公室后，美术老师就放连珠炮似的怒吼："没有教养!""没有教养"四个字很快将笔者的思绪拉回到一年前发生的一幕。

在一次培训班上，一位中年女教师诉说了自己初中时的遭遇。当年读初中时，她比较磨蹭，早自习时而迟到。有天早晨，她看见班主任从教室前门离开了，便从后门溜进教室，压根就没想过教室里是否还有其他老师。见学生没"报告"一声就溜进教室，英语老师顺口高声一句："不打报告就溜进来，没有教养。"说到此处，四十多岁的女老师已是泪流满面。

故事中的女生当着班主任说"（美术）老师不由分说，说我在诅咒他，还那么骂我……"，客观表述了学生对老师类似语言的反应与感受。庆幸的是，班主任及时出面化解，彻底消除了老师脱口而出的四个字可能对学生特别是对女生造成长久的负面影响。相对而言，当年早自习迟到的那位女生就没有那么幸运，"没有教养"这四个字对其造成的心理阴影已经缠绕她二十多年。但愿通过培训班的互动，她能释怀，能消除心理阴影。

作为老师，对学生使用谩骂性语言、侮辱性语言绝对是错误的，但是

在日常教育教学中，是否仍然有老师因出言不逊伤害过学生呢？怎样才能避免自身不当言行对学生造成阴影呢？这的确值得为人师者深思，面对学生需谨言慎行。

二、描述同事相互关心的场景，诠释了关心

美术老师在毫无思想准备的情况下，看到学生将自己姓名的三个首字母写在美术作业上，发出“突如其来的怒吼声”，这在情理之中。然而，在座的其他老师，马上意识到发生什么事了，“有老师起身过去一看”究竟。当班主任看到李娟被美术老师叫到办公室后，“连忙跑过去，先是拍着严老师的后背，安慰他消消气，再又拉过李娟，帮她擦眼泪”。

老师也有喜怒哀乐，遇到特殊情况也会有情绪失控的时候。在美术老师勃然大怒之时，身边的同事们没有“事不关己，高高挂起”，他们起身“跑过去”不是为了看热闹，而是表达对美术老师的关注。这些细小的举动描述了教师之间的关注与关心，体现出可贵的团队精神。

一个班级的全体老师（包括包班领导）必须结成一个共同体，心往一处想，劲往一处使，在遇到科任教师不够冷静的时候，学校领导、班主任有必要及时站出来“转弯”，发挥团队协作精神，运用集体智慧，从旁撺掇双方反思，形成最佳的教育方案，尽量为双方减压、卸下包袱，避免矛盾升级。

在师生关系紧张时，无论是老师还是学生都需要关注和关心。曾有一位中年男老师，连续两次管教学生时被学生家长误解，当地派出所和学校出面调解，确认老师没有过错，但学生家长坚持要求老师支付“验伤”费用近千元，且校方表示让老师与学生家长“私了”，这位老师在极度失望中，抑郁之情没有得到纾解，跳江结束了宝贵的生命。同事的情绪发生变化，遇到困难或麻烦，若能给予高度的关注、及时的关心，“扯扯袖子、咬咬耳朵”，沏上一壶茶倾听诉说，开导劝慰帮找出路等等，就可以避免大家不希望看到的后果发生。现在“心理咨询”“心理治疗”比较时髦，听上去好像是专业人员的事，其实来自身边的关注和关心不仅必不可少，而且及时有效。

三、紧密联系实际能举一反三，提炼了方法

讲述者从旁观者的角度讲述故事，但没有袖手旁观。在讲述故事的基础上，认真总结和提炼了班主任在处理师生关系或者师生矛盾的一般性规律和方法，包括“及时出面，调查了解”“善于引导，把握时机”“办事公道，不偏不袒”。

讲述教育故事，其中一个很重要的目的就是从故事中总结和提炼出教育方法和教育理念。笔者很荣幸在一次教师培训班上认识了本故事的讲述者。培训结束后，培训承办单位相关人员转来了这位年过五旬的乡村教师提交的四篇训后作业，总共约 14000 字，本故事只是其中的一篇。参加为期一周左右的脱产培训，能完成一篇较好的千字文作为学习成果已经不容易，更何况是如此之长的篇幅。后来了解到，撰稿者是在听取了多位授课教师的专题分享后有感而发。在多年的教育生涯中他一直坚持教育写作与研究，并公开发表数篇研究文章。正因如此，他结合培训专题内容，抓住身边发生的教育故事，不仅记录了化解师生矛盾的过程，更重要的是总结和提炼了具体的工作方法。可谓举一反三，值得借鉴。

● 有待商榷

就化解师生之间的矛盾以及故事的语言组织与表达而言，本故事近乎无懈可击。若能跳出故事本身的主题“化解师生矛盾”，我们还可以做些更为深入的思考。例如，李娟在检讨时说想用这种方法检验老师是否批改作业，这本身就是对老师的不信任。若能就老师在学生中留下不信任感的原因略加分析，可能有利于消除学生随意猜疑老师教育教学态度与方法的不良习惯，引导学生重视小学科的学习，给小学科教师更多切实可行的建设性劝告。又如，美术老师仅就“老师骂了你，你也没有顶嘴”“道歉”。若能借此机会对学生在美术学习方面表现出的潜力或者方法等给予恰当的评价，会更有利于增强学生对美术科的学习兴趣，促进学生的课程学习。

曾记得有位初中数学老师在批阅卷子时发现一男生没有解答数学题，而是在卷子上画了一个很大的猪头。数学老师也曾猜疑学生是否在用画笔谩骂老师等，但冷静思考后，她将学生请到办公室，心平气和地问学生为何不答题而画猪，还夸奖他美术功底好，猪画得逼真。学生笑答：“因为喜欢画猪所以就画得像。”老师借机追问：“数学题不会做，那就是不喜欢数学，不喜欢数学老师啰？”学生连声回答：“不，不，不是。”就这样数学老师因势利导引导学生改善了师生关系，增强了学生学习数学的兴趣，帮助该生很快提升了数学成绩。

● 建言促改

从旁观者的角度撰写教育故事或案例无可非议。但是若能联合或让当事老师单独讲述故事，对其本人的启发作用和教育意义会更大。

因此，建议商请同校老师“同题异构”撰写故事。与美术老师分享这篇《体面下台：老师需要，学生也需要》，商请和鼓励美术老师就同一题材撰写自己的教育故事。对同一件事的阐述与认识，我们没有必要强求“高度一致”，也没有必要担心出现同质化现象。这是因为不同的老师会从不同角度看待和认识教育现象和问题。不同的教育背景、不同的年龄，甚至不同的性别都会影响老师对学生、对教育的认识。特别是美术老师从勃然大怒到“老师也向你道歉”肯定经历了比较复杂的心路历程。也许通过美术老师的梳理与反思，还可以找到学生为何对小学科老师不信任的答案，也许美术老师能找到激发学生美术学习兴趣的钥匙。

偶遇的“胖墩儿”成了“嫡亲”的学生

故事撰写：吴桂菊，湖北省利川市团堡镇长岳小学

从教导主任手上接过四年级分班名单，看到曾小武的名字时，我心中的焦虑油然而生，与小武初次见面时的场景立即浮现在脑海中。

几年前的秋季开学日，小武随奶奶到学前班报名。当时没有担任班主任的我在校园巡查时，偶遇小武和奶奶。小武是个可爱的“胖墩儿”，手里还拿着一罐八宝粥，我便上前与其奶奶聊起来。原来小武8个月大时，他的妈妈就离开了家，他的爸爸性格暴躁，常年在外务工。最后，奶奶对我说：“要是小武不听话，老师您打就是……”第二天早上，小武见到我就追上来，让我帮他系书包带。此后几年，我常常听到的是小武欺负小朋友、不遵守纪律、学习能力比同龄人差等，还曾有人建议将小武送到特殊教育学校……

过去，每当小武在办公室里“挨训”时，他那警惕的眼神都让我有一种可怜、可悲又可叹的感觉。现在，我成他“嫡亲”老师了，怎样做才能让他有所改变呢？

我辗转反侧，心想：或许他是上天派来“惩罚”我的，又或许我是上天派来“拯救”他的。教师承担着教书育人的双重使命，即使学生学不好书本知识，老师也不该放弃教会他们如何做人呀！

第一次班会课，我给同学们讲解同伴关系。我发现，同学们对小武的

言行举止，其实已经见怪不怪了，只是小武自己感觉被孤立了。于是，我便强调："同学们在一起学习已有三年了，同学之间应该互相帮助……""还要互相爱护！"全班同学异口同声地接了下句。"很好！"我欣慰地说道，"小武也希望和大家成为好朋友。我们应该帮助他，课后和他一起玩，教他认真写作业……"

班会课后，我发现讲台每次都特别干净整齐，原以为是值日生做得好，后来才得知是小武做的。同学们还纷纷告诉我："小武主动借给我笔啦！""我值日那天，小武还帮我倒垃圾。"……同学们的肯定让我喜出望外，心想同学们的真诚相待还是能感化小武的。于是，我表扬了小武，也肯定了其他同学对小武的友善。一段时间里，班上打小报告的少了，麻烦事也没啦！在课堂上，即使听不懂，作业不会做，小武也能安安静静地坐着，不去打扰其他同学。

哪知好景不长。才过了两三周，小武就故态复萌，每天下课后就去招惹一、二年级的小朋友，无事生非地打小朋友、同学一巴掌，或者抢了别人手里的糖果后拔腿就跑……见小武"旧病复发"，我便请他来办公室反复劝导。他每次都频频点头，但就是不改。连说带训、连哄带吓不奏效了，我陷入迷茫之中，不知道到底该怎么做才对他有帮助。

2020 年，居家隔离结束后，我去家访。小武奶奶面带骄傲的笑容告诉我，小武很爱劳动，会自己热饭，还能帮忙下地种玉米。正在帮奶奶扫地的小武，见到我喊了声"谭老师好"，便害羞地躲进厨房里。也许是很久没有见面，他已经忘记了我的姓名，但我想，小武在家里肯定是奶奶的乖孙子。顺着奶奶的话，我也表扬小武在学校爱劳动、帮助同学等优点，并表示会尽最大的努力呵护与鞭策小武成长……

家访结束返回途中，我不禁又回到转化小武的现实中来，困惑萦绕在心头。我多么希望社会各界或其他机构能参与同类孩子的教育帮扶工作，让孩子长大后不成为社会或者家人的累赘，让他们能通过自身的劳动养活自己。

对农村小学来说，这样的留守“问题儿童”几乎每个年级都存在。不管孩子生活在什么样的家庭环境中，孩子的成长都只有一次，老师一个不经意的举动可能影响孩子的一生。作为教师，我们应该摒弃个人得失做一个有良知的老师，不求桃李满天下，只愿多年以后，我们的回忆里都是一张张可爱的笑脸，不管今后从事什么样的职业，只愿他们都能成为“三观”正确的好人。

◆ 故事赏析

不断挖掘教育转化工作潜力

笔者与本故事的讲述者相遇颇具故事性。当时笔者到利川市小住，一日在街边小摊品尝当地的凉粉和豆花。讲述者和她的朋友各要了一份凉粉，与我们同桌而坐，得知我们都是做教育的，相互之间便多了几分亲近。

应笔者的邀请，她们欣然答应尽早抽出时间完成一篇教育故事（案例）。笔者知道，许多青年教师都有撰写教育故事（随笔）的愿望与计划，但是真正静下心来练笔时，他们还是感到有些许困难。

出乎意料，三周后，讲述者就发来微信，附带一篇近3000字的文稿。我与她微信交流后得知，讲述者入职后已养成写作习惯，“平时有感而发的时候喜欢写点抒情文”，将生活与工作的“点点滴滴”当“流水账”记录下来。用她自己的话说，“回过头看还是觉得挺有意思的”。这也许就是她通过教育写作对“成长”的感悟。

一、校园偶遇，主动关注交谈

讲述者与小武初次见面纯属偶遇。当日校园“平安无事”，巡查的老师也可以“无所事事”。但是，当事老师眼中有事，“没事找事”，体现了其主动作为与认真负责的工作态度。

一是亲近了学生与家长。在学生和家长眼里，在学校工作的人都是自己或孩子的老师。小武和奶奶与讲述者初次见面就感到很亲切，抓住机会讲了许多心里话。第二天，小武的书包带松了，他没有去找学前班的老师，而是“让我帮他系书包带”，体现了小武对当事老师的认同、亲近和信任。因此，老师需要担当起孩子的这份亲近与信任，时刻做好思想准备，尽力帮助求助的学生，切不可嫌弃或拒绝。

二是了解和掌握了信息。奶奶主动介绍了小武父母的情况及其成长的环境。这个具体的情节其实映射出农村学校比较常见的现象：留守儿童多、单亲家庭也不少见，爷爷奶奶带孙子（女）的种种无奈。一眼看到小武，讲述者就觉得这孩子是个可爱的“胖墩儿”……善于观察、采集信息、分析问题是教师的基本能力，也是做好教育工作的前提，讲述者的举动恰好表现出比较强的教师角色意识。

三是激发了感慨与思考。奶奶所说“小武不听话，老师您打就是”，反映了部分家长纯朴、真诚的态度。但是笔者相信，任何老师都不会因为家长“授权”可以“打”，而去对学生实施体罚。相信当事老师对奶奶的一番话一定有感触，甚至会思考如何才能遵循教育规律，教育好像小武这样的孩子。基于观察进行深入思考，这是老师遇见教育现象与问题时应该做好的“功课”。

二、困惑萦绕，前行步伐不停

从几年前的偶遇到小武分到了自己所带的班级，从无意之中听闻小武的行为表现到承担起对其的教育教学任务，讲述者历经多次困惑，但仍然在坚持履行教师的职责。初次发现小武追上自己，讲述者没有消极推诿，而是听取诉求后给予帮助；有人建议将小武送到特殊教育学校，讲述者并没有随声附和；特别是在班级新生名单中看到小武的名字后，讲述者虽“辗转反侧”但还是接受了现实，并采取了具体的教育转化措施。在小武“旧病复发”时，讲述者用了“连说带训、连哄带吓”来表达自己使用过的方式与方法，这可以理解为用尽“浑身解数”，进入了“无计可施”的状态。但是，当事老师始终没有放弃，在新冠肺炎疫情居家隔离结束后，第一时间就到小武家里去走访。几个月不见，学生连老师的姓都记错了，然而老师却放不下她的这个学生。这一切都是当事老师在教育路上努力不止、步伐不停的表现。

在职业生涯中，老师遇见几个甚至一些屡教不改、见效缓慢或不见成效的学生不足为奇。但老师只要坚持耐心工作，给予足够的时间与空间，学生终归会有长大成熟的那一天。对教师而言，“麦田守望”就是要经受得住时间与耐心的考验，要坚信成长再慢的学生迟早会有进步与成长的那一天。

三、语言朴实，立志当好老师

故事中称“或许是上天派来‘惩罚’我的，又或许我是上天派来‘拯救’他的”，比较客观真实地表述了当事老师面临的压力与无助。很多入职时间不长的老师，当遇见有学习困难或行为习惯不良的学生时，难免会怀疑自己当初的选择是否恰当或产生“打退堂鼓”的念头。但是，讲述者用比较朴实的语言，表达了对教师职业仍然充满信心。如果说前述“前行步伐不停”是对小武的教育态度与决心，那么从故事中其他几处阐述，我们能感受到讲述者对教师职业的领悟以及当一个好教师的良好愿望与决心。

首先，能理解农村学生现状。讲述者通过小武成长过程中反映出来的问题，看到了“留守‘问题儿童’几乎每个年级都存在”是一个不可回避的现象。这对于农村老师面对现实以及充分认识农村学校教育所面临的社会环境等极为重要。正因如此，讲述者才有深刻的感悟——“不管孩子生活在什么样的家庭环境”。其次，能牢记教师职责使命。讲述者深深懂得：“孩子的成长只有一次，老师一次不经意的举动可能影响孩子的一生。”“教师承担着教书育人的双重使命”，这体现了当事老师对落实“立德树人”根本任务的理解，并将教师自身的教育行为与学生成长联系起来。再次，能准确定位职业目标。在故事的结尾处，讲述者明确表示“应该摒弃个人得失做一个有良知的老师”，希望自己的学生有一张张可爱的笑脸，这不就是教育工作者追求的目标吗？给学生一个快乐的童年，让他们成为阳光少年，成为“三观”正确的好人。这些看似简单的培养目标，值得每个教师终身追求。

● 我的建议

当事老师对小武的教育培养目标作出了预判：“让孩子长大后不成为社会或者家人的累赘，让他们能通过自身的劳动养活自己。”笔者以为，这个预判过于消极，疑似低估了小武潜在的能力。在入学（包括学前班）后五年里，小武已经表现出以下几个方面的优点：有困难敢于求助，对表扬、激励有积极反应，热爱劳动能吃苦，理解奶奶有孝心等。因此，建议当事老师将小武的教育目标调整为“做一个能承担家庭责任、对社会有积极贡献的人”。因为老师怎么看待学生，学生就有可能成为什么样的人。

归纳来讲，对小武的教育转化工作还有潜力可挖。一是小武本性善良，具有较强的可塑性。刚进入四年级时，听到老师的要求及随后的表扬后，小武有积极主动的变化，只是持续的时间比较短。只要不断提醒，加强监督，相信他能向更好的方向转化。二是发挥家长作用，家校合作形成合力。当事老师可与奶奶深入沟通，进一步了解家庭教育情况，提供具有针对性的家庭教育建议，包括联系小武的父亲，督促其承担教育的责任。三是借用社会力量，争取有关部门支持。讲述者在故事中表示："希望社会各界或其他机构能参与同类孩子的教育帮扶工作。"对于农村留守儿童的教育帮扶，学校并非孤立无援，各地妇联、团委等组织都有专人负责留守儿童的教育帮扶工作。当然，这需要学校主动联系，积极争取，特别是要对留守儿童的相关情况作出具体分析，提出比较具体的帮扶需求，这样才能有的放矢，赢得支持。

（原载《湖北教育》2022 年第 15 期）

动作不当误打破头皮

故事撰写：况红梅，武汉东湖新技术开发区龙泉小学

“丁零零，丁零零！”午书时间的上课铃声响起。学校操场空无学生，我完成课间巡查安全值班，正准备返回教室。

三（2）班女生王玲从走道的另一端迎面跑过来了，莫非她又要习惯性地“打小报告”？她上气不接下气地喘说道：“姚轩的头破了，是刘玲打破的……”

教室里喧闹嘈杂，班长刘玲在同学们的“围攻”之中号啕大哭。见到老师进了教室，其他同学开始回归座位，但仍然议论纷纷。刘玲越发哭得有些失控，急于表达却抽泣着说不出话来，显得紧张和恐慌。

“3——2——”，不等我倒数到1，教室里安静了下来。头被“打”破的姚轩站在教室后面，看上去相对淡定。他满头湿漉漉的，我走过去在他右耳根后面找到伤口，幸好伤口不大。伤口渗出的血和他头上的汗水混杂在一起流到了颈子上，难怪其他孩子看见了有些惊慌。

于是，我把两位当事者请出教室，在去往办公室途中我拿出手机给刚接任的班主任拨打了电话，让她参与调查和处理。

我用碘酒和棉签给姚轩的伤口做了消毒处理，用纸巾擦去了他满头的汗水，我断定他在课间尽情地疯闹过。刘玲的情绪平静了许多，班主任也来了，我让两位学生分别陈述了事发过程。

原来，上课铃声响起时，刘玲按照我上午上课时提出的要求——“今

天老师安全值班，到班级可能会耽误2分钟，由同学们练习书写字帖……”，来维持班级的纪律。姚轩等同学仍不停地疯闹，刘玲无计可施便举起班牌，准备敲击桌子再度提醒。不料姚轩以为班长要打他，伸出右手去挡班牌，因用力过猛致使班牌砸到自己的右后耳根。

双方家长急速来到学校，了解原委后情绪都很稳定。随后，班主任带着双方家长驱车去了镇卫生院。我带着刘玲返回教室，开始了班级“整顿”。作为科任教师，我遇见学生在我的课堂上纪律混乱，必须进行一番“整风运动”。

“同学们，请停下手中的笔。”我边说着边绕着教室静静地走了两圈。“你们现在才是上课应该有的样子。但是刚才发生‘误伤’事件及当时的‘沸腾’场景让我非常失望！”

“刚才上课铃声响起时，是哪些同学还在姚轩的桌子旁疯闹？”我严肃地询问道。顿时，教室里又叽叽喳喳，我提高嗓门说道：“不要吵！举手说！”十几位学生的手举得高高的表示想发言。

我转换话题：“我想请这些疯闹的同学自觉站起来！”我又绕着教室走了一圈，居然没有一个孩子站起来。“刘玲，请你说出刚才疯闹同学的名字。”被刘玲点到名的同学一个个站了起来。

“难道上午你们没有听到老师的叮嘱？”“听到了，写字帖。”“最起码你们站着的这几个就没有记在心里。”我气愤地指向几个站着的男生。这时，刘玲举起手发言，将事发经过又说了一遍。

顺着她的话，我继续说：“作为班长，刘玲有责任和义务提醒和监督大家，你们每一位同学都要服从她的管理。情急之下，她准备用班牌敲打桌子，结果造成误伤，她的确有错误。我也在这里批评她，希望刘玲能够吸取教训，给同学们做正面的榜样，尽量以理服人，用语言跟同学沟通。”沉默中我扫视了一下全班同学继续说道：“……管理班级不只是老师和班长的事情，每一位同学都应该自觉遵守班纪班规！”

…………

临近放学，班主任从卫生院返校，松了一口气后告诉我：“医生消毒包扎处置后，注射了防破伤风的针剂。刘玲的妈妈主动支付了医药费，还向姚轩的妈妈道了歉。我也乘机跟姚轩的妈妈简短地沟通了，希望她能够多多关注孩子，配合老师，加强习惯养成教育。另外，也告诉双方家长将支付的票据留好，等伤口愈合后送到学校，交由张老师转交保险公司报销。”

我欣慰地看着新上任的班主任匆匆地赶往教室的身影，心里的石头也慢慢地落地了。

◆ 故事赏析

跟进措施是应急处置的延伸

● 故事特点

乍看起来，《动作不当误打破头皮》讲述的故事涉及两个主题，一个是突发意外事件的处理，另外一个是班级纪律的整顿。这有点违背短小教育叙事一事一叙的常规做法。在有限的篇幅里想要说清楚涉及有两个主题的内容，其结果很可能是两件事都难说清楚。但是，细读起来，这两个方面的内容其实讲述的是一件事情，互为因果。因班级纪律状况不好，班长维持班级纪律而引发误伤事故；因误伤事故而造成班级纪律更加混乱，部分同学是非不明，明显暴露出班级纪律性差和学生是非辨别能力不足等问题。因此，将突发事件的处理过程与老师当堂开展的纪律教育结合起来看，两件事情步步相连，环环相扣。

一、应急处理及时，基本程序熟悉，处置结果完美

一是应急处置比较得当。接到学生反映安全事件，迅速赶到教室，细

致观察班级整体状况，并判断是否存在更大的潜在风险。查看伤口，用肉眼直观查看伤情，并对受伤的程度做出基本的判断，同时安抚相关的学生。调查经过，通知班主任到场参加事故过程的调查，给学生平等诉说的机会，并锁定事发经过为下步分清责任做好铺垫。联系家长，伤口虽然不重，但毕竟已破皮流血。家长享有知情权，尽早让家长参与处理过程，可有效避免事后节外生枝。陪同就医，虽然老师已做出基本判断，但不能代表医生的专业诊断，更不具备权威性。及时送医，进行必要的医治处理，并获取医学诊断证明，为后续申请校园安全责任险核销做好了准备。

二是安全措施落实到位。制度健全，当班老师因校园安全值班，推迟2分钟进教室，且提前告知了学生，布置了学习任务。这证实学校的老师安全值班没有流于形式，当事老师对值班和上课均有所考虑与安排。急救有备，据了解，事发在一所规模不大的农村学校，没有专设的学生卫生室。但是在老师办公室里，至少是备有碘酒、棉签紧急处置的医用材料等，能满足一般伤口紧急处置的要求。沉着应对，一面是学生受伤，请来了家长；另一面是教室里几十名叽叽喳喳的学生，这样的场面让参与其中的老师有点忙乱不足为奇。但是，从故事中，读者能明显地感觉到，科任老师与班主任协调一致，分工合作，各负其责。班主任陪同送医，当班老师回教室完成正常的教学任务。在突发状况下，老师沉着应对，而不是手忙脚乱，表现出丰富的应对与处置经验。以老带新，正如故事所述，该班的班主任接任不久，可以推测，其教育教学的年限可能不是很长。当班老师请班主任参与，并非是想撇开责任，而是希望班主任参与处理过程。班主任不负所望，做得很出色。班主任不仅陪同学生和家长到了卫生院，还向家长宣传了校园责任险等有关事宜。若平时没有经过专项的培训学习，即使是申请校园责任险这样很简单的一件事，在需要的时候很可能也想不起来，更不可能做得好。笔者就曾读到一个类似的案例，本来所发事故并不严重，但是学校的有些细节工作落实不到位，最后节外生枝。例如，没有人陪护家长和学生到医院，让家长不高兴，认定学校不关心他们，是在推卸责任；相关人员没有主动将可以申请校园责任险报销有关检查及医疗等费用的情况告知家长，致使家长第二天到学校兴师问罪，并强行“索赔”。

笔者以为，我们常说安全无小事，应该从两个方面来理解。一方面，学校和老师要采取切实有效的措施防范安全事故的发生；另一方面，要严肃认真地对待和处置好意外安全事件（故）。切不可认为所发事故并不严重，可小事化了。即使是很小的事故，如若处置不当，必定会造成不良影响，若总是图省事结果会让人更费心、更费力。

二、责任分析公正，跟进教育及时，教师态度严明

一是分析责任，分辨是非。事发后老师必须面对一个是非问题：是班长“管”错了，还是姚轩等同学“闹”错了？在同学们不明真相，几乎出现一边倒的局面时，老师对问题进行了比较客观的分析。对事发的原因、事故的性质、相关同学的责任的分析与判断比较准确，令学生心服口服。

凡班级中发生问题，或出现意外状况，同学们会从不同的角度发表意见与看法，或暗自判断。但是，这并不一定能反映事实的真相，或许限于各自的认知能力和所掌握的信息，同学之间所持的态度或所做判断存有较大的差异性。因此，老师必须在调研的基础上，基于事实做出公正的判断，并通告学生。例如，明确指出班长管理方式上有不当之处等，让同学们感受公正，学会客观公正地分析问题。

二是趁热打铁，开展跟进教育。在明辨是非的基础上，老师当班对学生进行了纪律教育。通过分析事发经过，老师讲述和强调了纪律的重要性。相信通过误伤事件以及跟进教育，学生对纪律的重要性会有更加深刻的印象。

三是静动结合，态度严明。从事发后走进教室时开始，老师一直保持了比较严肃的态度。例如，采取倒数“3——2——1”的方式，警示学生停止喧闹，即刻安静下来；“绕着教室我静静地走了两圈”，收到无声胜有声的效果；严令学生“举手发言”等等，强化了规矩意识。在小学生面前，许多老师都有各自行之有效的招式，在既不能“打”又不能“骂”的情况下，小学老师的确需要认真摸索和总结与小孩子交流与沟通的技巧，采取孩子们能接受的方式对他们进行行为习惯等方面的教育和引导。

● 有待商榷

刘玲与姚轩之间发生误伤，中间的“工具”就是班牌。不知班长或其他同学是否已经形成了使用班牌维持班级秩序的习惯，还是当时班牌正好放在身旁，顺手偶然为之。笔者并无钻牛角尖之意，只是想深入分析一下班长为何打算通过敲打班牌去迫使同学们保持安静。若是偶然为之，顺手拿起了班牌则可另当别论。若是其他原因，则需要认真分析与纠正。所谓其他，可有几种可能。在教室里，老师时而用教鞭或其他教具敲打桌面，要求学生保持安静；或在家里，家长有肢体动作或动用特定的工具，或器材显示“权威”。

无论出于哪种原因，学生在与同学相处中有动用“工具”“器材”等的举动，应该属于不当行为。除了对同伴显得不够礼貌外，更重要的是存在明显的安全风险。即使是成年人，在疯逗玩笑之时，也会把握不好，发生意外。若是在跟进教育时，能就此原因进行分析研判，并强调其举动的危险性，则对学生更具教育意义。

● 建言促改

从整个故事情节看，这个班级中有部分学生的纪律意识比较差，课间活动运动量过大，安全意识有待加强。这并非一次事故发生后的跟进教育能解决的问题。因此，建议班主任和科任老师继续重视对学生纪律意识、安全意识的教育与培养。要结合典型案例以及学生身边发生的相关问题或常见现象不断强化习惯养成教育，甚至可以拓展到班级集体意识、团队精神教育等。另外，引导和指导学生在课间适当地活动和运动。例如，姚轩课间活动量过大，即使不发生意外事故，他也不可能在很短的时间内静下心来进入课堂学习状态。也许这样的例子、这样的学生屡见不鲜，但是需要引起老师的重视，尤其是小学生，由于自身年龄较小、自控能力较差，除了难以在短时间内平静进入学习外，还可能引发伤风感冒等不适症状。

一束百合改变了“小黑羊”

故事撰写：明芬，武汉东湖新技术开发区龙泉小学

农村小学远离城区，原生态环境僻静而优美，质朴且清幽。村小的孩子们活泼可爱，蕴藏着无限的潜能，是我心中的“小黑羊”。

周三，碧空如洗。和往常一样，我又买了一束鲜花，这次是百合，修剪好后摆放在教室的书架上。可几天之后，娇艳欲滴的百合就耷拉着脑袋，凋谢了不少。我默默地把花瓶拿到讲台上，孩子们的各种感慨也纷至沓来。“哎呀，前两天还开得很漂亮呢！怎么一转眼就都枯了？”“可不是！”“该扔到垃圾桶里了！”

“看！有一朵还开着呢！”平时沉默寡言的库建君竟悄悄地冒出一句话。孩子们立即开始了搜寻，寻找那朵还未凋谢的百合，就连我都不由得睁大了双眼。看大家如此关注，库建君激动地继续补充道：“它好坚强呀！”这一次，他的声音洪亮了很多，脸蛋不知是因为紧张还是兴奋而红扑扑的，眼睛里也闪现出了平时难以见到的光亮！

正是这一句补充，让全班同学不约而同地向库建君投去赞赏的眼光。要知道，这个父母都在外打工、平时只有爷爷照顾的小男孩是个“学困生”，班上几乎没有人在学习上比他更困难了。他也渐渐产生了自卑感，平时不怎么讲话。可今天，他不仅发言了，而且还展现了一个属于自己的全新视角。

在库建君的启发下，孩子们你一言我一语，纷纷展开了讨论。“别的花

都枯萎了，这一朵却还坚持开着，我觉得它是最棒的！”“小快嘴”雨琪说。“你看瓶里的水都有点浑浊了，可它还是那么娇艳，真了不起！”“小书迷”黎琦也说。库建君又高高地举起了小手，迫不及待地说：“百合不会忘记它们曾经的灿烂时光，虽然现在大多都已枯萎，但这一朵坚持不‘谢’的百合一定会一直与死亡作斗争！”说完，他还径直走到黑板前，拿起粉笔工工整整地写了个“谢”字。当他放下粉笔的那一刻，班上响起了一阵热烈的掌声。我也受到感染，情不自禁地和孩子们一起鼓掌。再看讲台上的库建君，小脸越发红扑扑的，多么满足，多么自豪！

正所谓“趁热打铁”。看孩子们情绪如此高涨，表达意愿如此强烈，我决定继续给孩子们一些时间，把关于百合的所见所思都写下来。

在一篇又一篇的精彩作品当堂得到展示时，库建君红着脸拿着他的文章，希望我能帮他读一读。我确定，这个可爱的“小黑羊”，已然成了班上了不起的“领头羊”。且看库建君的短文《调（凋）谢的百合》：

“啊！百合调（凋）谢了！我数了数，虽然有五朵百合枯 wěi 了，但是，我也发现仍然有一朵在努力地 zhēng zhá。它知道自己会被死神夺去生命，可它仍然渴望活着，显然，它不想就这样悄不（无）声息地死去呀！我为它感到怜 mǐn。但我仍然相信，明年它一定会回来的！”

不长的短文透露出淳朴的“小黑羊”库建君对大自然、对生命的无限热爱，他的思想与情感犹如明珠般熠熠生辉！

回想起关于百合的这一堂课，我不禁心生感慨。在日常教育教学中，只要我们有一双会发现的眼睛，抓住并利用好身边可用作教育的资源，我们每天都可以与学生进行对话与交流，让学生充分展示自我。同时，我们更要重视学习困难的“小黑羊”的话语权，让“他”或“她”也能站在“C（中心）位”。面对千差万别的孩子，我们不妨多一点鼓励，多一点肯定，多一点包容与呵护，这样，即使是自卑的“小黑羊”，也能发生改变！

◆ 故事赏析

大自然中，处处都有教育资源

一位在农村小学从教的老师，讲述自己与农村孩子的精彩故事，字里行间充满了对农村环境的欣赏，对农村孩子的赞许与关爱。故事围绕百合的盛开与凋谢、学生的观察与发现，比较集中地描述了具有代表性的农村学生库建君在课堂前后的变化，从而引申出利用身边教育资源的话题。故事情节并不复杂，时间跨度很小，却能引发许多思考。

一、细致的观察是掌握信息的重要途径

说库建君是具有代表性的农村学生，这并非笔者主观臆断。故事中已对库建君及其家庭背景有简单的交代：父母都在外打工，由爷爷照顾起居，学习有困难，渐渐产生自卑感，不爱与人交流。农村教师撰写自己与学生的故事，通常都会选择留守儿童。这不仅是因为他们的生活与学习具有故事性，更是因为他们值得也需要老师更多的关注。

随着故事情节的发展，讲述者对库建君的特点与变化进行了细腻的描述，展示了当事老师敏锐的眼光和良好的观察习惯。首先，从“自卑感”到“悄悄地冒出一句话”。正因为自卑，库建君必然缺乏自信。当在凋谢的一束百合中发现“有一朵还开着呢”时，他只是轻轻地说了一句。库建君能看到“还开着”的那支百合，说明他观察很仔细；发现后能打破沉默，“悄悄”说出来，体现了有话憋不住的童真，这为库建君随后的变化奠定了基础。其次，从“高高地举起了小手”“迫不及待”到“径直走到黑板”书写。库建君的话赢得了同学们“赞赏的眼光”，引发了班级的热烈讨论，这无形之中给予库建君极大的鼓励，使其感受到收获同伴赞赏与鼓励的喜悦。“小脸越发红扑扑的，多么满足，多么自豪”，这告诉我们，库建君的自信在不断增强，学习上的获得感也在上升。最后，从当堂撰写短文到请求老师帮忙在班上读一读。按照老师的要求，库建君根据对百合花的观察完成了短文，但是他却“红着脸拿着他的文章，希望我能帮他读一读”。自己的短文为何自己不读给同学听，而希望老师读？这看似有点像在老师面前撒娇，但笔者以为这表达了库建君对老师的亲近与信任。课堂上老师对其赞许的态度，相信库建君自有觉察。若是他判断老师会拒绝他，他一定不会提出这样的请求。

讲述者描述了“小黑羊”库建君渐进的变化过程，层次分明，逻辑合理，有迹可循。笔者曾听到不少老师说，撰写教育故事必须要文笔好才能写出好文章。对此，笔者不敢苟同。在动笔之前，撰写者必须要学会观察，写只不过是将观察中发现的内容记录下来，整理成文稿。因此，细心观察既是掌握情况、教育学生的需要，也是写好教育故事的重要前置条件。

二、大自然的资源是激发学生兴趣的不竭源泉

讲述者颇有感慨，通过百合与学生之间的故事认识到：“在日常教育教学中，只要我们有一双会发现的眼睛，抓住并利用好身边可用作教育的资源，我们每天都可以与学生进行对话与交流，让学生充分展示自我。”在这篇短小的故事里，相信读者能发现，当事老师巧妙地将百合视为教育资源，对学生施以多方面的教育和影响。

一是用鲜花装点了教室，美化了环境。在书架上放鲜花，当事老师并非偶尔为之，而是已经形成了习惯，其目的一定是为学生创造一个美好的学习环境。二是引导学生学会了欣赏，起到了美育的作用。同学们有的赞赏盛开的百合很漂亮，有的为百合的凋谢感到惋惜，有的为百合的顽强点赞。这些都是学生受到环境的影响，学会欣赏的具体体现。三是为写作提供了素材，引导学生学会观察与表达。故事围绕凋谢的百合展开讨论，逐

步引导学生学会观察，特别是库建君的发现，恰好说明认真观察的重要性。当事老师趁热打铁，要学生撰写观察百合的短文，有机地将观察与表达融为一体，安排恰到好处。

学校和老师必须引导小学生学会观察生活，即使对于更高年级的学生或者成年人，提升观察能力也极为重要。不久前，笔者读到一位语文特级教师关于指导写作的文章。为了让学生作文时有话可说，力戒空话套话，她为学生创设了很多场景，甚至要求学生养花、孵化小乌龟等。学生有了对生活的观察与体验，对素材的收集与积累，写作的兴趣不知不觉地就被激发出来，写出一篇好文章就会水到渠成。

● 我的建议

围绕故事的主题，当事老师所述内容应该是比较完整的，几个主要情节也是环环相扣。这对于教育引导学生，不仅是针对库建君，也包括全班其他同学，收到了比较好的效果。从这个意义上讲，这的确是一堂好课。但是，笔者以为若是称其为“课”，尤其是用来与同行或读者分享，仍然需要进一步明晰“关于百合的这一堂课”究竟是一堂什么样的课。

根据故事情节，笔者可以推测，讲述者称其为“课”的原因有几种可能。创设情境，引发讨论，最后安排学生根据观察撰写一篇短文，这很有可能是一节语文课，或者说写作课。利用百合的盛开与凋谢，特别是其中一朵花的顽强，引导学生学会欣赏、珍惜生命体，也有可能是一堂生命教育课。在书架上置放鲜花已经不止一次，偶然发现百合是很好的教育资源，便引导学生关注班级环境与氛围的变化，并学会观察眼前和身边的变化，又有可能是一节主题班会课……若是能用简洁字句介绍本次课的性质或类别，同时说明学生所处的年级等，将更有利于读者了解故事发生的背景。

另外，如题所示，在当事老师的心目中，农村的学生是“小黑羊”。笔者相信，老师在内心如此称谓自己的学生，用意肯定是善良的。但是，为何是“小黑羊”而不是其他呢？记得有专家曾说过，在老师心目中学生是什么样的，最终学生就会朝什么方向成长。若老师能与学生分享自己心中“小黑羊”的品质与特点，则更有可能引导学生发挥各自优秀的品质与特长。

大自然中教育资源随处可见，生活处处皆资源。尤其是在农村学校，有关植物、动物、生态、环境等方面的教育资源随手可得，成本低廉，具有较强的可持续性。因此，要强化就地取材，组织和发动学生开动脑筋，根据各自的特点分担提供素材的任务，将“取材”的过程变成学生参与的过程、研讨的过程。这样还很可能会调动家长参与的积极性，争取到家长的大力支持。要引导学生学会观察，防止学生视而不见，或只有观察没有发现的倾向。农村学生接触大自然的机会相对较多，对常见的动物、植物有所了解，但很有可能因为不会观察，习以为常，错失良机。要统筹考虑，组织系列化活动。无论是一个班级，还是一个年级，乃至一所学校，从大自然中“取材”作为教育资源，需要统筹考虑，做长远安排。根据学生年龄特点，并结合相关的学科教学组织系列化教学活动，具备条件的学校，还应该争取形成校本课程。

（原载《湖北教育》2021年第27期）

勇敢地说“爱”

故事撰写：王秋，武汉东湖新技术开发区龙泉小学

初入职的三年里，我一直在教小学一、二年级。去年9月，带着彷徨与忐忑的心情，我第一次接触五年级的孩子们。我居然不知该用什么方式和他们相处了，再现了“新手上路”的感觉。果不其然，后来发生了一件让我难以忘怀的事。

开学后，男生蒙蒙上课听讲十分认真，课间他常来办公室与我聊几句。于是，班上的事情我少不了请蒙蒙帮忙，他便成为我的小助手。在与同学们相互熟悉一个月左右后，全班通过投票推选蒙蒙为数学科代表，女生小珍为语文科代表。此后，蒙蒙对我的态度逐步发生了变化。

“老师，为什么不让我帮您搬作业本了？”蒙蒙问过我几次。原以为是小孩子图表现，我曾不经心地告诉他：“语文作业应该由语文科代表负责，你现在要认真当好数学科代表啦！”

班上有几个活泼开朗的女生，下课便会围着我聊几句自己发现的新鲜事，高兴了还会抱着我撒娇。有一天，蒙蒙跑到我跟前问：“老师我可以像女生那样抱抱您吗？”我想都没想直接回答：“当然可以呀！”从此，下课后我便成了孩子们无话不谈的好朋友，蒙蒙每次也会参与其中。可是随后蒙蒙的举动让我始料未及。

“老师，上节课我举手了，您为什么不点我回答问题呢？”“老师，您为什么找天宇帮忙，不找我呢？”“老师，班上的同学您最喜欢谁呢？”有一段

时间，这些似乎成了蒙蒙见面时必定要问十遍的问题。课间活动时，蒙蒙总能想出点子吸引我的注意，有一次竟和班上的同学大打出手。

后来，到教室里总会听到几个学生笑着喊："王老师，蒙蒙说他喜欢您。"我总是笑着回答："喜欢老师很好呀！难道你们不喜欢王老师？"回想起孩子们说话的口吻，这一句喜欢却令我内心很不安。我便有意慢慢地疏远蒙蒙。

直到一次习作课，蒙蒙的作文《二十年后的校园》在教室里传开了，我才后悔莫及。第一次遇到这样的问题，我毅然改变了和学生相处的方式。我从当大姐姐转变为扮演严师，课后只谈学习不言其他。

可是当知道了蒙蒙的家庭情况后，我才明白自己的应对是多么愚蠢。蒙蒙一直由爷爷抚养，爸爸在外工作，在蒙蒙的记忆里是没有妈妈的。孩子在一个极度缺乏爱，特别是母爱的环境下长大，对于他人的关爱是极度渴望的，同时孩子更没有学会表达爱的方式。

为了让蒙蒙阳光、自信、健康成长，我决定帮助和引导蒙蒙学会用正确的方式表达爱。我从改变自己对蒙蒙冷漠的态度做起，还是像以前一样以大姐姐的身份和蒙蒙交流……与蒙蒙沟通后，我在班上朗读了蒙蒙的作文，并与同学们分享了我对蒙蒙习作中所表达的他对老师的爱的理解，是喜欢的爱、尊敬的爱，是对老师的爱、对大姐姐的爱，是对妈妈的爱、对亲人的爱。

一些不曾接近老师的孩子也和我亲近了许多，我由最初只有几个孩子亲近的大姐姐变成了陪伴全班的大姐姐。在接下来的日子里，班级活动增多了，同学之间的交往也频繁了。蒙蒙对我说："班上的同学都是我的好伙伴，有个班集体真好。"在蒙蒙心中，我仍然只是那个愿听他们袒露心声的大姐姐。在新冠肺炎疫情居家隔离的日子里，蒙蒙给我发来了一条长长的问候信息，得知我一家平安，他给我回复了一个大大的笑脸。上网课时，他也成为全班同学的榜样。

记得美国著名教育家杜威在《民主主义与教育》中说过:“成年人有意识地控制未成熟者所受的教育,唯一方法是控制他们的环境,让他们在这个环境中行动、思考和感受。”因此,当教师发现孩子成长过程中出现了问题时,要及时了解孩子所处的家庭环境,尽自己所能改善这些环境,为他们创设美好的学习和成长环境,使孩子们时刻处于健康积极有爱的氛围中,从而产生从善向上的欲望和行动,学会正确表达内心情感。

◆ 故事赏析

扮演多重角色助学生健康成长

● 故事特点

《勇敢地说“爱”》的讲述者开篇用了两句简单的话描述了她本人在故事发生之前的心情。一个已有三年教龄的教师,在同一所学校换了一个学段任教,为何“彷徨与忐忑”“不知该用什么方式和他们相处”“再现了‘新手上路’的感觉”?是讲述者故作玄虚还是“撰写”手法的需要呢?

笔者以为,从讲述者所选的字词中,我们很容易感受到其本人在接受新的工作安排、新的工作任务时真实的心理感受。虽“彷徨与忐忑”,但没有拒绝学校的工作安排,此种心情更多地来自对职业的敬畏和对新岗位的谨慎。这正好从一个侧面说明青年老师的敬业与担当。“不知该用什么方式和他们相处”“再现了‘新手上路’的感觉”等,这告诉读者当事老师已经意识到,从在一、二年级任教跨到去教五年级的学生,学生的年龄发生了变化,其行为习惯也会有所不同,教学内容要求也更高,老师必须尝试用新的方式与方法去面对新的学生。因此,在接手五年级班级后,当事老师亲近学生,观察学生,随后逐步组织实施了班级管理相关的工作,例如通过民主方式推选科代表等。相伴其中,老师扮演了不同的角色。

教师需要扮演多重角色，这个问题不会有多大的争议。在目前的社会环境下，很多老师都是这样做的。笔者以为，多重的角色是教师职责“Plus”的需要，是教育对老师的新要求，是学生和家长委托的新任务。

《勇敢地说“爱”》并没有用故事来阐述教师是否需要担当多重角色，而是给我们讲述了老师在多重角色中转换的故事。老师在角色转换中不断调整自我，以最佳状态适应职业和岗位要求，满足学生对老师多重角色的期待；学生也许对老师角色的转换并没有像老师那样明晰的概念，但是在他们的不知不觉之中，其言行举止一定对老师的角色有各自不同的定位，这也会随着时间与环境的变化而有所不同。无论是老师的自主调整，还是学生不知不觉之中对老师角色的界定或期待所发生的变化，这都会对学生产生一定的影响。其影响有多深远、有多重要，值得进一步深入探讨。这里仅就当事老师在与其学生蒙蒙的交往之中，围绕师生对老师角色的认识所发生的故事进行一些探讨。

随着时间推移，师生关系紧密度发生变化。老师接手新的班级，即与班级学生自然构成了师生关系。蒙蒙亲近老师，甚至变成老师的小助手，直到班上产生了语文科代表，情形才发生了变化。其实在与班主任交往过程中，蒙蒙心中对老师的角色也许有自己的定位，但未必是清晰的。他多次询问老师“为什么不让我帮您搬作业本了”，也许是出于嫉妒，害怕失去老师的亲近，或如班主任所言“是小孩子图表现”等。此时，老师已对蒙蒙的言行有感觉，但基本判断是属于学生正常的反应。

蒙蒙情感流露，学生对老师角色有明显期盼。班级中女生与女班主任有亲昵举动，再正常不过了。然而，蒙蒙却要“像女生那样抱抱”自己老师。这也未尝不可。可是蒙蒙直接问“老师，班上的同学您最喜欢谁呢”，甚至“竟和班上的同学大打出手”，吸引老师的关注。更为明显的是，教室里总有同学会喊“王老师，蒙蒙说他喜欢您”。孩子是不会遮掩自己的感受的，但是蒙蒙的言行举止有些反常。笔者以为，他对来自老师的关爱已经产生了一定的依赖性，一定是误解了老师的角色与职责。

考虑到小孩子也有“人小鬼大”的时候，老师从孩子们说话的口吻中发现了异常之处。为避免尴尬，班主任对蒙蒙采取了“有意慢慢地疏远”的态度与办法。然而，蒙蒙则没有领会老师的意图，在习作《二十年后的校园》中表达出自己对老师的爱，令老师“后悔莫及”，此后便“从当大姐姐转变为扮演严师”。

了解事出有因，审视角色定位，师生关系上正轨。班主任了解到蒙蒙缺乏母爱的家庭背景及其对关爱的迫切诉求，在分析研判的基础上进一步理解了蒙蒙对关爱诉求的表达方式。

在《二十年后的校园》里，蒙蒙具体是如何表达的，我们不得而知，也没有必要作过多的猜测。然而，班主任了解到蒙蒙缺乏母爱的情况后其所作反思则是非常必要的，也是很及时的。基于了解与理解，班主任采取了多项措施，引导蒙蒙阳光、自信、健康成长，同时向全班同学诠释和分享了自己对蒙蒙习作中所表达的爱的理解，引导同学们正确认识学生对老师的爱“是喜欢的爱、尊敬的爱，是对老师的爱、对大姐姐的爱，是对妈妈的爱、对亲人的爱”，有效地制止了学生的各种猜测与臆想，纠正了部分学生的误解。

由此，老师与学生的关系除了师生关系外，还有姐弟姐妹的关系、朋友关系、“父母”与子女的关系。老师和学生在这几对关系中的角色不讲自明。与此同时，班主任组织更多的活动，引导蒙蒙融入班集体，享受集体生活的愉悦，有效地避免了蒙蒙仅将情感依附在特定个体身上的弊端。

因师生对教师角色理解的变化，相互之间相处的态度与方式也发生了相应的变化。相处和经历的过程就是成长的过程，班主任、蒙蒙以及全班同学终于对师生之爱、同学之爱能有比较正确的认识，相处的模式与方式回归正轨。

● 有待商榷

在充分肯定班主任接手五年级新班时所持的敬畏与谨慎态度的同时，笔者以为，讲述者对五年级学生的特点仍然没有琢磨透彻。例如，身边的蒙蒙对老师倍感亲切，在一个月左右之后蒙蒙才表现出“异常”。而这个阶段正是老师深入了解每一个学生的重要时期，为何就没有想到对蒙蒙的家庭生活环境进行必要的了解呢？这是缺乏经验，还是被学生良好的“亲近”能力所误导了，值得分析和反思。若是能对蒙蒙这类学生的家庭环境等情况了解得更多一些，必将可以避免在师生关系方面出现不必要的起伏。

另外，五年级的学生一般在 11 岁左右，身体生长比较快的男孩很有可能已经有一般女性老师的身高，他们的心理发育也即将或已经进入青春前期的萌动。蒙蒙提出“老师我可以像女生那样抱抱您吗”的要求时，老师毫不犹豫地应允无可非议，但是有必要在适当的时候采取适当的方式给学生灌输或讲解性别意识以及性别差异。在学生即将迈入青春期阶段时，性别意识和性别差异是不可回避的话题，老师要抓住适当的机会教育和引导学生，不断增强他们的性别意识，以帮助他们迎接并安全度过青春期。

● 建言促改

经历了与蒙蒙关系紧密度的变化或者说对学生心目中教师角色的不断调整，相信当事老师对自己担当的角色一定会有切身的体会与感悟。因此，建议当事老师结合农村学校和学生实际，在履行教师职责“Plus”的同时，始终把握住老师的角色本质，站在教师角色的原点上，继续扮演好“大哥大姐”“代理爸爸、代理妈妈”“代理家长”等延伸角色，努力成为学生欢迎的好老师，完成教书育人根本任务。坚持在教育实践中，特别是在与学生的相处中，细致观察、敏锐发现学生行为举止、情感态度等变化，及时做出正确的判断，更好地呵护学生的身心健康，陪伴他们快乐成长。

最糟糕的一天过去了

故事撰写：徐永红，湖北省宜昌市茅坪场镇中心小学

12月12日，珊宝同学经历了最糟糕的一天。

下午语文课，珊宝不遵守纪律，我请他谈谈原因，他就是犟着不肯。被我教育后，他便待在教室里，放学也不回家。无奈之下，我便请来了他的奶奶。奶奶一见到他二话没说上前就是一巴掌扇了过去，珊宝躲闪，奶奶没打着，一个趔趄差点摔倒。珊宝情绪激动，拔腿跑出教室……

找到珊宝时，他的情绪稍微平复。我劝慰着奶奶，但仍然放心不下，就送奶奶回家并家访，一直到晚上9点才回校。返校途中，我想起珊宝在家又是端茶倒水，又是认错悔过，料想他必定有所改变，折腾大半天的烦恼与疲惫顿时烟消云散。

第二天自习课时，珊宝又离开座位去招惹同学，教室里又被他搅成"一锅粥"。哪个孩子不想变好？可为什么不到12小时又故技重演呢？珊宝一定是没有认识到他的问题出在哪儿。我便与珊宝开始了严肃的谈话。

"假设三年后，你已经完成九年义务教育。你想过是继续读书还是踏入社会吗？""没有想过。"珊宝脱口而出。"那你是想读书还是出校门找个事做？""还想读书。"这个答复既在我的期盼之中，也在我的预料之外，看来他至少还不想破罐子破摔。

"很好！昨天我去家访，晚上9点多才返校，现在刚好是9点多，才过

去12小时，你又犯错误了……”听着听着，珊宝低下了头。

“你知道规矩吗？”珊宝回答：“不知道。”“规矩就是纪律。在学校里，有很多的规矩，比如上课有上课的规矩，下课有下课的规矩，吃饭有规矩，就寝有规矩，班级活动有规矩，放学有规矩。没有这些规矩，学校的活动就无法开展，就会变得一团乱。踏入社会，社会的规矩就包括公德与法规，不遵守公德，就会被人唾弃；不遵守法规，就会受到惩罚。所以，一个人只有从小遵守学校纪律，养成遵纪守规的习惯，长大才能遵循公德、遵守法规。”

“怎样遵守学校纪律？首先是敬畏纪律。你知道什么叫敬畏？”珊宝同样回答：“不知道。”“敬畏就是尊敬和害怕。课堂上随意离开座位，就是不尊重课堂、不尊重老师的表现。正因为你对纪律抱着无所谓态度，没有害怕过，所以你才在课堂上为所欲为，才搅得课堂一片混乱。”

“如果你想在中考后，将继续上学作为自己的第一选择，就该敬畏规矩。这是做学生最起码的要求——知规矩、畏规矩、讲规矩。这样，也能改善你的人际关系，没有谁会喜欢与破坏纪律的人做朋友。”

“你能做到吗？今天周五，还有两节课。你能做到守规矩吗？”珊宝回答：“能，谢谢老师。”珊宝向我深深地鞠躬后离开了。接下来的每节课，我都向科任老师询问珊宝的表现，得到的都是正面的反馈。纠正珊宝不良的行为习惯，还需要时间，但是老师们都很期待……

看到珊宝的变化，反思这次严肃的师生谈话，我不禁想到，教师经常用谈话的形式教育学生，要求学生“你应该怎样”，可是没有唤醒学生的内驱力，很难让学生将“你要我改”变成“我自愿改”。与珊宝的谈话是一个帮助孩子剖析自我的对话，是师生共同寻找问题根源，也许这才是促使珊宝“我自愿改”的一个直接动力。

谈话是一门教育艺术。让谈话有主题、有深度、有温度，才能在谈话中收到教育的效果。

◆ 故事赏析

“讲”出来的规矩意识

正如《最糟糕的一天过去了》题目所示，珊宝同学的确遇见了“最糟糕的一天”：过去在课堂上离开座位招惹同学，老师没怎么跟他较真过，挨批评后就想跟老师赌气“不回家”却招来了家长，老师请奶奶到学校本来就不是一件光彩的事，结果奶奶竟当众扇他一耳光并且差点摔倒在地，这更让他丢尽脸面……但是从后面发生的故事看，这也是珊宝很关键的一天，是他个人行为习惯开始发生转变的一天。情况特殊，老师连夜陪奶奶和孩子回家并家访，进一步了解到珊宝的另外一面——“又是端茶倒水，又是认错悔过”。这引发了老师对珊宝的行为习惯以及个人品质等方面的细致思考，“料想他必定有所改变”，从而对他的转化充满期盼。基于对学生的信任与期盼，这才有故事中老师与珊宝面对面的严肃谈话。

一、主动引导学生思考人生选择

谈话因珊宝食言而起，也就是在他“认错悔过”后不足 12 小时的时间内，再次在课堂上违反纪律。当事老师在与学生谈话时，没有揪住珊宝课堂违纪行为不放，而是从具体问题中跳出来，了解和询问学生完成九年义务教育后的打算。这就有效地避免了与学生谈话中常见的批评、沉默、抵抗等俗套，让师生之间能有共同的话题，使谈话能顺利进行。同时，这也给予珊宝一个表白内心的机会。

像珊宝这样的小学高年级学生，对个人未来发展方向尚无清晰具体目标的为数不少。即使学校和老师从未放松对学生的志向、理想等方面的教育与引导，学生仍会存有模糊的认识。对于部分小学生而言，将上学认真学习与自己的未来发展联系起来，会是一件比较困难的事情。

当事老师抓住机会，结合即将小学毕业的珊宝的实际情况，提出了一个他不曾想过但又不得不思考的问题。相较于社会而言，对珊宝来说，学校肯定是一个更为熟悉的地方。因此，当听到珊宝“还想读书”这个答复时，老师的双重感受“期盼之中”“预料之外”也就不足为奇。这也为随后的深入交谈创造了条件。更重要的是，老师在珊宝犯迷糊的时候及时介入，避免了该生进一步滑向迷茫，甚至可能走上迷途。

二、有备而谈，直奔主题，挑明规矩

当事老师对珊宝做出了基本的判断：“他至少还不想破罐子破摔”，这也是对学生充满信心的原因所在。话锋即刻转到规矩上来，并非当事老师随心所欲，临时起意，而是经过充分的分析判断后采取的谈话策略。在家访的第二天，老师发现珊宝“故技重演”时，就曾设问“哪个孩子不想变好”“珊宝一定是没有认识到他自己的问题出在哪儿”。

老师做出的判断就是，珊宝有变好的愿望，但是管不住自己，也不知道用什么来约束自己。这便是老师直接挑明规矩的缘由。笔者以为，当事老师一次谈话确定一个主题，解决一个问题的方法值得推荐。解决学生的问题，一般都应该首先找出原因。例如在同学中惹事，很有可能是争强好胜、不懂规矩、伺机报复，或在其他方面遇到不顺心的事，一旦碰到导火线就爆发等。因此，教师用个别谈话的方式教育学生，需要事先了解和研究学生，遵循教育规律和德育原则，这样教育引导才具有针对性，话才能说到点子上，让学生心服口服。

规矩、纪律对于小学高年级学生来说并不陌生，但是他们未必充分理解到它们的含义，或者说知道自己该做什么、不该做什么。因此，当事老师挑明话题是明智之举，切中了要害。

三、循序渐进，不急不躁，沟通顺畅

笔者注意到，故事中当事老师用了“严肃的谈话”这样的描述。难道过去的谈话就很随意吗？另外，从老师所选择的沟通语言看，并没有使用那些“严肃”的字眼。这里的“严肃”一定是指谈话的形式与内容。从谈话形式上看，老师很可能创设了严肃的气氛，例如让学生端正地站着，与老师保持一定的距离，从“仪式上”与谈话主题保持一致性。从谈话内容看，老师很明显让学生感到老师做了非常充分的准备。例如，谈话的内容涉及了方方面面，从学校到社会、从现在到未来、从动机到结果、从正面到负面、从个人行为到交朋结友等。

尤其是老师对规矩的诠释非常贴近学生的实际：“规矩就是纪律。”“在学校里，有很多的规矩，比如上课有上课的规矩，下课有下课的规矩，吃饭有规矩，就寝有规矩，班级活动有规矩，放学有规矩。”几乎把讲规矩、讲纪律的方方面面都给学生讲清楚了。

老师与学生谈话，除了要心平气和，力戒居高临下外，还必须把话讲清楚，不仅要用学生听得懂的语言，更重要的是要用学生能听得进去的语言和方式。不然，老师说的话对学生不会产生引导和教育作用。

● 我的建议

家长应约到学校协助处理孩子的问题，其反应和态度会存在个体差异。像珊宝的奶奶这样，恼怒而来的家长不在少数。也许当事老师在电话里与珊宝的奶奶有过沟通，说明过为何请她来学校的原因，但是从故事情节看，珊宝的奶奶也许在见到孙子前没有见过老师，或者与老师没有深入地沟通。

因此，老师请家长到学校后，可先行与家长单独沟通，让家长了解孩子在学校究竟发生了什么事，让家长有充分的思想准备，或视情况对家长做一些安抚、劝慰等工作，助其平复情绪。有这样一些铺垫，见到孩子后，

家长就不会做出一些偏激的行为。而且若珊宝的奶奶不慎摔倒在地，也存在安全隐患。有的家长在发生意外状况后，很有可能将矛盾转到老师身上，既而也会带来更多的麻烦。

若是奶奶能心平气和地配合对珊宝的教育，孩子就不会“拔腿就跑”，家长和老师也不必四处寻找，更不会“放心不下”陪送奶奶和珊宝回家并家访，直至晚上 9 点才返校。老师尽心尽责值得赞赏，但若能采取更佳的方式，则可避免不必要的再生问题。

一是提高和改善与家长的沟通技巧。学校召开家长会，或因故约见家长，特别是在农村学校，到学校参加家长会的并非全是 80 后、90 后的年轻父母，可能来的是爷爷奶奶、外公外婆或者是叔叔姑姑等。老师有时家访，也只能见到爷爷辈的家长。与孩子的父母交流沟通当然也需要讲究方式方法，但是与其爷爷辈或叔叔辈的家长或监护人沟通则更需要考虑这类家长和监护人的身份，以及他们对孩子所持有的特殊态度。例如，爷爷辈的家长，有的出于对孩子的溺爱，有的出于对孩子的无奈，有的出于对老师的尊重等，见到老师和学生后的态度以及可能采取的方式方法会有较大的差异。因此，老师，特别是青年教师应该将提高和改善与家长沟通的技巧当成一门必修课。

二是分析总结与学生谈话的方法与效果。本故事提出了一个很好的研究题目，即与学生谈话的技巧与效果。老师教育引导学生在多数情况下是通过与学生谈话、对话来完成的。为何有时候效果好？为何同样的方式并非每一次都能收到同等的教育效果？这值得我们认真分析研究。鉴于当事老师有过与珊宝谈话的成功经历，想必一定对与学生谈话的方法与技巧有所思考，已经开始注意到谈话方法的重要性。因此，建议有计划地对师生交谈的方法做具体的对比分析研究，并在此基础上总结出一般性规律，不断提高与学生沟通的技巧，改进谈话的方法，提升教育与引导的效果。

（原载《湖北教育》2021 年第 36 期）

甘愿被“骗”

故事撰写：秦保密，武汉东湖新技术开发区龙泉小学

防控新冠肺炎疫情期间，学生在家上网课。那些平时在教室里上课和老师“斗智斗勇”的孩子们，这会儿上网课，见不着面，更容易“骗”老师了。

晚上十时许，我正在用手机批改着学生作业。突然，一条接一条的信息不断地弹出来。这不是陈民永吗？这么晚了，他怎么还不睡啊！我纳闷着，点开他的信息阅读。

“老师，我作业提交不了，您赶紧帮帮我吧！”“老师，我的手机老是显示内存不够，根本装不了软件。作业做不了。”……

能够发出信息，怎么就不能发个作业图片呢？作业软件占用的内存非常少，手机内存怎么会不够呢？我虽心生疑惑，但我还是宁愿相信这是孩子特别想学习的信号，于是我就问他：“你家人不在你身边吗？”“不在。”他很快回复了。

陈民永的妈妈常年在外务工，由爸爸在家带孩子。也许是爸爸粗心，没有发现孩子手机有问题。于是，我就耐心地教他：“你把手机上不用的东西全删掉，把手机重启……”

很快他又回复我了：“老师，我真试过，真不行，我这个手机很老旧，我跟爸爸讲了，他根本不听，麻烦您一定要跟我爸爸打电话叫他给我换

手机。”

时间有些晚，我跟他爸爸发消息，但不见回复。陈民永开始催我了：“老师，您打电话给我爸爸了吗？我爸爸同意给我换手机吗？”

“你怎么不自己跟他说呢？”我问道。

“我说了，我爸爸不听我的，我爸爸最听老师您的话，老师，麻烦您了。”

尽管我没有抓到陈民永玩手机游戏的现行，但直觉告诉我，我肯定被这孩子“套路”了。尽管比较晚，我还是给他爸爸打个电话探探究竟，更重要的是了却孩子的心愿。电话通了，电话那边传来了噼里啪啦的麻将声，很吵闹，陈民永的爸爸接电话时很明显心不在焉，但态度很明确：“老师，你不要被陈民永骗了，他现在就是想玩手机游戏……”电话过后，我基本上可以判断：怕孩子玩手机游戏上瘾，家长仅提供了一个配置不太高的手机；若要流畅地上网课，孩子的手机需要维修。在电话里，我也曾明确建议他爸爸提供一个可正常使用的设备，确保孩子网课不受影响，并引导孩子用好手机。

给陈民永回复电话，我只字没提他爸爸已经揭穿他急于用手机玩游戏的事实，而是着重给他分享了疫情期间班级优秀学生合理使用电子设备的有效做法。“你挣多少学豆了？作业有几次评了模范？”陈民永沉默不言。“你的手机虽然不是那么好，但既然可以用 QQ 聊天，就肯定能够交作业的。”电话那头的陈民永，不停地“嗯，嗯”，声音越来越低，明显感到有些羞愧了。我叮嘱他：“十一点半了，你赶紧睡觉吧！因为手机的原因，你的这次作业可以推迟到明天下午 2 点前交给我。”

第二天早晨，上课时全班的作业都交齐了，就陈民永没有提交。下午，他的作业姗姗来迟，一看时间正好 2 点整。他的作业仍然不够优秀，但我也没有太失望，他毕竟兑现了承诺。教育孩子很难立竿见影，不可能一蹴而就。我在评语里特意加了一句话："你答应过老师，在规定的时间内交作业。你信守承诺，很棒！以后一定要遵守承诺，认真听网课、做好作业哦！"

…………

在我一次又一次的善意提醒下，陈民永上课不再只是签到了，开始抢答课堂提问，作业也做得越来越好了。当他终于获评一次模范作业时，我更是毫无保留地表扬他，他也欣喜地与我分享他的喜悦。

后来，班级召开了一次如何正确使用电子产品上网课的主题班会，特邀陈民永发言。再后来，在QQ小程序游戏里，我再也没有看到他上排行榜了。看来被学生"骗"的坏事也可以变成好事。

◆ 故事赏析

宽容亦可引发道德觉醒

● 故事特点

在开始读书识字逐渐懂得道理的阶段，小学的孩子仍然会表现出特有的幼稚，这也正是他们天真可爱之处。老师与小学的孩子们打交道，总会发生和经历一些非常有意思的事情。就像故事里所描述的一样，平日里老师少不了与孩子们"斗智斗勇"。与成年人交往，包括自己的父母和老师，是孩子们不断学习人际关系与沟通技巧的重要途径。他们在交往中学习交往，在交往中丰富自己的想象力，提升自己的思维力。孩子们有些突如其来的想法，会让成年人觉得不可思议，更不知道他们的这些想法从何处习得。

笔者曾经住过"团结户"的房子，所谓"团结户"就是在公房紧缺时期，两家人甚至更多的家庭同住在一套房子内。周末一日天气晴好，邻居家里刚上小学的男孩，坐在阳台上唉声叹气地说：“哎，今后还是要做点生意才行!”男孩的想法从何而来，家里的大人不得而知，问个究竟小孩也答不上来。可想而知，小学老师成天与这些没有完全懂得事理的学生交往，教育必须要讲究方式方法，引导必须要抓住最佳时机。《甘愿被“骗”》的讲述者，当感觉到自己可能被学生“骗”，被学生“套路”时，理性地采取了多项措施，其谈话沟通、教育引导等措施思路清晰，方法妥当，效果明显。

一、及时沟通，推理判断

网课期间的晚上，老师连夜批改作业，忙碌之中，突然接二连三地收到陈民永的信息。虽不知何事何故，但老师没有忽略不管，而是及时查看，以便了解和处置紧急状况。学生的信息并不涉及紧急或危险情况，而是抱怨手机不好用不能交作业的求助信号。老师按常理产生疑虑：既然可以发信息，为何就不能发作业图片？这证实所用的手机有问题。既然手机有问题，为何舍近求远找老师，而不是求助于其父母？这犹如用远水救近火。

其中之蹊跷，老师自有推测。然而，讲述者宁可相信陈民永是学习心急迫，是在父母不在身边的情况下才深夜找老师，也不情愿去猜想学生有其他动机。这样既对得起学生的一份信任，也不至于深更半夜搅得学生心神不安。

二、核实情况，心中有数

老师给学生提出非常具体的建议，请他直接给家长说明情况，然而学生却坚持要老师出面联系家长。其实学生手机好坏，是否能支持网络学习，根据与学生的直接沟通，老师已是心中有数。陈民永的手机可能机况差一点，但不至于不能完成作业。出于关心，回应学生的请求，也是为了核实事实、掌握信息，老师考虑再三，在夜深人静时仍然给陈民永的父亲打通了电话，了解到事实真相。

小孩通常会说实话，但也未必一点水分都不掺，添油加醋或故意说假话也时有发生。面对学生有悖常规情理的言行举止，老师确实需要多方核实，至少要与家长或其他监护人取得联系，沟通信息。若是被小孩子“套路”了，丢失的不只是老师的威信，更重要的是这会在学生中助长不诚实的风气。

三、知而不言，留足余地

也许给家长的电话不是时候，家长在通话时心不在焉，但是老师还是了解到事情的真相：陈民永在家玩手机游戏，嫌手机太差！得知孩子心中的小九九，了解到家长深夜坐在麻将桌上，老师既没有直接揭穿小孩的“骗局”，也没有批评孩子有话不直说；既没有指责家长不在家里督促孩子学习，也没有抱怨家长监护不到位导致老师深夜还在为他的孩子操心。相反，老师因势利导相劝家长为孩子网络学习提供必要的电子用品，大可不必因噎废食，图简单省事给孩子一个质量相对差的手机。

大半夜的，老师忙乎好一阵子，而且还差点被“套路”，得出的结论却是陈民永欲借老师之力，行自身换手机玩手机游戏之便。对此，当事老师没有气愤与抱怨，把控住了自己的情绪，实属不易。尤其值得称道的是，发现自己“白忙”一阵子后，老师并没有意气用事，或找学生发泄。至少通过绕圈子，老师找到了真相，为下一步教育引导学生奠定了基础，做好了铺垫。从这个意义上讲，老师的付出并非“白忙”。

四、正面教育，引导为主

没有揭穿学生的“骗局”，不仅保全了学生面子，而且也为老师开展教育引导工作留足了空间。难能可贵的是，在老师的教育引导下，陈民永在电话中的应答声“越来越低”“明显感到有些羞愧”就是受到教育后自省的具体体现。

老师明知学生说谎，而不去揭穿，这并不意味着放纵，而是体现了宽容与理解。若是仅限于不揭穿谎言，给学生留面子，而不采取针对性措施加以教育引导，则很有可能形成放纵的局面，助长学生形成不良习气。

五、跟进到位，教育全班

学生利用手机玩网络游戏，不是一个罕见现象，纠正和扭转工作比较困难，但是这不应该成为老师坐视不管的理由。当事老师借陈民永逐步纠正玩网络游戏不良习惯，不断转变学习态度的有利时机，在班级组织了“如何正确使用电子产品上网课”的专题班会，让陈民永介绍自己的经历与体会，这也是从正面对其的鼓励，同时也用学生现身说法的方式教育了全班同学。

主题班会是纠正陈民永不良习惯的一个跟进措施。对小学生的教育与引导工作，在很多情况下都需要老师采取措施跟进。一方面，发生问题或有不良习惯的学生的转变不会一帆风顺，毫无变数，一定需要开展后续的跟进工作，才能巩固前期的工作成果。另一方面，也许在其他同学中存在相同或相似问题或现象，老师可抓住机会用身边的例子或典型教育全体学生。

● 有待商榷

陈民永有话不跟家长说，而是找老师；联系老师的短信中隐含有个人动机，这很明显是孩子经过考虑比较后刻意而为之。因此，当事老师将陈民永的行为定性为“骗”自然有其充分的原因。老师知而不言，给予了学生自我认识、自我反思的机会。无论是老师还是陈民永都没有将那层窗户纸捅破。笔者以为，对于小学生不诚实的问题，哪怕只有那么一点点意识，老师还是应该找到适当的机会从正面直接向学生讲清楚道理。例如，当陈民永转变后，可以告诉他其实老师当晚就知道他的动机，只是相信他自己能认识到自己的问题而没有揭穿而已。这样可以引导学生建立比较清晰的是非界限，同时也可告诫学生任何时候都需要保持诚实、讲真话的好品德。

● 建言促改

针对小学生的特点，要经常提醒孩子们有话就跟老师讲，跟父母讲，有困难、有问题就找老师，找家长，避免孩子陷入困境不能自拔而备受煎熬，甚至产生心理阴影。要抓住机会反复告诫孩子们说真话，说实话。要教育和引导学生不讲假话、不说谎话，并不是给他们讲几次《狼来了》的故事就能解决问题的，必须根据他们年龄的变化，采用适合其年龄特点的方式和内容，不断强化，才能收到预期的效果。还要引导和鼓励孩子们学会表达自己的合理诉求，在购买自己学习和生活上的必需品时，可以向家长和老师提出诉求，讲明原因，争取得到帮助。一旦遇见家长和老师暂时不能满足的诉求，则可说服学生予以理解。

投“棋”所好

故事撰写：李金轩，湖北省宜昌市太平溪镇中心小学

“李老师！我来看看您！”去年中考的第一天的中午，我正朝食堂走着，突然一道身影冲过来挡住我。“呀！”我抬头一看，“是你呀，黄小东！”“是呀，李老师，我刚考完语文。”“怎么样？有没有信心冲击××高中？我还等着请你们吃饭呢！”说完这句话，我的思绪回到了三年前。

“黄小东，49 分，作文一个字都没写？”那是六年级首次月考后的情景。黄小东却满不在乎地从我手中扯过试卷，一把塞进课桌里。开学以来，他就像丢了魂一样，经常在上课时发呆。

经多方了解得知，原来小东对下象棋入了迷，在班上还有个“志同道合”的棋友——小杰。两人课后经常在一起切磋象棋，但一上课就走神。

我找来一副象棋，将他俩请到办公室，对他们说：“下棋并不是坏事，但是不能只下棋不学习。”看我似乎没有批评他们的意思，他们的胆子也大了起来：“老师，我们也不是故意的，就是有时候管不住自己。”我问：“想不想把学习搞好？”他们不停地点头。“那不下棋了行不行？”“老师，我怕我们管不住自己……”听到他们的坦诚直言，我又好气又好笑。“那这样吧，你们每天晚自习之后在我这里下一盘棋。同时，我也给你们安排学习任务。谁完成得好，谁就坐着下棋，并且先走棋，另一个人就蹲着或者站着。要是你们上课再走神的话，就取消约定。怎么样，敢不敢挑战？”他们

俩愣了一下，交换眼神后，异口同声地喊道："没问题！"

从那天开始，他们每天完成一套我"量身定制"的试卷，晚自习后就争先恐后地让我批改。慢慢地，他们不再延迟交作业了，上课也不再走神了。我不禁为自己的"妙招"感到得意。

可是，好景不长。一次晚自习后，等我赶回办公室，却发现他俩正在跟其他同学打闹，试卷也做得乱七八糟。看我沉着脸，他俩知道事情不妙，连忙站在一边。我强忍着怒气，说："你们回寝室睡觉去吧，从今天开始，我不管你们了，你们想怎么玩就怎么玩吧……"看他俩没离开的意思，我更是气不打一处来："怎么，还要我送你们啊？"被我吼了一顿，他俩灰溜溜地走了。我感到一阵失落，也对自己的做法开始有点怀疑。

第二天一早，他俩又站在办公室里。看到我来了，他俩连忙凑过来说："老师，我们错了，您原谅我们吧。"见我依旧不理睬，一向倔强的小东竟然哭了起来，他哽咽地说："老师，我真的错了，要不，你打我两巴掌吧，这样我好受一点。"我一听，不禁又觉得好笑："我为什么要打你？你们太令我失望了，以后除了你们自己，没人管你们……"

到了晚自习，我心想，他俩肯定是放弃了吧。但没想到，下课铃一响，他俩拿着重做的试卷又冲进办公室。趁我批改的时候，小东说："老师，我们不想下棋了，以后就在您这里做会儿作业，看会儿书，行不行？""那感情好呀……"在随后的统考中，小东的语文竟然考到了全班第三名，小杰也考到了80多分。

毕业前夕，一直埋头看书的小东突然问我："李老师，初中您能不能还继续教我们呀？""我又教不好你们，你们尽调皮了。"我打趣道。他一本正经地说："反正您让我'浪子回头'了，就这样教，我觉得挺好的。"我不禁笑出声来。于是我便跟他们约定："你们在初中好好学习，等你们考上××高中。李老师亲自下厨，请你们吃饭……"

时光如梭，这才有故事开头的见面。我想，曾经相伴的那一年时光，也许会在两个少年的心里留下一些印记。如果那些印记能够成为他们未来成长路上的指引，便足矣！

◆ 故事赏析

用限制与激励助学生“管好自己”

故事中的学生黄小东，在参加完中考第一科语文的考试后，没有急于回家吃午饭，为下午的考试做准备，而是先赶到曾经就读的小学，找到六年级的语文老师，就为说一声“我来看看您！”其实，通读整个故事，不难看出这句“我来看看您”的背后，隐含着黄小东在六年级与李老师相遇的一些“印记”。

黄小东也不是我们通常想象的曾经桀骜不驯、调皮捣蛋、临近“深渊”被老师“挽救”过来的学生。他没有什么坏毛病，就是痴迷于象棋后，对学习不怎么上心。用他自己的话讲，他只不过“就是有时候管不住自己”的那类学生。多数老师对“管不住自己”的学生并不会感到陌生，每个班都会有几个或有一些“管不住自己”的学生。因此，这个小故事对于老师如何促使那些“管不住自己”的学生学会“管好自己”具有一定的启发作用。

一、表明态度，措施环环相扣

黄小东语文成绩下滑，作文一个字没写，当事老师查找和分析原因，发现他是痴迷象棋耽误了功课。对于学生类似的一些不当或异常行为，老师首先需要有个态度，或深藏在心，或表露在外。细品故事，当事老师在不同的节点表明了对学生爱好象棋的态度，同时也记录了自身情绪与思想的变化。

学生首次月考后成绩很差，当事老师随即进行调查，分析原因。找到“病根”后，老师“找来一副象棋”，并说：“下棋并不是坏事，但是不能只下棋不学习。”这是在直接告诉学生，老师并不反对学生的兴趣爱好，但学生要处理好课余爱好与课堂学习之间的关系，分清主次，把握重点。在帮助学生“管住自己”的过程中，学生和老师的言行均有所波动，但是为了达到让学生“管住自己”的目的，老师的措施一环紧扣一环，始终不言放弃，而学生最后也充分认识到自己的问题。

由此，笔者联想到老师对于学生的不当行为应该持有的态度，例如明确反对，严格禁止；或适当限制，主动引导；或静观其变、期待奇迹等等。老师自身对待或看待问题与现象的态度，是采取帮教行动之前必须做出的判断，也是选择教育举措的基础。态度鲜明，学生收到的“指令”就明确清晰，至少知道老师的要求是什么。态度含糊，学生就会感到老师的“指令”模棱两可，因而不知所措，或按照自己的理解行事，想干什么就干什么。虽然当事老师采取了投“棋”所好的策略，但其态度一直是很鲜明的，原则立场也很坚定。

二、善于沟通，心理上略胜一筹

老师对学生做教育引导工作，在很大程度上就是师生之间的交流与沟通。有时候，除了言语上的交流外，更多的还有心灵上的沟通，甚至是心理上的“较量”。因此，师生之间可以平等对话，但是老师必须在心理上占据一定的优势，让学生深深感到老师略胜一筹，方可令学生心服口服，达到转变思想和纠正行为的目的。

当事老师初次将小东和小杰请到办公室，准备了一副象棋，而且还说“下棋并不是坏事”。两个学生预估老师会“狠批”他俩却出现判断失误，继而当着老师的面坦言“有时候管不住自己”。这正好给予老师一个契机，一则老师借此表达了善意，并非要禁止他们下棋；二则又为老师出面“干预”找到了由头，老师可以帮他们“管住自己”。随后老师提出的规则，有激励，作业完成好的可以“坐着下棋”；有惩戒，作业做得不好的，就得“蹲着或者站着”，从心理上迫使学生“中招”，接受挑战。

在督促学生“管住自己”的过程中出现反复实属正常。当发现小东、小杰试卷做得乱七八糟时，当事老师不仅没有批评，反而让他们“回寝室睡觉去吧”“你们想怎么玩就怎么玩吧”，这两个学生当时也许有点丈二和尚摸不着头脑，但是可以肯定地说，他们不会真以为老师是让他们“想怎么玩就怎么玩”。这才有第二天的主动认错，直至后来，小东还主动提出“我们不想下棋了，以后就在您这里做会儿作业，看会儿书”。

你管不住自己，我来帮助你；你不受帮，我还懒得管。当事老师的话语看似随口而出，其实充满智慧；虽无恶言狠语，但其力度足以逐步引导学生朝自己预设的方向变化。因此，老师与学生交流沟通，并非一定要在用词或声调上高出学生，而是要在心理上略胜一筹，才能将学生引入成长的正轨。

三、目标引领，精神上“点燃”学生

小东在完成中考第一科的考试后，就赶忙来见小学老师，其中一个重要的原因就是，小东仍然记得当年老师的一句话：“等你们考上××高中。李老师亲自下厨，请你们吃饭……”初中毕业的小东，一定不是来让老师“请吃饭”的，而是想告诉老师，正是老师当年的一句话激励着自己勤奋学习，努力考上××高中。师生重逢时，中考尚未出结果，但是从小东的心态与语气中，相信读者能感受到小东的自信，起码他尽力了。

不少老师为激励学生，煞费苦心，挖空心思，而当事的李老师简单的一句话为学生设置了求学的目标，从精神上“点燃”了小东的心灵之火，不仅使他在六年级有所转变，而且激励着他在初中也能认真学习。究其原因，首先，当事老师“点燃”学生精神的时机把握得好。在小东开始能“管好自己”，且想在老师的办公室“做会儿作业，看会儿书”的时候，在语文成绩有明显提升的时候，小东需要明确下一个努力的目标。这时，老师用目标点燃学生精神，符合学生的心理预期。其次，当事老师将“考上××高中”设定为目标，恰到好处。若是泛泛地说“考上好大学”，目标设定太远，时间久了会让学生失去信念，甚至忘记设定的目标，起不到激励的作用；若是说“上个好初中”，目标过低，或者说设定一个不成为“目标”的目标，同样不可能激励学生为之而努力。

● 我的建议

当事老师为转变小东和小杰，帮助他们学会“管住自己”，确实下了一番功夫。然而，帮助两个学生提高语文成绩，使用得比较多的办法就是“‘量身定制’的试卷”，即常说的题海战术。笔者未曾有过教小学生语文的经历，但是读到这个故事，在为当事老师悉心帮助学生“管住自己”的做法与精神感动的同时，也感到提升学科成绩的办法略显单一。是否可以采取指导学生加大阅读量，扩大阅读面，同时引导他们注重观察和体验生活，为提升写作能力积累素材等方法，值得当事老师探讨和尝试。

另外，当事老师与学生的约定是晚自习后请小东和小杰到办公室，先等老师批改完“量身定制”的试卷，然后再下一盘棋。这个安排从时间上明显有悖学校对学生作息时间的规定，一方面会给其他学生留下一个有同学在老师的“庇护”下搞“特殊化”的印象，另一方面也会影响到学生晚间休息。偶尔为之无妨大碍，若是每天坚持这样做，可能会出现顾此失彼的问题。

激发学生的学习兴趣，培养个人爱好，发掘学生的潜能应该是小学阶段教育不可忽视的一个重要内容，但是如前所述，小学生“管不住自己”是个常见的问题。如何引导学生处理好学习学科知识与培养个人兴趣爱好的关系，值得认真研究。建议当事老师认真总结从小东和小杰身上获得的比较成功的经验，鼓励和引导学生培养和发展个人兴趣爱好，学会自律，合理安排时间，养成良好的学习和生活习惯。

（原载《湖北教育》2021 年第 21 期）

“大拇指”，神奇的指挥棒

故事撰写：王生艳，湖北省建始县特殊教育学校

清晨，校园里响起了悦耳的上课铃声。我走进教室，目光环顾班上的八个孩子，边打手势边喊口令：“起立!”孩子们齐刷刷地站起来向老师鞠躬问好。我拿起黑板擦转身迅速擦掉了同学们课间留下的作品——自由组合创作的词语，语序颠倒不清的句子，还有随意表达心情的简笔画……

当我在黑板上板书时，身后突然传来怪异的哭声，犹如沉雷滚动。瞬间，我惊慌地转过身去，多数孩子在认真地比画着手语，只有小茵双手抱着略低着的头，脸涨得通红，似乎有满腔怒火无处喷射。

“小茵，你怎么啦?”话一出口我便意识到自己又因着急忘了她既听不见，又说不出。我忙走近小茵，轻轻摸了摸她的头，边用夸张的手势向她询问答案。她拼命地张大嘴巴似乎想说点什么……她那无可奈何的眼神里，眨巴眨巴地挤着泪珠往下掉。我心疼地又摸了摸孩子的头，顺着她指向黑板的方向我努力地寻找着……

小茵的同桌似乎很清楚其中的缘由，用手语比画着告诉我说：是黑板角落里的那幅画。“黑板上小茵画的那幅画?”模糊的印象中有一个清晰的画面还在我脑海里闪现着——一个可爱的小女孩骄傲地竖起大拇指说：“我也是好学生。”难道小茵画的是她自己？画面中的大拇指猛地刺痛了我的心，她不就是想得到老师的一个大拇指吗？我习惯性地用双手搓了搓孩子

冻僵了的小手，一股暖流似乎慢慢融入了她的心房，她逐渐平静下来。

小茵的妈妈和哥哥都是聋哑人，她从小跟着奶奶过日子。奶奶曾无奈地悄悄告诉过我，小茵有一个不好的习惯：随便拿别人的东西。入学以来，我想了许多办法：批评、教育、关心、爱护、帮助……但是使用最多的法术还是“大拇指”。

时间长了，小茵总算明白了这是一种不好的行为，是一种偷盗的行为，不会得到“大拇指”的。在老师和同学们的帮助和鼓励下，小茵渐渐地学会了克制自己，借用别人的东西后及时归还，还不断督促更小的同学说：“不拿别人的东西的才是好孩子”！在评比栏里她每天都在争取最美的“大拇指”。

记得上次班队课评选的时候，有同学反映小茵又犯“老毛病”了，偷偷拿走了别人的纸巾。几个同学毫不留情地拦在她面前指指点点，还很气愤地摘掉了评比栏里的“大拇指”贴画。小茵很爱面子，有点委屈地闹了半天别扭。课后我带着她把东西归还原主，并且赔礼道歉，然后带她去了她最喜欢的地方。一路上看着孩子羞愧的小脸庞，我一字一顿地对着口型反复嘱咐说：“不、拿、别、人、东、西、了、才、是、好、孩、子!”到超市了，我有意用手指了指角落的监控设备，还给钱让她自己学会付款买东西。从她透亮的眼睛里我看得出，孩子很感激我能带她来购物。她不好意思地躲在我身后羞愧地哭了。我俯下身给了孩子一个温暖的拥抱，竖起大拇指说：“你知错就改，也是个好学生。”

接下来的课堂上，小茵不再哭闹，同学们跃跃欲试，也开始用各种手势闹腾起来。“一、二、三，请坐好!”教室里顿时安静下来，在我的手势指令下课堂活动还在继续……瞬间，我眼前浮现出很多精彩镜头：黑板上画面中竖起“大拇指”的孩子，小茵帮助同桌整理书包，小茵把捡到的小围巾交给老师，小茵在班队课上主动认错……

下课了，我示意小茵跟我去办公室，她歪着小脑袋很不服气地望着我，努力地用重复的手势比画着：我不是小偷了，我也是好学生……虽然手脚有些慌乱，但我很快明白了孩子的意思：老师不该抹去黑板角落里的那个竖起“大拇指”的美丽小姑娘！我用很抱歉的眼神给了她一个最简单的答复，然后把办公桌上闪亮的“大拇指”贴画贴到了她的额头上。她高兴地笑了……

是啊！“大拇指”成了我工作中最神奇的指挥棒。

◆ 故事赏析

良好品德是融入社会的必备

● 故事特点

收到了特殊教育学校的教师发来的故事，有点意外；起初开始在键盘上撰写赏析文稿，有点发怵；反复多次阅读故事后，有点感悟，这也让笔者产生了许多联想与回忆。至今，笔者还能清晰地记得第一次深入特教课堂观摩时的情景。

那是20世纪90年代中期，笔者在美国访学，借住在当地居民家里。房东的大女儿苏珊是特校老师，多次邀请我去参观她的学校，反复强调她的学生是多么的可爱。当时，我无法想象她说的“可爱”在哪里！碍于情面最终我还是到特校去做了现场观摩。记得当天班上的学生在用不同图案的橡皮图章，如动物、花草等，印制图案。这看似极为简单枯燥的动作，对于特校部分学生而言，却是非常困难的一件事。有的手握不住图章，有的则无法控制住图章并保持平衡，要他们将图案排成一条线更是高难度动作。然而，当堂老师非常耐心细致地一次又一次地手把手教他们，还不时为他们竖起大拇指。

上述美国特校教师称赞儿童的方式与《“大拇指”，神奇的指挥棒》中的如出一辙。“大拇指”在儿童中，尤其是在特殊儿童的天地里是一个通用的符号，可称得上是国际特殊儿童的共用手语。

笔者对特殊教育不甚了解，但是仍然被这个故事所吸引。如前所述，特校的老师与普通学校的老师相比，他们的爱心与耐心更为重要。故事的讲述者，在发现和处理小茵课堂上“如沉雷滚动”的怪异哭声时，迅速提高警觉，以防止不可预料的意外发生，充分展示了师者足够的耐心，直至最后弄清事实的真相并采取针对性的措施；始终在施以关爱，如走到小茵身旁“轻轻地摸了摸她的头”，还习惯性地用“双手搓了搓孩子冻僵了的小手”，这也许是师生双方默许的一种亲近方式。

从摸清小茵在课堂上发出怪异哭声的原因，到引导她纠正乱拿他人物品的不良习惯，当事老师对各种场景都很熟悉，处理的方式非常稳准。就笔者看来，其中奥秘必定反映在如下几个方面。

一、正视感官缺陷导致感觉差异，学会换位思考

在特殊学校就读的学生一般都会在生理（体）方面具有某些缺陷。小茵就是“听不见、说不出”。若是在普通班级，老师擦掉学生在课间写的、画的内容，哪怕是学生的得意之作，相关的学生也许不会像小茵一样在意。故事中并没有阐明为何小茵如此在意自己的画像，但是只要我们对小茵感官方面的缺陷及其对她产生的影响就不难理解了。

因感官存有缺陷，或者说感官不全，小茵对外界的感觉受到很大的局限，大脑能接收信号的渠道也相对受到影响。她课间在黑板上自画像，应该是她内心深处的表达，“大拇指”象征着正确与美好。她是画给同学看的，更是画给老师看的，而恰好老师还没来得及看就被擦掉了。此刻，小茵并非为她的画而惋惜，而是对老师没有理解到她要表达的“我也是好学

生”才如此着急，以致“放声”哭泣。

我们常说，要从孩子的视角看问题，这里更应该站在特殊儿童的角度看问题。在手语还不熟练的情况下，要说清楚想要说的话，用画和“大拇指”表达自己几乎成为她唯一的选择。特殊情景下，老师只有换位思考，才能更好地理解学生，抓住最佳时机实施教育引导措施。

二、感觉存差异不降低品德要求，德育仍处首位

当事老师是特殊教育的专业人员，肯定熟知特殊儿童以及特殊教育的原理与技巧。相对而言，采取因材施教的原则，适当降低特殊儿童的学业水准无可非议，也是必要的。不然，特校的教育特点又体现在哪里呢！

然而，当事老师在得知小茵有“随便拿别人的东西”的不良行为时，丝毫没有放松要求，而是想尽办法进行关心、批评、教育，包括恰当地使用“大拇指”，让小茵认识到乱拿别人的东西“是一种不好的行为”“是一种偷盗的行为”。坚持下来，小茵逐步养成了借东西要还的习惯，甚至在班级还当上了“监督员”，督促其他小朋友不要随便拿别人的东西。

在向小茵及其同学传授简单知识与生活技能都困难重重的情况下，当事老师仍然高度重视学生的习惯养成和品德培养，始终做到了将德育放在首位。在当事老师的心目中，特殊儿童对周围的生活与环境的感觉相对普通孩子要差很多，老师的教育引导工作具有相当大的难度，但是凡遇到牵涉孩子的习惯与品德问题时，必须认真对待，不可随感觉差异而任意降低对特殊儿童在品德方面的要求。

小茵的奶奶打破“家丑不可外扬”俗语的束缚，将孩子的不良习惯通报给老师，也表明了家长对孩子品德方面的要求。因此，即使孩子因为生理或身体缺陷不能在学习上胜人一筹，也不能忽视对孩子品德的引导与培养。在这一点上，家校是高度一致的。

三、重视习惯养成提升生存能力，促其融入社会

当事老师将小茵带到超市，有几个典型的动作，一字一顿地对着口型反复嘱咐说“不、拿、别、人、东、西、了、才、是、好、孩、子”，告诉小茵超市有监控摄像头，还给钱让小茵自己学会付款买东西。在老师带领下，小茵“逛”超市的收获是不言而喻的。

也许老师的动机是想告诉小茵，买东西需要付钱，而且在超市内还有监控实时监督，以此来引导小茵纠正乱拿东西的不良习惯。但是笔者以为，老师举动的意义不能仅限如此。首先，学生习惯养成需要自律，从小必须要学会自我约束，克制自身的不切实际的欲望，用劳动所得换取自己所需要或喜欢的东西。其次，学生习惯养成也需要他律，除了老师的引导、家长的教育之外，还有社会的各种监督，包括现代化设备电子监控等。最后，社会的运转离不开规则，包括法律法规的明示作用和威慑作用。违反了法规就要受到惩处，并承担相应的责任。

因此，当事老师一个很小的举动，实质上起到了引导小茵养成良好的习惯，学习了解社会，提升生存能力的作用，继而为未来步入社会做好准备。对于特校的孩子而言，这显得尤为重要。

● 有待商榷

故事因当事老师不知情时擦掉了小茵在课间画在黑板上的画而引发。让学生课间在黑板上写写画画，也许已经是这个特教班的常见现象，也是孩子们能交流与表达的一个重要场所。一般而言，利用孩子们的文字与画面了解孩子的思想、学习、心理等状态，是老师教育和引导学生的良好机会，也是师生沟通的桥梁。

无论出于什么原因，当事老师迅速擦掉黑板上学生写和画出来的内容，都显得过于着急。既然事后老师对小茵画的小女孩还有一定的印象，那么

她的画应该具有一定的水准，即使当时没能理解小茵作画的背后原因，就其绘画的水准，老师也可简单给予肯定。也许这就可以避免小茵在课堂上出现情绪的崩溃。

● 建言促改

在这个故事里由于教师没能敏锐捕捉到小茵的画传递出的特殊含义，错失了一次走进小茵内心，了解她要求进步、希望得到肯定心愿的机会。好在后来老师采取了有效的补救措施，化解了小茵心中的寒冰。特殊儿童感官的缺陷或缺失，十分考验老师的观察与发现能力，对老师观察和理解的敏锐性提出了更高的要求。对于本来就缺少感觉与信息交流路径的学生，老师除了增强职业责任感外，更要不断提升自身的观察能力，不放过在教学过程中出现的任何有利于教育引导的机会与信息。同时，要带领孩子走出教室，走出学校，在生活实践中接触和了解社会。

第三编
施教如苔　虽微却著

失而复得的Pad

故事撰写：滕敏，武汉经济技术开发区官士墩中学

周三上午第一节课后，萧怡珊告诉我："前天晚上我发现Pad不见了。在班上询问过，家里也都找了，都没找到。"我不动声色地问明了情况，并对萧怡珊说："不要担心，可能是有同学拿错了，你先回教室，老师去问问。"紧接着，孩子的妈妈也打来了电话。

学生和家长言语之中没有给老师施压的意味，但Pad丢了也不可视为小事一桩。是同学间的恶作剧，有人把Pad藏起来了？还是哪位同学错拿了？还是Pad被人有意拿走了？查教室里的监控是件比较简单的事，说真的我有些不太愿意这样做。等到课间跑操回班，稍做休整，我开始在班级说起了Pad的事情。

赞赏了班级跑操的表现后，我接着说："顺便说件事：可怜的萧怡珊啦！前天她的Pad不见了，担忧了一天，到现在还没有找到，大家帮她看看，我想肯定有人犯糊涂拿错了吧……"周围的同学都很热心地动了起来，有的关心萧怡珊，有的在自己书包里翻找，但就是没有人说Pad在哪里。

下午放学时，我从学校Pad系统管理员那里得到消息：用户名为萧怡珊的Pad近两天曾两次在九（11）班教室里登录过，还接收过老师发出的信息。与管理员说话间，萧怡珊的Pad又在校外网登录了。丢失了的Pad多次登录，这就奇怪了！

第二天，一切如常。语文课后，我趁着同学们还在使用Pad的时候，通过语文老师赵老师的教学Pad看到萧怡珊Pad的账号还在线，问题推送、强制提交都有记录。萧怡珊的Pad肯定在班上！扫视全班，除萧怡珊两手空空外，其他人手上都有Pad。难道要搜查每一个孩子的书包？这个想法在脑子里一晃后，我立马否定了。我依然用比较轻松的口吻在班级说："看看有没有人误放进了书堆里或者是柜子里了忘了还，导致怡珊的Pad现在还在接收老师的信息？"

中午自习进班，我与同学们分享了几本《幸福成长历程》之后慢慢地说："同学们，今天中午，趁着你们吃饭的时间，滕老师翻动了每一位同学的书包和抽屉。"话音刚落，有的同学们开始检查自己的书包和抽屉，教室里变得喧闹了。

"啊！为什么？""是吗？没事，翻了也不要紧，我的书包里没有什么。""我不相信。""找到什么了？"……"你们介意吗？"我追问。"不介意。"这是最大的声音。"为什么不介意？我介意。我介意没有我的允许别人乱动我的东西。所以我们中的每一位同学也要把握好同学之间相处的度，这不是见外，这是尊重。我尊重你们，因为老师认为你们值得被尊重。"我很认真地说，目光扫过班级所有孩子的脸。

"再好的朋友，也要有个度，拿你的东西，得先征得你的同意。如果没有，第一次你可以认真地告诉他：我不在意不表示别人不在意……萧怡珊的Pad已经消失三天了，萧怡珊很担忧，这个误拿萧怡珊Pad的人也一定心不安吧，Pad此时此刻就在班里，前天和昨天晚上Pad登录的IP地址都显示在老师的Pad上。一个对你用处不大，且让你心有负担的东西在手，这种感受也不好受吧，心里有负担又怎能轻松地去学习、去进步呢？教室是一个可以犯错误的地方，因为这里有愿意帮助你的老师，有可以原谅你的同学，但前提是知错能改的人才值得老师全力地去帮助，值得同学们善良地去对待。我希望错放的Pad能完好地物归原主，我相信我的孩子们……”肯定而清晰的表述，力求传递到每一双耳朵里。下午课间，我连续在课间叫来萧怡珊，期盼趁她不在时，她的抽屉里有“事”发生。

下午放学后，丢失了几天几夜的Pad回到了萧怡珊的抽屉里面。我问萧怡珊想不想知道是谁拿的。“不想，找到了就好。”萧怡珊肯定地回答。我用微笑回应了善良的她。

随后一位同学交来的《幸福成长历程》上，在密密麻麻的文字旁用铅笔很轻很轻地写着：“对不起，我知道错了。”看得出来，上面的字是擦了又写，写了又擦的。“收到了，欣慰看见了改变，所以不影响喜欢，因为那必是独‘一’无‘二’的!”我写下了当期的批语……

◆ 故事赏析

“舍近求远”体现教育艺术

● 故事特点

班级或教室里有意外或特殊情况发生后，老师一般都会想到利用现代设备的优势，调看录像，查清事情，抓出“元凶”。例如，有位初中男生在教室里擅自拿了同学的钱，老师根据掌握的情况多次给机会并启发该生认识自身的错误行为，但是该生就是不买账，还反咬一口说老师在诬陷他。无奈之下，老师当着该生的面调看了教室监控录像。在铁的事实面前，该生无法抵赖，只好低头认错。因此，查看监控录像，不失为核实事实、查出真相的一种常用有效办法。

本故事中的班主任在接到学生和家长丢失Pad的报告之后，迅速对Pad的去向做出了三种可能的分析判断。无论是“恶作剧”“拿错”还是“有意拿走”，都是发生在同学之中，很可能就发生在教室里。基于这一判断，班主任完全可以直接调看监控录像，或为了做到更有把握，采取隐蔽的方式不动声色地到监控室查看录像，然后根据录像进一步采取相应的措施。对于这样比较“便捷”的“破案”途径，班主任也曾闪过一丝念头，但因“不太愿意做”而弃之。这很明显留给读者一个“舍近求远”不走捷径的印象。不过只要认真通读这个故事，我们不难发现当事班主任在“找回”Pad过程中展示的娴熟教育与管理艺术及关爱学生的良苦用心。

处事不惊彰显驾驭技巧。在初三年级，特别是在学生即将进入初升高复习备考之际，萧怡珊突然报告自己的学习工具Pad丢失了，而且据分析判断，很有可能是发生在本班的同学之中。统一使用的学习工具没了，不仅会影响到萧怡珊的正常学习，而且还会引发她的情绪变化；无论是出于何种动机，班级同学“拿走”Pad，一定是哪位同学的心态或行为出现了问题，即使是搞“恶作剧”暂时将Pad藏起来了，这个玩笑也开得有些过分，至少是没有把注意力全部聚焦到学习上。因此，Pad丢失是个意外事件，就“破案”而言，也是个棘手的问题，直接考验老师的耐心与智慧。

然而，班主任从接到“报案”到处置的全过程，丝毫没有表露出惊慌或烦躁，安抚萧怡珊“不要担心”；首次在班级提到Pad丢失之事采用了“顺便说件事”的口吻；两天内多次在班级启发和引导学生，甚至在语文课堂上看到唯独萧怡珊手上没有Pad的场景等，也没有在班级逐个核查每一位学生手上的Pad。

处事不惊，除了耐心之外，班主任对班级管理表现出的驾驭能力应该是一个极为重要的因素。为何不急不躁？这是对所在班级学生的基本信任，相信时机成熟后，相关的学生会主动认错；这是对班主任班级管理方式的自信，相信在特殊的节点上自己班级日常管理的成效也会有所体现，最终让物归原主。本故事的结局恰好对这份信任与自信做出了验证。相反，老师面对学生中类似“偷窃”问题，若急于求成、追究“现场破案”速度等，其效果定会适得其反。

正面教育引导贯穿全程。一般而言，针对具体事件（项）教育引导学生，老师一般可有三个时间节点可以着力，即事前提醒，打好“预防针”；事中引导，顺势见机而行；事后点评（小结），实施补救教育或跟踪教育措施。

故事中的班主任充分利用调查处理的过程，采取多种方式多次教育引导学生的特点比较鲜明。“犯错”的学生只有一个，但是利用该事件收到了教育全班同学的效果。首次在班级透露 Pad 丢失，老师希望“大家帮她看看”，寄希望和鼓励同学们能发挥团结友爱的精神，帮助萧怡珊找回 Pad。第二天中午，老师假设自己“翻动了每一位同学的书包和抽屉”的场景，结果全班马上“变得喧闹”。这不仅将同学们的注意力转移到 Pad 事件上，而且还引导同学们学会明辨是非。绝大多数学生对老师在学生不知情时翻动他们的书包和抽屉“不介意”，以为这是老师理所当然的正常行为时，班主任“力排众议”表明自身的鲜明态度：“我介意没有我的允许别人乱动我的东西”。继而老师再次将话题引到 Pad 上来，明确指出擅自“拿走”萧怡珊的 Pad 是个错误的行为。当然，这也是在变化策略，与“拿走”Pad 的同学展开心理战，促其认识错误，尽快纠正不当之举。在调查过程中，采取如此方式，吸引学生的注意力，触动学生的心理，定会给学生留下难忘的印象，不失为一种比较好的措施与手段。如前所述此次 Pad 丢失是一次意外事件，但是班主任将其作为一个教育引导学生的机会，将查找的过程变成教育的过程，这就是我们常说的将坏事变为好事。

为学生维护自尊创条件。事发后的第三天下午放学后，萧怡珊的 Pad 失而复得。除了查看班级监控录像外，老师在其调查核实过程中，至少还有两次机会直接“破案”或“抓个现行”。例如，在语文课堂上，当发现用萧怡珊名字注册的 Pad 在线时，老师可以让同学按座位依次关机下线，即可准确地判断萧怡珊的 Pad 在哪位同学的手上，准确性是 100%，但老师没有这样做。

取而代之，老师从第二天的下午开始，就有意多次将萧怡珊请出教室谈话、安慰，让“拿走”Pad 的同学有机会在无人知晓的情况下物归原主。当放学后，萧怡珊丢失的 Pad 失而复得时，老师又细心地征求其意见是否想知道是谁“拿走”了 Pad，并肯定了萧怡珊的善良，也是在为“拿走”Pad 的同学保守秘密。

在“拿走”Pad 的学生上交的《幸福成长历程》上看到在密密麻麻的文字旁用铅笔很轻很轻地写着“对不起，我知道错了”时，班主任的批语表达了欣慰与期盼，但始终没有捅破那层窗户纸，有助于维护该生的自尊。“那必是独‘一’无‘二’”也表达了老师对犯错误的学生的信任，在师生之间形成特有的默契，较之“既往不咎”“下不为例”等能更好地警示学生以此为鉴。

● 有待商榷

虽然 Pad 一案的处理方式完美，结局令人欣慰，但是仔细分析处理过程，仍然让人感到班主任“欠”班级一个“交代”。为了找回萧怡珊的 Pad 并借机教育引导全班学生，班主任在班上公开了 Pad 丢失的事实，耐心细致教育引导之中已暗示“拿走”Pad 的人就是班上的同学。既然如此，在 Pad 物归原主后可择机在班级为此案画上句号，形成闭环。即使班主任不再主动提 Pad 一事，班上的同学也会猜想到案件的结局，而且很有可能在私下乱发议论。背后的指指点点很有可能对“拿走”Pad 的那位同学造成心理压力，对其造成伤害。因此，与其让学生猜疑议论，还不如主动将结局告诉全班同学，再次把握教育引导的主动权。

● 建言促改

事后至少有两个方面的工作需要跟进。一是掌握学生行为动机。在

《幸福成长历程》上认错的学生能读懂班主任的批语确信无疑，但是对其“拿走”Pad的动机仍然需要做进一步的具体分析。可在该生心情基本恢复平静时，在充分肯定其主动认错的基础上，通过深入交谈了解和掌握其行为动机，增强后续教育引导工作的针对性。二是补上网络安全课程。学生使用的Pad很有可能是按班级或学校统一安排配备的，但是登录密码肯定是学生自行设置的。“拿走”Pad的同学掌握了萧怡珊的密码方可登录，这证实了该生的密码被窃取或泄露。密码是学生的个人隐私，也是安全使用电子设备的保障。择机在全班补上一堂网络安全课，提醒学生增强对自身隐私事项保密意识很有必要。

初中女生成长的烦恼

故事撰写：吴艳锋，湖北省恩施市七里坪街道初级中学

接到乡村教师录用通知后，肖云当即与我联系，无比兴奋地说："老师，您当年用心关怀我，让我深受感动。您善于捕捉时机，将我的'失恋'也变成教育机会，站在学生的角度，为学生的成长与人生谋幸福……"这话既近乎老师的口吻，又像似积蓄已久的内心表达，让我不禁回想起肖云在初中时期的"跌宕起伏"。

七年级时，肖云担任班级的语文科代表，她非常有礼貌，即使我不是他们班级的科任老师，她也总是热情地跟我打招呼。到八年级时，我成为他们的班主任，承担物理科教学工作。我这才发现，聪明、友善的肖云严重偏科，数学成绩在班上"摆尾巴"。在我接手班级之前，肖云就请辞语文科代表，原班主任告诉我："肖云说她成绩不好，不好意思经常往办公室跑……"看来偏科对她的影响，不仅是成绩，还有她的自信。

"听数学老师说，你在数学课上总是写写画画，不听讲。到底是怎么回事呀?"我关切地问。"您别跟我提数学，提起数学，我就很烦恼，我甚至都想逃课了。"肖云不耐烦地答复我。"利用课余时间，我们补补数学?还可以找几个同学一起补，怎么样?"随后，我联系了几个同学一起给肖云补课，但是她的数学成绩还是不见长进。

后来，肖云的妈妈怀孕了，她觉得父母对二胎宝宝充满期待。有邻居

常拿肖云开玩笑：“肖云，你父母养老指望不上你，所以就准备生个男孩……”邻居的玩笑话，原本是因为喜欢她才逗她玩，她却当真了。她变得更加自卑、消极、叛逆。为了逼迫父母放弃二胎，有一次肖云还在自家院子里躺了一个晚上，无论大家怎么劝，她都不起来……这样一来，她和父母的矛盾也升级了。我找到肖云谈话，她气鼓鼓地说：“即将到来的小宝宝会把父母对我的爱分走一半，甚至不止一半。他们对我失望了，对我没信心了。”

肖云因误解父母而感受不到家庭温暖，她便与班上几个学习不认真的女生走到一起，开启了她们所谓的“疯狂”。有一次，她偶然听到有女生在背后嘲笑她：“肖云一直很懂规矩，不像我们都有关系要好的男同学……”这原本可以提示肖云，她与其他几个女生有不同之处，肖云却因此而赌气：“我就不相信跟我关系好的男同学会比你们的差！”

刚步入九年级，肖云就收到了小纸条：“你是一个可爱的女孩儿！”落款是曾经在食堂里说过几句话的八年级男生。一直在寻找机会的肖云，第一次感受到男女同学之间“神奇”的关系，第一次感受到“恋爱”的气息。她迅速进入“角色”，喜欢上那个男生。她总在课堂上偷偷地写回信，写“情书”，策划着下课后的“约会”等，因而她的学习成绩持续下滑。

记得有一次，我找到肖云谈话劝说，她却回答道：“多情总被无情伤。”不知肖云怎么会有这样的“感悟”，也难以判断这“无情”又指向谁。后来听说，就在他们“相好”的第33天，肖云被“抛弃”了……

面对肖云的一系列“烦恼”，我始终没有放弃。除了辅导功课、交流沟通、上门家访外，坚持已久的周记制度也收到了良好的效果。肖云和其他同学每周至少写一篇周记，尤其是肖云，她写一次，我就认真回复一次……

渐渐地，肖云对我的谈话劝导从敷衍开始转向认可；学习上，从缺乏自信与毅力逐渐转向主动和认真；对父母生二胎的选择，从误解与抵抗终于转向理解和接受。

毕业离校后，肖云曾写信告诉我，在她的书架上，还珍藏着她初中时代写的周记，上面记载着那个时候考试成功的欣喜、失败的落寞；记载着青春懵懂的日子，也有一些当时看起来无法翻越的高山……在我的心里，这无疑也记录了一名老师对学生的陪护与爱护，记录了一名老师追求的职业幸福感与成就感。

但愿，我们师生俩过往的经历，能对现在即将走上教师岗位的肖云产生正面的影响。

◆ 故事赏析

陪伴学生中获得幸福

一、用爱用心做学生的教育转化工作

得知昔日学生将入职做乡村教师并听到了学生报喜的一席话后，当事老师内心的欣喜溢于言表，相信读者能感受到教师职业带来的莫大幸福感和成就感。然而，细细品味故事的细节，深入分析肖云在中学时遇见的种种“烦恼”，我们不难看到在幸福感和成就感的背后，当事老师与肖云相处两年间的酸甜苦辣咸。

在故事中，讲述者始终突出了学生及其心理历程，淡化甚至刻意回避了老师的工作过程与细节，但是这丝毫不影响我们理解当事老师在转化肖云工作中的努力与付出。讲述者对肖云当年初中学习与生活的印象极为深刻，这才选用了《初中女生成长的烦恼》作为故事的标题，且还用“跌宕起伏”来描述肖云的变化过程。

在这里，笔者首先简要梳理了一下故事中肖云遇到的“烦恼”：起初自

信的肖云，却遇到了数学这只“拦路虎”，致其伤透脑筋，甚至几乎失去自信；家里新添一个弟弟或妹妹，本是一件可喜的事，可邻居的玩笑超出了一个少女对“玩笑”的理解与消化能力，致其与父母产生矛盾与对抗；因误解而以为缺乏家庭温暖，她开始寻找新的情感寄托，与班级上学习不认真的女生为伍，吸收了负能量；本该“反话正听”，保持自身“懂规矩”的美誉，她却为了那不该挣的面子赌气寻找目标，且不听劝告……

从肖云离开初中，再到她大学毕业即将成为一名教师，七八年时间过去了，但是当事老师的讲述思路清晰、层次分明。由此可见，当事老师当时对肖云“烦恼”的产生原因、转化过程、优劣利弊等了如指掌、分析透彻、刻骨铭心，真可谓是在用爱用心做学生的教育转化工作。虽然讲述者将故事的重点放在了学生身上，没有专门讲述自身所施用的教育引导方法及经验，但是除了可以在故事的字里行间去发现与感悟外，仍然有两个方面的具体措施值得我们思考与借鉴。

二、转化学生必须与纠正不良班风结合起来

在肖云误解其父母后寻找情感寄托时，“她便与班上几个学习不认真的女生走到了一起，开启了她们所谓的‘疯狂’”。这从一个侧面反映，当时这个班上，至少在部分女生中存在班风不正的问题。由于所处年龄段“眼界”的局限，中小学生在遇见问题时，时常会把身边的人与事作为参照物，进行比较，找到自身的位置，做出自以为最好的选择，在一定程度上表现为无原则的攀比。以肖云为例，她赌气做不该做的事时还说：“我就不相信跟我关系好的男同学会比你们的差！”

教育转化一个特定的学生，老师也需要从树立良好的班风的角度去考量，制定切实可行的措施。可能是转化一个学生，教育全班同学；也可能是全班同学齐努力，营造良好的班风，感染和影响每一个学生。说到底，教师需要利用好班级文化、班级氛围、班级风气来实现育人的目标。

三、施用有效的教育方法必须坚持才能见效

当事老师坚持要求学生撰写周记，“每周至少写一篇周记，尤其是肖云，她写一次，我就认真回复一次”，不仅要求学生写，老师自己也坚持了批阅。就连“烦恼”中的肖云也坚持了下来，正如肖云所言，在她的书架上，还珍藏着她初中时代写的周记，上面记载着那个时候考试成功的欣喜、失败的落寞；记载着青春懵懂的日子，也有一些当时看起来无法翻越的高山。

当事老师与学生约定撰写和批阅周记的实践发挥了极好的教育作用，从肖云对周记的记忆与评价看，通过周记与老师沟通是她实现自我转变的一个重要催化剂。师生之间通过周记保持交流，说到底就是书面交流，可利用的载体还有微信、手机短信、电子邮件、书信与纸条等。

较之面对面的口头沟通，书面交流具有特殊的优势。一是有效地避免了尴尬。面临一些比较敏感的问题，或师生双方意见与看法具有明显分歧时，当面交谈少不了的尴尬一定会影响到正常的交流，尤其是学生，感到尴尬后就难以充分表达自己。然而书面交流就不一样了，沟通不会受到对方眼神或面部表情的影响，能促成双方真实地表达自己。二是有效地避免了冲突。阅读对方发来的文字，即使有不同的意见，也不至于发生当面冲突；即使因阅读书面交流内容引发不快，甚至恼怒，在自我排遣之后也会从字里行间读懂对方的本意。三是留下思考与迂回的空间。由于书面交流可能存在的时间差，这客观上留给双方一定的空间去消化对方发来的信息，思考交流中涉及的问题，可以想好后再回复，可以理解后再反馈。不久前，笔者读到一个故事，在两三个月时间里，一位老师坚持用短信与学生沟通，这个学生却一个字都不回复。但是，学生最后终于想通了，回复了老师并表示感谢。

在当面交谈不方便或不奏效时，老师不妨尝试与学生进行书面沟通，也可鼓励学生给老师发邮件、留纸条。有的家长长期坚持给孩子写信进行书面交流，其教育效果也非常明显。

● 我的建议

肖云与其父母最初的矛盾源于邻居的玩笑。也许是受到篇幅的限制，当事老师只是简要描述了邻居的玩笑对孩子造成的负面影响和心理伤害，没有直接指出这类成年人针对未成年人的玩笑的不当之处。

笔者以为，成年人对未成年人的玩笑、调侃、逗乐等应该持谨慎态度，不然就很有可能对孩子造成伤害，而治愈这些伤害，或引导孩子走出心理阴影需要花费一定的时间。若是有成年人利用孩子的身体特征或缺陷开玩笑，就更不应该。邻居本来是“因为喜欢她才逗她玩”，这一点不假，但这句玩笑话造成的后果就连邻居自己也未必想象得到。这并非说对孩子不能开玩笑，或者说不喜欢幽默，而是另有他因。

孩子认知能力有限，他们不能理解成年人说话的背景与用意；他们理解能力有限，很难正确理解成年人的幽默或俏皮的语言；他们判断能力有限，不知道成年人的话语的虚实，而平日他们受到的教育是要诚实，便相信成年人的玩笑话都是真话，最后便受其左右。

由此，老师或家长发现成年人拿孩子逗乐，或借孩子身体的某些特征开玩笑时，应该当场或者至少在事后向孩子作出一些正面的解释，避免对孩子造成不必要的伤害，或给其心理留下阴影。

无论肖云初中阶段的学习与生活是何等的“跌宕起伏”，最终故事的结局是美好的。昔日的学生如今也华丽转身，获得了与自己一样的身份与岗位——乡村教师。肖云选择回到乡村学校，是否有受当年老师影响的因素，我们暂且搁置不论，但现在双方已成为“同一条战壕里的战友”，都在乡村学校教师的岗位上，担负着教书育人的光荣使命。如果说当年肖云与老师有师生情谊，那么现在成为同行则具有更多的共同语言。

因此，建议再续师生缘，师徒再结对，不仅保持感情的联系，更重要的是携起手来，一同探讨农村学校教育教学的新问题，谱写农村教育的新篇章。例如，师生携手研究农村教育中发展不平衡的问题、家校合作的问题、农村孩子的教育问题等等。相信过去的师生、现在的同行一定拥有共同的兴趣，一定能编织出农村教育的美好新故事。

（原载《湖北教育》2021 年第 24 期）

施教如苔

故事撰写：黄勇，湖北省大冶市还地桥镇曙光学校

适逢第35个教师节，学校举行了一场主题为“感恩老师”的演讲比赛。我当年八月被调入学校，有幸担任演讲比赛的评委。参赛选手的作品字里行间都流露出对老师的感恩之情。一个个“小演讲家”精神饱满、斗志昂扬。其中，702班一个名叫柳枝红的腼腆小女孩表现精彩，赢得了一致好评，成为当日比赛的“黑马”，夺得冠军，给我留下了深刻的印象。

演讲比赛折桂后，柳枝红顿时变成了学校的明星，她不幸的身世也成了老师们关注的话题。我是听众，因此对柳枝红的过往有些了解。列夫·托尔斯泰曾说过，幸福的家庭都是相似的，不幸的家庭各有各的不幸。柳枝红的爷爷和奶奶都已离世，父亲下肢瘫痪常年卧床不起，母亲离家出走杳无音信，妹妹正在读小学。她懂事又坚强，几年来白天坚持上学，晚上回家洗衣做饭，照顾患病的父亲和年幼的妹妹。好在柳枝红的家庭受到了村委会与当地镇政府的关注，成为重点扶贫对象。2019年底，她的父亲被安置到当地一家福利院，她稚嫩肩膀上的重担才得以减轻，终于能够带着妹妹住进学校宿舍，安心学习了。

2020年春节期间，一场来势凶猛的新冠肺炎疫情，彻底改变了我们的生活。封城封路，切断病毒传播；停工停产，居家就是贡献。防疫却逆行，医者担当；停课不停学，师之责任。

2020年2月10日，我镇“停课不停学”工程全面启动，各校利用“钉钉”直播平台进行线上教学。临危受命，我承担起全校网上教学的管理与服务工作，包括教师培训、学生入群、师生上课考勤等。由于全体教师认识统一、行动一致，学校网课工作很快进入正轨。

因主管教学工作，我每天都会巡查网课，看教师的教况，查学生的学情。我发现柳枝红虽然加入了班级“钉钉”学习群，但在听课记录中并没有她。我便利用“钉钉”上显示的电话号码给她拨电话：“喂，你是柳枝红同学吗？我是701班黄老师，网课教学已经开始了，你怎么没有按时上网课？你有什么困难需要帮助的，可以跟我说，我来想办法帮你解决，好吗？”电话那头传来了清脆的声音：“老师，您好，我是柳枝红。我手机没有开通流量包，路被封了，我也不能出去办……”原来因家庭贫困，她的家中没有安装网络，又因各村封路无法外出办理流量包业务。

我说：“移动公司正在推行为上网课的师生每月免费提供20 G流量的活动，我已经完成了我们学校所有师生手机号码的上报工作，本周会到位，能够保证你上网课所需的流量。你不用为这个事担心了，请及时关注手机信息。”后期的网课巡查中，我看到“钉钉”上记录了柳枝红上网课的所有信息。

中考结束后，七、八两个年级的同学就复学了。柳枝红负责他们班级的英语领读，每次值日巡查，我都能听到她洪亮的声音、准确的音调。她那乐观、向上的精气神再次给我留下了深刻的印象。有一次，我发现柳枝红在领读时有点咳嗽，课间，我特地到教学楼口等她，了解她的身体情况，并递给她一杯温开水。原来她感冒了，好在没有发烧。

时间如水，又是一年一度的教师节。我在学校食堂大厅吃午饭，一个扎着马尾辫子的女生走到我面前，深深鞠躬后说了一句：“黄老师，节日快乐！”我在诧异中本能地抬起头说了声“谢谢”，还没来得及与她交流，她就微笑着快步离开了。

祝福来得太突然。其实柳枝红这个学生，我还真没有直接给她上过课。看着柳枝红离开的背影，过往的一些生活片段慢慢浮现在眼前，说不清是欣慰还是感动的情愫涌上心头。我想起清代诗人袁枚写的一首诗——《苔》：“白日不到处，青春恰自来。苔花如米小，也学牡丹开。”

◆ 故事赏析

逆境之中育英才

《施教如苔》描述了一个极为常见的情景——老师与学生为数不多的几次见面或通话，用毫不夸张、不带渲染的语言为读者讲述了一位老师与其“没有直接给她上过课”的女生之间的故事。为何要分享“非本班”学生的故事，讲述者内心自有其考量。作为本故事的一位读者，笔者以为这个简短的故事传递了丰富的信息，犹如其题目所示“施教如苔”，体现出讲述者心中的大教育格局。也许笔者的理解与讲述者欲表达的意思不尽相同，但是这并不影响读者从故事中收获感悟。

一、学生在逆境中自强不息

一是在家庭逆境中健康成长的女生。正如故事中的简要描述，柳枝红的家境贫困程度可想而知。讲述者没有对学生母亲离家出走的原因做具体的交代，但是其母亲离家的一个重要原因很有可能是承受不了家境不好所带来的精神打击与生活压力。照顾病重父亲的责任以及家庭贫困带来的精神与心理压力自然就转嫁到未成年的柳枝红身上。讲述者没有用过多的文字来渲染柳枝红家庭的惨状或照顾父亲与妹妹的艰辛，以此来博得读者的同情，而是用几个细小的情节展现了柳枝红的坚强与毅力、拼搏与优异。

她在学校组织的演讲比赛上，一举夺魁；在新冠肺炎疫情期间，坚持上好网课；在班上领读英语时，声音洪亮；在教师节之际，主动向曾经帮助过自己的老师表达祝福，学会了感恩。这一切传递的是正能量，给身边的老师和学生树立了一个看得见、学得到的自强不息的优秀学生榜样。

二是逆行中坚持教与学的师生。新冠病毒肆虐，学校正常的教育教学因此受到影响。“封城封路，切断病毒传播；停工停产，居家就是贡献。防疫却逆行，医者担当；停课不停学，师之责任。”这几句比较简洁的话语足以描述当时师生所面临的严峻形势。然而，在新冠肺炎疫情面前，广大师生没有退缩，像勇敢无畏的医护人员一样，成为疫情防控中的逆行者。讲述者所在学校及他与学生柳枝红的经历就是中小学师生坚持“停课不停学”的一个缩影。成千上万从未当过“主播”的中小学老师一夜之间都挑起了“主播”的担子，在线直播课程；在课堂上还需要老师“盯着”的学生也自觉打卡“钉钉”，或听课，或参与考试；每周一次的升国旗仪式照常举行，只不过是从学校的操场上换到了学生自家的房间里。这其中的艰辛与付出、体验与感悟，凡经历了疫情防控过程的人都会感同身受。

二、教师心怀大教育格局

本故事很自然地讲述了学校和学生得到社会支持的具体事例。社会没有抛弃柳枝红他们这个需要扶持的家庭，当地政府及有关部门采取行之有效的措施进行了帮扶，将其父亲安置在当地的福利院，卸下了压在柳枝红肩上的家庭重担，让她能与其他同学一样，寄宿在学校安心学习。若是没有来自社会对这个特殊家庭的帮扶，学校恐怕很难帮助柳枝红解决求学路上的后顾之忧。柳枝红在学校出色的表现，除了她个人的努力和学校的教育帮助外，社会的支持也起到了很重要的作用。从这个意义上讲，讲述者用生动鲜活的实例介绍了精准扶贫政策所取得的成效，展现了身处逆境的学生自强不息的可贵精神。

在疫情防控期间坚持网络教与学的师生同样得到了社会有关部门的支持。例如，当地的移动公司为师生赠送上网课需要的流量。讲述者在疫情防控期间“承担起全校网上教学的管理与服务工作”，发现柳枝红没有登录网络，及时帮忙解决了困难。这也是千万个坚守在课程直播岗位上的教师工作的真实写照。无论是师生坚持网络教学，还是移动公司赠送流量，这都是“举国同心”精神在基层单位、在普通人民群众中的具体体现。

中小学校是社会的组成部分，基础教育不应该脱离社会背景，更离不开社会各界的关注与支持。但是，在教育实践中，当我们关注学生、关注教学时，很容易忽视学校教育所处的社会背景，或者忽视教育与社会的紧密联系。因此，在大力提倡教育与社会相结合的要求下，许多学校根据课程大纲要求，结合当地实际开发和开设社会实践课程，其目的就是让教育融入社会，促学生在社会实践中成长和发展，为适应未来社会的要求提前做好思想准备和知识准备。讲述者在一个短小的故事中，能客观地反映出学校教育与社会的密切联系，这就是基础教育工作者应有的大教育格局。

● 我的建议

收到柳枝红教师节的祝福，讲述者惊喜之余，又自叹“其实柳枝红这个学生，我还真没有直接给她上过课”。很显然，讲述者所言的“课”一定是指在教室里的学科教学。对此，笔者不敢苟同。

“师者，所以传道受业解惑也。”对于为人师者的教育行为，从来都没有严格地界定只能发生在教室里或课堂上。每一位教师的言行举止都会对学生产生直接的或间接的、正面的或负面的影响。其实，教师以身示范也是履行教育职责的重要途径。柳枝红在演讲中夺魁，这离不开每一位评委老师，包括新调入学校的讲述者的认同。此时，讲述者与其他评委一起，给学生上了一堂“公正课”“评价课”“激励课”。疫情防控期间，柳枝红的手机没有流量不能上网课，当事老师主动联系询问情况，承诺帮忙解决实际困难。发现柳枝红领读英语时有咳嗽声，讲述者准备了温开水并排除了孩子发烧的可能。柳枝红是个聪明的好学生，她一定感受到来自老师，特别是没给自己“上过课”的老师的关爱，来自企业的资助，以及优越的社会制度对弱势家庭的扶助。这让柳枝红经历了一堂思想政治教育大课。教师节时，她主动找到讲述者致以节日的祝福，并表达感恩之情就是很好的例证。

每一位老师都应该看到，我们无时无刻不在给学生上“课”。在一定情景下，教室外的“课”、课外之“课”对学生的影响会更为深刻、更为重要。因此，教师有必要增强课外之“课”的意识，通过言传身教主动给予学生正面的影响。

在多方的努力和帮助下，柳枝红肩上的经济与生活担子减轻了，但是家庭的不完整性及其父身体状况的不可逆转性必定会给一个未成年人带来心理的创伤及家庭精神生活的缺憾。因此，建议讲述者主动与702班班主任交流沟通，站在未成年人的角度对其心理和精神状况进行必要的评估，并根据实际需要，有针对性地对柳枝红给予精神等方面更多的关怀；充分肯定其家庭责任感，引导其树立人生发展规划意识，指导其做好个人发展规划，用发展目标更好地引领该生未来的发展；此外坚持施予正强化，不断鼓励该生乐观向上、自强不息的生活态度与可贵精神，同时采取恰当措施，例如可推荐该生为学校自强少年，发挥该生在同伴中的榜样作用。

（原载《湖北教育》2022年第12期）

划在手臂上的心理伤痕

案例撰写：李玮，湖北省汉川市城关中学

秋季开学第一周，我在八（2）班语文课上巡堂听读，当走到杨小雪身边时，她下意识地扯下卷起的衣袖遮盖手臂。天气这么热，为何见老师走近就扯下袖子？我心里有些疑惑。下课后，我找到她的小伙伴李倩询问，李倩说："小雪情绪不好时经常用刀片划手臂。"我脑中突然闪过俄罗斯的死亡游戏《蓝鲸》，心头一紧……思虑良久，我选择静静观察，默默关注。

学校安排填写"六类生"基本信息登记表，我抓住机会请杨小雪到会议室，想单独了解情况，这才知道原来她从婴儿时期就是留守儿童，爷爷奶奶带着她随大伯父一家生活。大伯父家有个男孩，年纪与她相仿。她觉得爷爷奶奶更喜欢堂哥，所以与家里人感情淡漠。

而小雪爸爸所介绍的情况更让我不安：从上六年级开始，小雪一放学回家就把自己关在房里，很少出来，几乎不与家人沟通。小雪平时出门就把房门锁上，不让人进去。有一次，奶奶趁小雪上学的时候打开门帮她晒被子，结果小雪回家后发现了，于是在家大闹一场。

此后，小雪就成了我最关注的学生。我每天都要确认她是否到校；悄悄留意她的表情，默默观察她的状态；批阅她的作业时，常常"不经意"写几句评语，或赞扬，或鼓励。慢慢地，她在日记中开始吐露出心声："我得了抑郁症了！可爸妈为什么要指责我'不好好学习，尽出幺蛾子'呢？"

于是我在日记本上给她回了一封长信，回答她的疑问，安抚她的情绪。

一次课间，我问她："为什么觉得自己得了抑郁症？看过医生吗？""没有，我是对照网上的心理测试题发现的。"她低着头一边小声回答一边用手绞着衣角。"网上的测试题靠谱吗？"我拉过她的手，轻轻挽起她的衣袖："这是你觉得抑郁之后划伤的吗？"她低着头不说话。我心一沉：我还是太着急、太唐突了！我抚了抚那些新旧不一的伤痕，轻轻问她："疼吗？"她摇摇头，却再也不肯多说一句话。这让我有了深深的挫败感。

如何教育和帮助小雪，我一筹莫展。上网查阅了资料，我却不敢再轻举妄动。苦恼之时，适逢省城高校教授深入基层开展心理健康教育活动。"不要给青春期的孩子轻易贴上'抑郁症'的标签"的建议让我似乎找到了解决问题的方向。

我再次约小雪一起到操场上散步，期望在闲聊中找出"病症"。慢慢地，小雪打开了话匣子：从小爷爷奶奶就偏袒堂哥，爸爸从外地寄回的零食和玩具，爷爷奶奶常强制她分给堂哥，如果不愿意，就会被指责；堂哥还会趁机毁坏她的玩具；七年级时她与男孩们因为玩耍，走得比较近，奶奶就说她是坏女孩。因此，她与爷爷奶奶没有交流，还常常心情烦闷，只有在手臂上划几下才觉得心里舒服……

听完她的讲述，我陷入深思：这孩子感受不到爱，也不会排解不良情绪，她伤害自己其实是想要寻求他人的关注。那我能不能试着成为她生活中的"重要他人"，让她感受到关注与爱，并教会她表达爱呢？

于是，我安排她担任语文科代表；在课堂上关注她的笔记并及时指导和表扬；力荐她代表班级参加学校的"经典诵读比赛"；到操场上陪她练跑；邀同学给她生日拥抱……我想尽可能多地表达老师对她的关心与关爱。我还瞒着小雪联系了她爸爸，希望他和小雪的妈妈能抽出更多的时间陪伴小雪，并建议他带孩子去省城看心理医生，让医生帮助小雪消除顾虑。

第二年的9月，小雪挽着妈妈的胳膊来校报名……她手臂上的划痕已经淡得看不清了，脸上的笑容也越来越多了。

◆ 案例赏析

摆脱留守阴霾须家校同舟共济

● 案例特点

《划在手臂上的心理伤痕》案例关注了一位农村留守女孩的心路历程。作者在引导和帮助杨小雪的过程中思路清晰、方法稳妥、效果明显，为我们提供了一个成功教育案例。

一、善于观察，眼光敏锐，小动作中窥见阴影

在课堂上，老师专心组织教学，观察学情，对于那些不影响课堂纪律或教学进展的行为，一般无暇顾及。小雪一个扯袖子的举动再普通不过了，但是她的这个小举动发生在老师的眼光扫到她手臂的那一刻，这不该是巧合。在老师敏锐的眼光里，小雪应该是在刻意避开老师的眼光，体现了老师对学生的关注以及观察的主动性。

与学生接触，善于观察，敏锐发现问题，是教师的一个基本功，是教育引导学生的一项基础性工作，也是分析和诊断问题以及制定和实施教育措施的前提。否则一切的说教、帮扶、转化就会缺乏针对性，或无法深入细致。我们常说要学会观察，就是要养成"看"的习惯，随之要训练和提高能"看到""看清""看懂"的本领；学会"听"固然重要，"听到""听清""听懂"更为重要。有时候老师之间对同一问题会有不同的态度或采取不同的措施，除了教育观念不尽相同外，是否"看清""听懂"也许是另外一个重要的因素。

农村学校的留守学生是一个需要特殊关注和关爱的群体，他们各自的困惑与需求存在较大的差异。有时候，家长发现了孩子有异常，但很多家长会像杨小雪的家长一样，错误地指责孩子，贻误良好的教育帮扶时机。对小雪手臂上出现划痕的诊断以及随后有效的引导等都源于老师的细心观察与及时发现，不然，留守造成的阴影也许会长期伴随小雪未来的人生。

二、工作细致，内紧外松，尺度把握恰到好处

留守儿童心理上存在一定的缺陷或阴影对于老师并不陌生，但是像小雪采取“自残”的方式的情况应该是一种比较极端的例子。初步核实其划伤手臂的事实后，当事老师下意识想到了“俄罗斯的死亡游戏《蓝鲸》”“心头一紧”，笔者相信当事老师已经预感到问题的严重性。尽管如此，老师并没有惊慌失措，急于求成，而是态度上高度重视，方法上小心谨慎，细致的工作体现在多个方面。

首先，从侧面了解核实情况。情况不明时，老师先找到小雪的好伙伴询问了情况。若老师直接找到当事学生谈话或核实情况，很可能会“吃闭门羹”或者致使该生进一步封闭自我，加大下一步帮扶引导工作的难度。其次，抓住有利机会直接交流。利用填写“六类生”基本信息登记表的机会，让师生之间的谈话自然顺畅，并深入了解到该生从婴幼儿时期起就是留守儿童的特殊经历。再次，通过“悄悄留意她的表情，默默观察她的状态”“批阅她的作业时，常常‘不经意’写几句评语，或赞扬，或鼓励”等方式，表达老师特别的关注，让小雪开始吐露自己的心声。

特别值得一提的是，在一次与小雪的交谈中，为显得亲近，老师轻轻挽起她的衣袖并“抚了抚那些新旧不一的伤痕”。没想到的是小雪“低着头不说话”，这让老师“心一沉”，继而反思“我还是太着急、太唐突了”并产生了“深深的挫败感”。也许对小雪的关爱让老师产生了强烈的紧迫感，

希望尽快帮其解开心理疙瘩，但是看到学生的反应后，能及时反思工作节奏，而不是强行让学生立马接受老师的关心，更没有就此指责学生“不领情”。这些思考与举动明显是经过深思熟虑的。

三、关注学生，指导家长，家校齐心共同努力

留守儿童现象及其引发的问题，既反映了一种社会现象，也是家庭教育与成长环境造成的。要帮助留守儿童解决好他们面临的困惑与问题，仅加强对留守儿童的教育与帮助工作是不够的，必须要加强与家长的联系与沟通，家校共同努力方可收到实效。

小雪的老师从其身上发现异常现象开始，就重视了解该生家庭成长环境，直接与该生的父亲沟通，核实情况，知晓父母的态度。老师在有心“成为她生活中的‘重要他人’”的同时，也在积极争取其家长的参与。这不仅得到了家长的理解与响应，并收到了理想的效果。

小雪家长的积极配合和快捷行动降低了老师帮扶转化工作的难度，但是并非每一个留守儿童的家长都能理解老师和学校的一片苦心。因此，在联系家长或提出建议时，老师有必要做好心理准备，明白引导家长主动配合和参与孩子的教育转化工作并非易事。遇见暂时不能理解或接受建议的家长，要有足够的耐心，不因家长的不配合而放弃任何一名学生。

老师建议家长参与孩子的教育转化工作还要讲究方法。例如，老师曾经问过小雪所言的“抑郁症”是否到医院去诊断过，所以当对家长提出带孩子到医院检查的建议时，仍然“瞒着杨小雪”，有效地避免了孩子不必要的猜疑或“穿帮”而产生的误会等。

● 有待商榷

当事老师的转化工作有个重要的拐点，即在一筹莫展的时刻，适逢省城高校心理学专家团队到基层提供咨询服务。专家提出的“不要给青春期

的孩子轻易贴上‘抑郁症’的标签”的意见，为当事老师帮助小雪摆脱心理阴影拓宽了思路，指明了方向。老师带着问题向专家咨询的做法也值得肯定，但是面对杨小雪近乎危险的举动，当事老师就没曾想过探讨或尝试其他途径？例如与市内其他学校心理咨询老师请教。等待“远水”“救近火”，还不如就近发现和利用好身边的教育资源。

小雪笼罩在留守的阴霾之中，原因是多方面的，而她的爷爷奶奶作为直接的监护人应该是一个很重要的因素。例如，小雪所言老人偏袒堂哥等事实需要核实。若真是如此，老师有必要安排家访，直接与爷爷奶奶交流沟通，给他们提出必要的指导意见。通过劝说爷爷奶奶改变对待孙女的态度与方式的效果肯定不及建议其母亲返回家乡陪护孩子，但是爷爷奶奶的转变会给孩子一定的正面影响，因为他们仍然会在同一个家庭里生活下去。

● 建言促改

重视留守经历对学生造成的长久影响。在故事的结尾，小雪不再划伤手臂。但是，这并不能表明留守经历所造成的心理阴影能在很短的时间内烟消云散，仍需要老师和家长跟踪观察，并主动采取适当的跟进措施。同时，老师还可针对其他留守儿童各自的情况与处境，施以相应的关爱。

利用生动事例引导留守儿童学会感恩。在杨小雪 10 多年的留守时间里，她的爷爷奶奶承担了监护人责任，并料理她的日常生活，爷爷奶奶对杨小雪是有养育之恩的。然而，就是因为奶奶进房间晒被子，小雪就“大闹一场”，这说明小雪还需要学习如何感恩和体谅他人，尤其是自己的亲人。在后续跟踪措施中，教育引导孩子学会感恩应该成为一个重要内容。

（原载《湖北教育》2020 年第 24 期）

差点挨打的优秀班主任

故事撰写：李文琴，湖北省十堰市东风九中

担任七（4）班班主任的第一个学期令我终生难忘。这个学期，七（4）班良好的班风悄然形成，而我喜获“十堰市优秀班主任”荣誉称号。

然而有一天，许晓的话却打击了我的自信，甚至差点磨灭了我对班级满腔的热情。许晓小心翼翼地跟我说：“老师，您最近回家路上要小心点，程水明扬言要打您，还有倪越用脚踢了您在走廊墙上的工作照。”听完这些话，我的心情陡然降到了冰点。

程水明是留守儿童，性格孤僻，“浑身长刺”，玩手机成瘾，母子关系紧张，成绩也不理想。他的妈妈无计可施，可我未曾放弃过他，希望用爱来融化他那颗孤寂的心。我们曾多次私下谈心，因体育成绩突出，我还鼓励他朝体育特长生的方向发展。他似乎也感受到了，每次谈心后，都会微微笑着点头回应。我坚信“精诚所至，金石为开”，就算是块石头我也得给他捂热……反复回忆每个细节，我真不知道我哪里做错了，委屈、难过、担忧充斥在我的脑海中。

倪越的爸爸是个盲人，妈妈为了照顾患脑瘤的大女儿长期住在县城。每天中午放学后，倪越必须狂奔回家自己做饭。他也因此经常迟到，但我从未责怪过；他学习有困难，我就安排时间给他补课……“扫描”了全部记忆，我好像没做错什么呀！但是，同一天里两个孩子都要“报复”老师，这绝非偶然。

思考权衡之后，我利用课间时间先把倪越叫到办公室，告诉他有人从监控中看到他踢老师的照片了。倪越一听特别害怕，小脸涨得通红，语无伦次地说：“是程水明让我干的，他期末考试成绩不好，他妈妈砸了他的手机，他说肯定是老师指使妈妈做的。他还说老师只喜欢成绩好的，是个偏心眼，还说要把我们班搅乱。”

“为什么呀？”我问道。倪越接着回答说：“两周前，我们组长课堂上讲话最多，按照班规在课堂上说话最多的人该罚他打扫清洁三天，结果呢，老师您只罚组长一天。”我的思绪回到那次班会上。小组长说话最多不假，但她是在协助维护课堂秩序才多说的呀！当时为了维护组长的“权威”，经过一番纠结，我便将三天缩短为一天。我还为自己“聪明”的决定暗自高兴，以为两全其美，殊不知埋下隐患，做了一次偏心的老师，也在无形中伤害了这些敏感的孩子。此刻，我突然想起当班主任之初，一位优秀的班主任对我说过的话：“公平是班主任在班级自由行走的双脚，否则就寸步难行。”

于是，我诚恳地对倪越说，是老师错在先，老师也会有做错的时候，但老师以后一定会注意，会改正，也请他监督。倪越这时已经泣不成声，那一刻，我相信他应该释怀了。

随后，我找到程水明。他的脸上没有了以前的笑容，眼睛红红的，两只手紧紧握成拳头。因为已经知道了他的心结，我把自己和他妈妈沟通的所有短信给他看了。当他知道整个沟通过程中，我都是在帮助他和他的妈妈时，心结终于解开。他改变了自己的想法，从前那个爱笑的少年又回来了，虽然学习还需努力，但已经开始慢慢融入班集体了。

“危机”终于成功解除，而我为自己狠狠地捏了把汗，幸好及时发现自己处事不公的问题，不然后果不堪设想。同时，这事也让我明白，要尽力去化解家长与学生之间的矛盾，如果任由矛盾激化，教育必将陷入“死胡同”。许晓冒着“告密”的危险保护老师，相信这与平时我对学生的关注和关爱是分不开的。一个孩子只有心里装满了爱，他才会给予别人爱，这也许是教育的另一层意义所在吧！

◆ 故事赏析

对症施药，方能有帮教长效

● 故事特点

一、关爱学生是履行岗位职责的关键

老师应关爱学生，关爱学生对班主任而言是履行岗位职责的关键。面对“性格孤僻，‘浑身长刺’”的程水明同学，班主任“希望用爱来融化他那颗孤寂的心”“坚信‘精诚所至，金石为开’，是块石头我也得给他捂热”。回忆对程水明的教育引导，班主任判断自己对他付出了真心，而且他“也感受到了”。从讲述者对其内心活动的描述，可以看出班主任将关爱学生当成了自身职业追求和评判履职与否的一个重要标准。

老师关爱学生不是为了追求回报，但是关爱学生的“回报”仍然会以多种形式呈现，例如学生的言行会发生转变，学业成绩会提升，精神面貌会变好等。在时间上，有的见效快一点，有的则会耗时长一些。无论是快还是慢，其中关键就在于老师用爱赢得了学生的信任，他们会从心底里尊重老师、信任老师、关爱老师。许晓主动告诉老师注意安全，她的温馨提醒也反映出学生对老师的关爱与关心。这正是班主任以爱培育了学生的爱，以爱传递了爱，以爱收获了爱。

二、熟知学生是开展教育引导的基础

讲述者通过对程水明和倪越两位学生教育引导过程的回顾，介绍了他

们在校的表现、行为习惯、优点与不足、家庭背景、亲子关系等大量的信息。可见班主任在日常工作中非常注意积累信息，做了大量深入细致的工作。例如，两位学生都对老师有怨气，甚至产生了对立的情绪，究竟先找哪一位同学谈话，才能找到突破口？倪越每天中午放学后，“狂奔回家自己做饭，他也因此经常迟到，但我从未责怪过；他学习有困难，我就安排时间给他补课……”这就是他与程水明的不同之处，班主任经过分析比较后选择了先找倪越，事后证明班主任的研判与选择是正确的。班主任工作少不了对涉及学生或班级的现象与问题的研判，而熟知情况、掌握信息则是确保分析判断准确的基础。

在特定的情况下，细致全面地掌握学生及家庭信息还可挽救生命。此前曾有报道，浙江衢州一所小学的班主任发现一学生没有到校，且家长也没有打招呼请假，遂判断可能有意外发生。于是，班主任利用手中的大量信息（家长的工作单位、电话，学生的亲戚及联络方式等），在很短的时间内几经周折终于打开了学生家的房门，进入房间后，将煤气中毒昏迷倒地的一家三口及时救出送医。若不是班主任掌握了详细的信息，是不可能挽救这三条人命的！

三、落实措施是获取教育成效的保障

扭转班风，提升班级的学业水平，教育引导有学习困难或行为不佳的学生等，都是行之有效的工作措施，也是老师实现教育转化工作目标的有效保障。

该班主任在工作中的几项具体措施值得肯定。例如，维护学生自尊，鼓励学生发挥特长。程水明期末考试成绩不佳，但老师从未因此放弃过他，还一直鼓励他朝体育特长方向发展，就连找他谈心都是私下安排进行。这样的做法有利于维护学生的自尊，促使他发现自身的特长，增强自信，扬

长避短，发挥潜能。

又如，当倪越和程水明同学对老师在班级管理中的公平性提出质疑时，班主任不仅接受了意见，而且还坦诚地表示老师也有做错的时候，承诺一定会改正，并请学生继续监督。当面向学生认错并承诺改正，并不是针对学生采取的教育引导措施，而是反映了老师实事求是的态度。身教胜于言教，教师的这一姿态相对于说教，发挥的作用会更强大、更持久。

四、善于反思是推进自我前行的动力

得知有两个学生要“报复”老师，班主任在经历短暂的委屈、难过、担忧后，很快恢复理智，开始扫描全部的记忆，想想是否有过让学生那么愤恨的举动，思考后得出的结论是：“同一天里，两个孩子都要‘报复’老师，这绝非偶然。”讲述者是一位十分优秀的班主任，面临学生表现出对自己不满以及“报复”的情况，她首先想到的是事出有因，要了解隐情。尽管是学生在“策划”打老师，问题应该是出在学生身上，老师却从自己工作中查漏洞、找不足，这体现了当事老师及时反思的习惯以及善于反思的能力。

有时候学生中出现问题，老师先反思自己过往的言行，体现的是一种谦和的态度或高尚的境界，或者说是教师自身专业成长的必要。很多情况下，这样的反思、反省从客观上为老师提供了一次良好的升华机会，能找出自己的不足和缺点，甚至在学生面前曾经不经意犯下的错误。

班主任在与倪越同学谈话之前思考了许多，回忆和“扫描”了教育引导两位学生的细节，却没有发现工作中存在的问题。然而让她怎么也想不到的是，除了误会老师在家长面前“告状”外，还真有一件事情让学生感到班主任在班级管理中有失公平。因此，老师只有善于倾听学生意见，善于反思，并将此作为重新认识、发现问题与总结经验的措施，才能促进自身专业发展。

● 有待商榷

程水明和倪越“策划”要打老师，起因就是他们认为老师有偏见，而这又与班规的制定和执行相关联。班会课上，按班规每周由组员选出班上这一周上课说话最多的同学，来接受为班级打扫三天卫生的惩罚。我们暂且把老师是否存在偏见搁置一旁，不妨简要分析一下这个具体的惩罚性班规的合理性。

劳动是光荣的，为班级服务也是光荣的。安排学生打扫班级卫生，除了保持教室的清洁外，另外一个重要的目的就是培养学生热爱劳动的意识。如果仅仅按班规来做的话，假若没有同学违规，那么班级的卫生又该由谁来负责呢？关注学生在课堂上的表现本该是当堂教师的职责之一，若让同学们都去关注谁在课堂上讲话最多，势必会分散学生的注意力。以击鼓传花为例，通常面临的“惩罚”是唱一首歌，或跳一支舞，这样的规则充分体现了击鼓传花游戏的娱乐性。那么，“惩罚”学生打扫班级卫生的“教育性”体现在哪儿呢？自从实施此“惩罚”规则后，在班级课堂上说话的学生人数或次数是否降低了呢？这都值得进一步总结与探讨。

● 建言促改

讲述者把与学生之间的误会以及问题的发生称为“危机”，虽然看起来有点言重了，但是从整个过程与效果看，化解工作的确为“危机”画上了句号，但这并不意味着两个学生的问题都解决好了。程水明与倪越两个学生的家庭背景、性格特点各不相同，他们的共同点就是学习有困难。为帮助他们提升学习成绩，班主任已经做了很多具体工作，效果却不太理想。程水明家境优越，其父母对孩子的教育态度也许缺乏一致性；他与母亲的关系紧张，但在同学中有一定的“影响力”。倪越家境贫寒，家庭责任感强，承担家务耗费了部分时间与精力；他也许缺乏自信，很有可能容易受到其他同学的鼓动与唆使。

从案例中对两个学生的描述，可以排除智力因素影响学习的情况，究竟是什么原因导致他们学习成绩不佳，值得进一步深入分析研判。究竟是自卑缺乏信心、分心不够专注、抵触校园生活、迷茫不知所措，还是学习兴趣不浓、学习方法不当？分析诊断准确，对症下药，才能更好地转化这两位学困生。

（原载《湖北教育》2020 年第 36 期）

珍惜学生的信任

故事撰写：李春燕，湖北省钟祥市第五中学

“巩晓雄，别看他一米七的个子，长得很帅气，可是学习不用功，犟起来像一头牛。上学期，我在班上批评他，他就是不认错，还突然拿起凳子冲到讲台前……”这是我接手八（2）班时，原班主任王老师介绍的情况。我第一次接手班主任工作，听到这里，心里不免多了几分紧张……

我的班主任工作从当“跟班”开始做起。每到开饭时间，我就跟着学生到食堂，督促学生养成排队的习惯。经过数日观察，我发现巩晓雄喜欢插队，哪怕只是插到一个同学前面，他都感觉像是占到了便宜似的。我不厌其烦地提醒他：“晓雄同学，要排队就餐，不要插队！”

八（2）班的清洁区是通往小卖部的必经之路，课间操的时候总会散落很多食品袋，对此，政教处曾多次温馨提醒。为了解决这个问题，我在班上询问：“谁愿意当劳动委员，承担监督清洁区的保洁任务？”没想到，巩晓雄第一个举了手。“是不是不愿在教室里学习，想趁机出去转转？”话到嘴边，我又改变了想法，顺势征求了同学们的意见。在热烈的掌声中，巩晓雄脸上露出了几分羞涩。几个星期过去了，班级清洁区再也没有被扣分。

看到巩晓雄的进步，我不禁暗喜，考虑择日公开表扬。就在这时，宿管员告诉我，男生寝室熄灯后，常有同学高谈阔论或嘀嘀咕咕，带头的就是巩晓雄。这下，公开表扬变成了个别谈话。“晚上熄灯后，你有没有讲话?”我问。他倒是很坦诚，但显得无所谓：“我讲了!”“为什么熄灯后要说话?”他默默地看着我，无论我如何苦口婆心地引导，他就是不说话。“那我们可不可以做个约定，你来当寝室长，自己管自己。今天你可能会讲10分钟，明天可不可以变成9分钟，再以后再少点，行不行?”“好!”“男子汉就应该说话算话。”我们击掌约定。

一周后的班会课上，巩晓雄受到了表扬。更重要的是，他对我的抗拒不复存在，反而多了几分亲近。我庆幸，巩晓雄没有想象中的那么桀骜不驯。没想到，几天后宿管员告诉我，巩晓雄不让室友讲话，他自己却说个不停。

第二天早读课，我把巩晓雄请到教室外面问道：“你有什么话需要主动对老师说吗?”其实，我是在暗示他之前的承诺。他理直气壮地说：“没有啊!”我加重了语气，问道：“昨晚没发生什么事吗?”瞬间，他的拳头捏得紧紧的，脸涨得通红。“怎么，还想动手啊?”我的话音还没有落下，他像疯了一样不停地捶门、捶墙……同学前来劝阻后，他才略显平静。事发突然，情况紧急，我不知所措，内心五味杂陈，泪珠滚滚而出。

事后，我把巩晓雄交给了政教处。没过多久，政教主任又将巩晓雄领到了我的办公室说：“巩晓雄说他只相信李老师!”巩晓雄开始吐露心声：原来从小到大他都觉得，在老师眼中，他是一个问题学生。这次老师安排他当班干部，每天督促他保持良好的行为习惯并约法三章，但是犯错后又害怕失去老师的信任，所以不敢承认。抓住这次主动交流的机会，我就把话点明了：“首先要肯定你怕老师说你，说明你很看重老师对你的看法。但是，做了错事就应该有敢于承认错误的勇气，这样，老师才会越来越喜欢你啊!”

望着巩晓雄离开的背影，我为曾经有过的狭隘思想感到羞愧，理所当然地认为自己付出了，学生就应该朝着自己所设想的方向发展，却忽略了学生的转变需要一个过程。

期末评选优秀班干部，我力排众议将奖状发给了巩晓雄。因为我知道他需要别人的肯定，而且我也相信，他在以后的日子里会越变越好。

学生的心灵是单纯的，只要你对他付出了，那么他也会让你感受到收获的喜悦。所以，我们要与学生多沟通，多倾听他们的心声，要珍惜学生的信任！

◆ 故事赏析

信任亦需要原则

讲述者以独特的方式，坚持耐心提醒，历经多次“较量”，终于赢得了巩晓雄的信任。来之不易的信任为进一步做好转化工作奠定了重要基础，也许该生的“华丽转身”指日可待，也许班主任会面临更大的挑战。这是因为“巩晓雄说他只相信李老师”。

一、初次挑起重任，勇于担当不退缩

走上讲台传授学科知识对于新入职的青年教师而言，已是一个从读书到教书的历史性转变，而肩负班主任的重任就更具挑战性了。尤其是在中学阶段任教，新入职的老师与学生的年龄差别不大，许多新老师与学生在一起时，看上去就像是兄弟姐妹一般。年龄差别不大虽可拉近师生之间的距离，产生更多亲近感，但也可能致使学生对老师缺乏敬畏感，影响到老师在学生面前的威严。巩晓雄“一米七的个子”“犟起来像一头牛”的性格，无疑会使班主任产生“几分紧张”。正是因为这“几分紧张”，反映了缺乏“实战”经验的班主任对岗位职责的敬畏感。

在入职初期，勇于迎战、敢于担当、充满自信是教师职业的必然要求，

是教师从“青涩”走向“合格”、从“成熟”走向“优秀”的必然途径。即使被学生的举动气得“泪珠滚滚而出”，班主任仍然没有放弃，知难而进，毫不退缩，表现出可贵的担当与勇气。

二、面对“调皮”学生，预设方案见实效

面对全班学生，包括“对付”那个或那些“调皮”学生，新上任的班主任会有多种选择。曾经有位比较有经验的班主任，得知接手的新班里有一位非常“调皮”的学生，便预设了“严管”的理念，想要择机给其一个“下马威”。课堂“下马威”如期而至，然而效果适得其反，不仅没有“镇住”该生，还节外生枝激化了矛盾。

本故事中的青年教师缺乏经验，但有主见，果断选择从当“跟班”开始做起。这看上去很像是篮球场上“人盯人”的办法，比较费劲且耗时间，其实这是班主任作风深入的一种表现。特别是在接触学生的起始阶段，班主任尽可能多花一点时间与学生待在一起，自然地将自己融入学生之中，借此观察学生的言行，了解学生的生活，纠正学生的不良习惯。巩晓雄只信任自己的班主任，而且给出的理由是班主任“每天督促他保持良好的行为习惯并约法三章”。这就是“跟班”产生的效果，融入学生之后发挥的作用。

三、充分利用资源，聚焦重点赢信任

无论是班级管理，还是做个别学生的转化工作，班主任都会面临如何利用有限的资源以及集中力量聚焦重点等问题。巩晓雄学习不用功，性格倔强，是一个需要而且值得关注的重点学生。班主任在了解情况的基础上做出判断，为利用有限资源转化该生奠定了必要的基础。除了“跟班”随时提醒巩晓雄纠正不良习惯外，班主任还想到了安排劳动委员的职责，给予巩晓雄一个表现自我、增强自信的机会。随后，在纠正寝室熄灯后不能及时进入休息状态问题时，班主任又指定该生为寝室长，促使其带头约束自己，遵守就寝的相关纪律。期末时评选表彰优秀班干部，班主任“力排众议将奖状发给了巩晓雄”。

委以重任、表彰激励等措施是教育引导的方式与方法，班主任比较充分地利用了手中的资源。在可用资源有限的情况下，班主任不惜代价将资源比较集中地用到一个需要帮助的学生身上，其指导思想明确、工作重点突出等特点显而易见，再回过头去看为什么巩晓雄“只相信李老师”就不难解释了。

● 我的建议

班主任转化巩晓雄的效果大家都有目共睹，但是在长达一个学期的时间里，班主任采取的部分做法仍然值得推敲，是否可以作为一般教育规律用在其他场景或学生身上仍需视情况而定。

一是重复“委以重任”，为何效果不尽相同？给学生安排一个服务班级的职务和岗位，给予学生展示能力、服务同学的机会，以此表达老师对学生的信任，引导学生增强责任感等确实能收到比较好的效果。正因如此，这也成为班级管理中常见的工作方法之一。第一次委以巩晓雄劳动委员之职，解决了班级清洁责任区多次遭扣分的问题，收效很好。然而，巩晓雄当上寝室长后，他不让室友熄灯后讲话，自己却不能自律，最终被宿管员投诉。同样是安排职务，为何效果迥异呢？

影响教育效果的因素是多方面的，其中一个重要的原因也许就是巩晓雄对老师反复安排职务的真实意图并没有完全理解，或者接二连三地使用同样的招式误导了该生，致其错误地以为他“身兼多职”，相比其他同学享有“特权”，遂忘乎所以，不能自律。我们还可略加思索，巩晓雄“管住”室友，熄灯后不让其讲话，他采取了何等“妙方”，靠的是他身上的一股

“犟劲”或“霸气”“镇住”了室友，还是引导室友认识到按时作息、遵守纪律的重要性？

二是突出重点无错，是否有失公正公平。讲述教育故事，突出一个主题内容当然很有必要，集中使用教育资源帮助一个亟须改变的学生也不为过。但是故事中有几个情节是否妥当仍然需要斟酌。首先，如果说班主任在询问谁愿意当劳动委员，巩晓雄主动请缨时，“顺势征求了全班的意见”，程序到位，那么原来的班委会里难道就没有劳动委员吗？其次，指定巩晓雄为寝室长，原任寝室长是否因不负责或履职不到位而被同时免去了呢？最后，学期末表彰优秀学生干部时，班主任“力排众议将奖状发给了巩晓雄”，难道评比表彰没有标准和程序需要遵循吗？

从以上两个情节看，班主任为了做好一个重点学生的转化工作，对其他同学的感受缺乏足够的考虑。班主任在努力增强一个学生的自尊、自信时，不可以损害其他同学的自尊与自信。在班级管理中，班主任公正处事、平等对待每一位学生应该体现在日常管理的细节之中。

一是深入分析成因。本故事有两处阐述与巩晓雄倔强性格的形成有一定的关联性：“他需要别人的肯定”，可以理解为他缺乏他人的肯定是原因之一；“原来从小到大他都觉得，在老师眼里他是一个问题学生”，该生的定位不准为原因之二。但这未必就是该生倔强性格或不能自律的根本原因，班主任若能进一步加深对巩晓雄的了解，包括其家庭教育环境等，找出“病根”，采取配套措施，巩晓雄很有可能从根本上得到转化。

二是改善沟通技巧。班主任一直对巩晓雄极为关注，而且事后他曾坦言“只相信李老师”。为何在与班主任沟通过程中，却突发状况，“像疯了一样，不停地捶门、捶墙”呢？班主任一句话“怎么，还想动手啊”很可能是诱因，成为该生情绪失控的导火线。也许这句话让巩晓雄联想起在七年级时拿着凳子冲上讲台与老师对峙的情景，刺痛了该生的内心。老师与学生沟通，特别是在矛盾比较激烈或学生情绪比较激动时，一定要注意自己的表达方式和措辞，提升交流与沟通的技巧。

三是增强规则意识。值得庆幸的是，故事中的巩晓雄对班主任产生了信任感，实属来之不易。但是这无形之中留给巩晓雄的印象是只有班主任了解自己、理解自己。例如，巩晓雄当寝室长后自己违反纪律熄灯后讲话，很明显就是对纪律和规则缺乏敬畏意识。政教处是专门负责规范学生行为的机构，巩晓雄有话为什么不能向政教处的老师说呢？评选优秀班干部肯定有条件和标准，若是巩晓雄没有其他班干部表现突出，班主任就不该给予他优秀班干部的称号。为激励该生继续努力，则可设计另外一个奖项，如进步奖。因此，在赢得学生信任的时候，老师不可忘记培养和增强学生的规则意识，不然很难确保学生健康成长。

（原载《湖北教育》2021 年第 12 期）

高老师变成“高总”

故事撰写：高琼，武汉市硚口区第十七初级中学

如今，很多老师抱怨说现在的学生和过去的一些学生截然不同。过去的一些学生影视剧看得比较多，一言不合就打架，还经常约在校外打群架，那叫一个“血气方刚”。现在的一些学生受综艺节目和网络媒体影响较大，电脑、手机不离手……当然，现在的一些学生也不太在意老师“权威”，他们的言行常常让人“颠覆三观”。这不，居然直接在网课上聊了起来——

“老师，明天就是七八‘零食节’了，晚上八点一定要进‘+7’（网红主播李佳琦）直播间！”“嗯……怎么进？老师没通过网络直播买过东西。”

“老师，你知道‘黑人抬棺’吗？”“额……”

“老师，疫情期间在家好寂寞，各科网课中就属你的最有意思，帮我打发了好多无聊的时间！送你几艘小游艇哦！（屏幕上出现一排游艇的图标）”“我的网课只是你用来打发时间的吗？”

“老师，你没事儿就看看《乘风破浪的姐姐》吧，那些人跟你的年龄差不多！”“跟你们说过，不要随意跟一位女士谈论她的年龄，很不礼貌！话说，你们怎么知道我的年龄？好了，言归正传，开始上课！”

是的，“现在的学生”变了，就连学优生也不是我们过去认为的那样，不仅成绩优异而且乖巧顺从。现在的学优生思维开阔、个性十足。如果说过去的学优生是平面的，那么现在的学优生就是立体的。

一天自习课，当我快走到教室门口时，忽然听到一个熟悉而低沉的声

音说道："高总来了！"接着，嘈杂的教室立刻安静下来。我顿时火冒三丈，从开学第一天起，我就在全班讲过"四字班魂"——静、净、敬、竞。"静"是排在第一位的，在教室里首先要安静，才能静心学习。今天的自习课如此嘈杂，看来免不了要"批评问责"了。

我冷着脸、皱着眉头走进教室，明知故问："是谁通风报信，喊的'高总来了'？"

"是小娜。"一个学生喊道。毕竟是刚上初一的孩子，沉不住气。

"站起来！"我严厉地说，"你作为主要班干部之一，就知道给那些上课吵闹的同学通风报信，知错吗？"小娜红着脸，点头回答说："我错了。"

"班长，刚才是哪些同学在自习课上讲话？"我边问班长，边扫视全班。

"小宇、小翔、小昊，还有小娜。"班长回答说。

我一听，心里暗暗吃惊：前三个是经常违反课堂纪律的男生，自习课管不住自己也在情理之中。可是小娜，班上的语文科代表，居然也带头违反纪律。

我生气地说："刚才违反纪律的几个同学都站起来，轮流背班规！"

前三个男生结结巴巴地背了出来，轮到小娜时，她居然露出笑容说："老师，背班规太'小儿科'了，我认为背《弟子规》更应景。"

哎哟，这个小家伙还将了我一军！我眉头一皱，计上心来，说："班规是一个班级的公约，既然是全班共同的决定，大家都应该严格遵守。那你就先背完班规再背《弟子规》。如果背得好，今后的语文早自习，就由你带着同学们读背《弟子规》。"等她背完，我又问："是谁让你们叫我'高总'的？"小娜镇定自若地说："是我起的，开学不久就这么叫了，因为感觉您很有威严，走路带风，有公司总裁的风范。"

全班同学哈哈大笑起来。我也忍不住笑了。就这样，我又多了一个新头衔："高总"。每次课间或班级活动时，听到孩子们口口声声亲热地叫着

“高总”，我心里其实也美滋滋的。

其实，无论是现在的学生还是过去的学生，他们作为一个孩子的需求始终没有变，那就是老师的关爱、耐心和鼓励。老师也要让孩子们多刷刷存在感，满足他们渴求关注的愿望，帮助他们成就多元化发展的梦想。

◆ 故事赏析

教育的日常伴随日常的教育

教育故事《高老师变成“高总”》的主题内容时代感很强，通过新冠肺炎疫情防控期间学校实施“停课不停学”的举措，将读者引入网络课堂的场景，进而阐述了现在的学生较过去的学生的不同之处。整篇故事文笔流畅、表达生动、语言幽默，具有较强的可读性。更为重要的是，故事实际上引申出如何认识“现在”的学生，如何做好新时代教育工作这个重要话题，的确引人深思。细细品来，我们可以从故事情节中清晰地看到当下教与学、师与生关系的变化，以及对师生适应社会环境和彼此相互适应所提出的具体要求。由此看来，社会多元化环境给学生带来的变化以及对教育教学的影响不容忽视。教育工作者必须从学生和教师两个不同的方面来认识和理解社会环境对教育的影响，才能更好地落实立德树人根本任务，促进学生多元化发展。

一、正视环境对学生成长的影响

社会多元化发展对学生的影响是一个比较宏大的命题，而笔者与原创故事讲述人的本意并不是以此种形式研讨“重大课题”，相反更关注的是发生在日常教育教学生活中的一些具体现象与问题。从故事内容中，至少能领悟到影响学生成长的两个相关因素，即文化与科技。

一是文化及文艺作品的影响。在对比过去的学生与现在的学生受文艺作品的影响时，讲述者专门提到过去的“影视剧”和现在的“综艺节目和网络媒体”。文化及文艺作品肯定会打上一个特定时代的烙印，而观众和听众在享受娱乐生活的同时也一定会受到潜移默化的影响。中小学生处于吸收综合知识与精神营养的最佳时期，文化及文艺作品是一个极为重要的途径，而且，学生的发展也必须包括文艺的鉴赏能力。这就是为什么学校和老师要引导学生观赏优秀的文化作品，为什么强调文化育人重要作用的原因。常有人说，我们是看某一部电影，或听某一首歌长大的，就是这个意思。

二是科学与技术进步的影响。在当今信息化时代，信息化技术以及网络等新媒体改变了人们的生活方式。本故事特别提到在新冠肺炎疫情防控期间，学校坚持线上教学。若是没有最近几年国家对教育信息化基础设施建设的投入，大规模的线上教学几乎不可能实现。网络应用技术的普及也为学生开阔视野、拓展知识面提供了便利。与此同时，正如故事所述，中小学生对手机产生的依赖也随之而来。相信许多老师都感同身受，遇见一个“手机控”的学生，的确会很棘手，不管不行，管也不行！

当然，除了文化及文艺和技术进步的影响，社会环境的影响也不可忽视。本故事不仅正视了学生受外部环境影响后的变化，如“现在的学生变了，就连学优生也不是我们过去认为的那样，不仅成绩优异而且乖巧顺从”，还就如何看待学生所发生的变化给出了答案：“现在的学优生思维开阔、个性十足。如果说过去的学优生是平面的，那么现在的学优生是立体的。”

笔者赞同讲述者对现在的学生所发生的变化的看法与判断。在现有社会环境和教育体制下，较之过去的学生，绝大多数学生的变化是积极的、向上的、向好的。若是不能准确判断变化的本质，或以偏概全，只看到个体而看不到整体，势必会出现基于误解与偏见而组织的教育教学活动，偏离了引导学生向上、向善的初衷，以致贻误青少年一代的教育。

二、适应环境与学生变化新要求

我们必须认识到，不是现在的学生更难带了，而是这个时代太多元了。作为教师，首先要清晰认识到在学生身上发生的变化。故事中学生的变化，概括起来表现在如下几个方面：

一是不乏正义感。当老师询问是谁在喊“高总”、是谁违反了纪律时，班长和其他同学如实作答，毫无遮掩包庇。二是敢作敢当。小娜在背后叫“高总”，知错能认错。三是不畏挑战。一方面，小娜在课堂上挑战老师，不按老师的套路“出牌”；另一方面，选择背诵难度更大的《弟子规》，自加压力。四是知识面更宽。网课开始之前与老师的闲聊，看似不着边际，其实反映了学生的视野。“黑人抬棺”展示的是加纳特有的喜丧习俗，学生从中受到了国际理解教育。五是更自信且善于表达。在与老师的对话中，丝毫看不出学生的胆怯，反而是应答自如，表达恰当。

学生的这些突出变化，在一定程度上正是学校教育以及教师追求的教育效果与目标。因此，作为现代教师，第一，要更新观念，放下身段，与学生打成一片，陪伴学生成长。第二，要拓宽知识面，引领学生向未来，在知识与能力方面为学生多元化发展做好铺垫。教师作为成年人可以不追求“时尚”“前卫”的生活方式，但不能不了解，更不能对学生不理解。第三，要与时俱进，不要总拿过去的经验来面对现在的学生。第四，要在包容的基础上，提醒和引导学生正确认识现实社会中特定现象背后可能存在的陷阱或不利于青少年成长的因素等，帮助学生提高分辨能力，健康成长。

● 我的建议

学生的成长离不开社会环境，然而社会在发展与进步的过程中，负面消极的因素在所难免。处于青少年期的初中学生，其“三观”正在形成之中，其中部分学生很可能缺乏明辨是非、辨别真伪所必需的知识与能力，有的甚至缺乏防范意识，怀揣单纯的心理去羡慕、崇尚、模仿“流行的”“时尚的”言行举止。

例如，故事中提到的“网购”本身是一种营销方式，但有很多人缺乏自控能力，需要的、不需要的都会跟风购买，没有养成良好的消费习惯，有的还可能掉入网络销售或网络贷款的陷阱。因此，当发现学生热衷网购时，善意的提醒与引导是非常必要的，这也应该成为网络时代对学生开展教育的具体内容。

再如，小娜称老师为“高总”，不但没有恶意，反而体现了学生对老师的喜爱。然而，有时中小学生在背后给老师或同学取诨名、叫绰号并非仅仅是因为喜爱，在一定情景下很可能是调侃、歧视或羞辱。若能在接受“高总”称谓的同时，适当提醒同学们在交际中注意尊重他人，主动避开不恰当的诨名与绰号，定能给予学生更为深刻的影响。

现在的学生如此积极活跃，为老师随时拓展学生的认知能力与知识面提供了良好的机会。通过“黑人抬棺”引导学生更加深入地学习了解异域文化与习俗，增强学生的国际理解能力。利用学生对称谓的理解，引导学生展开讨论，如何通过特定的称谓表达尊重与亲近等。

（原载《湖北教育》2021 年第 3 期）

借助“赔偿”教会担当

故事撰写：周丽，湖北省荆州市沙市实验中学

讲桌上，支架断裂成两截的地球仪散落在一角，特别抢眼。

上课常规仪式完毕，学生各自入座。我没有急于开始教学，而是强压怒火，举起地球仪。我试着用手转了转，没过半圈，它就耷拉下圆脑袋。

“这是怎么回事？”我压低音量询问，担心态度过于强硬可能导致简单的问题复杂化，同时也想避免高分贝暴露出自己愤怒的情绪。教室里一片沉寂，只听得见电扇悠悠转动的声响。大家沉默片刻后，胡蝶站了起来，说：“我进来时，看见讲桌旁围了很多人，都在争抢着看地球仪。”

“刚才有哪些人围在讲桌旁？请主动站起来！”陆陆续续有几个人站了起来。“还有哪个同学没有自觉承认的，大家可以相互提醒。”先站起来的王可明拉拉自己的同桌，又有几个人主动站起来了。

看着这群自觉站起来又担心受惩罚而垂头丧气的孩子，我心中的怒火熄灭了。开学一段时间以来，我早已看出学生普遍缺乏责任感和担当精神。他们或是遇到困难急于逃避，或是犯错误后抢先推卸责任。找出地球仪支架断裂的原因，分清责任也许是个恰当的教育契机。有错必纠！我决定让他们说说自己错在哪里。

“我不该拿起地球仪跟同学炫耀。”“我不该争抢着指点地球仪上的国家位置。”“我更不该动手去抢地球仪。”……站着的几名学生分别反思着

过错。

“课间观察地球仪是出于学习的目的，但争抢导致教具损坏……”老师的几句话让学生认识到问题的严重性。“学校明文规定，损坏公物要照价赔偿。地球仪的支架断裂了，你们这么多人都脱不了干系。请你们课后商量提出一个合理的解决办法。”

第二天早上，讲桌上放着一个比原来大一倍的新地球仪。课后，我将这些损坏地球仪的学生聚到一起，他们七嘴八舌地告诉我：“为了公平，我们将围观地球仪的同学分成两类：用手触碰过的和没有用手触碰过的。前者分摊的钱是后者的两倍。”“因为我们人多，商量着买了个大点的地球仪，让我们上课时看得更清楚些，也避免了课后再去围观。”

这种处理方式令人欣慰。我说：“损坏公物要赔偿，这是学校的规定，也是《中华人民共和国侵权责任法》中的条款。我们是中学生，要做遵纪守法的好公民。损坏东西要赔偿，我们必须学习承担责任。”

一段时间后，班上又出现了一件小事。李小柱的笔芯受堵，他用力地甩着笔芯，没想到笔芯溅落到前面女同学的衣服上，白色的羽绒服上几点黑色墨汁，难看极了。李小柱主动向女同学道歉，并且让她去干洗店清洗，由他承担干洗费。与上次的地球仪“赔偿”事件一样，弄脏与干洗羽绒服的事也是由学生自己商量解决的。他们从中懂得了责任，学会了担当。

在学习郑振铎先生的《猫》这篇课文时，我就极力引导学生体会郑振铎先生的责任担当意识。郑先生因为自己冤枉了第三只猫，而倍感自责，家里自此永不养猫，并郑重地形成文字，面向社会大众，用文字进一步拷问自己的良心，这种精神值得我们学习。我顺势联系学生平日的种种表现，结合前述两个案例，充分肯定了同学们的担当，并告诫学生：一个勇于正视自己错误并承担责任的人，才是有责任感和担当意识的人，才是一个自尊自爱的人。

在两次相关事件的整个过程中，引导学生自我反思、自行商议解决，培养了学生的责任感和担当精神，让他们明白了每个人都是一个独立的个体，都有着独立的人格和应该承担的责任和义务。作为老师，每当我们发现学生有过失，应实事求是讲清道理，保持冷静的头脑，明确指出过失和弥补过失的办法，切不可夸大其词恐吓学生。只有这样，学生才会有深刻的心理体验，在随后遇到类似的问题时就会主动体会到对方的感觉，充分考虑后果，做出明智和恰当的选择。

◆ 故事赏析

担当是责任感与品质的体现

● 故事特点

国家主席习近平于2020年8月11日签署主席令，根据第十三届全国人民代表大会常务委员会第二十一次会议11日下午表决通过的全国人民代表大会常务委员会关于授予在抗击新冠肺炎疫情斗争中作出杰出贡献的人士国家勋章和国家荣誉称号的决定，为弘扬他们忠诚、担当、奉献的崇高品质，授予钟南山“共和国勋章”，授予张伯礼、张定宇、陈薇（女）“人民英雄”国家荣誉称号。由此可见，“担当”是有杰出贡献人士共有的崇高品质的重要组成部分，是个体为社会和大众作贡献的具体体现，也是许多有责任感和正义感的人们追求的人生目标，还有的有识之士为了担当作出了牺牲，甚至付出了生命。

《借助“赔偿”教会担当》所选择的主题内容符合新时代对学校教育工作的要求，符合青少年学生道德品质发展的实际情况，是一个很有意义的选题，也是学校德育工作的一个永恒的话题与任务。尽管故事中涉及的学生担当精神的培养只是“担当”中很小的一个组成部分，但是我们必须看到，担当精神的培养必须从细微之处着手，从青少年学生抓起，坚持数年才能收到良好的效果。

当事老师从赔偿地球仪、支付干洗费这类学生日常中的小事抓，体现出为师者自身的大担当。若不是心目中怀有培养学生担当精神的责任与使命，就很有可能错过类似细枝末节的教育机会，就会就事论事忘记德育工作需要一以贯之。老师的处理及教育方式具有比较鲜明的特点。

一、充分信任学生，以启发教育为主

发现学生将教具损坏，老师通过调查分清责任，然后酌情要求学生或家长赔偿。在处理地球仪和玷污羽绒服两起事故中，老师只是指出了错误，明确要求学生“课后商量提出一个合理的解决办法”“由学生自己商量解决”。这不仅不是回避矛盾或不屑一顾，而是在给学生机会去纠正自己的错误，更重要的是体现了对学生的充分信任。老师在做出这样的选择时，一定是相信学生有能力解决好问题，即使是学生尝试后遇见困难，相信老师心中有数，能提出补救措施。

从赔偿地球仪的方式看，学生没有辜负老师的希望与信任。在老师的启发下，各自认识到自己错在哪里。他们经协商提出的解决问题的方式与效果也超出了老师的预期。按照接触地球仪的程度——触碰和没有触碰，学生分担不同的责任，承当相应的赔偿。这让所有相关的同学心服口服，而且赔偿额度分担后保持在每个同学都能承担的范围。更重要的是，他们考虑到随后教学的需要，主动购买了一个比原来的尺寸大一倍的地球仪。

另外，在课堂调查过程中，为避免伤害学生的自尊并鼓励主动认识错误，当事老师用“提醒”，而非“检举揭发”，有效地启发胆怯或存有侥幸心理的学生自觉站起来承担责任。

二、统筹考虑效果，坚持了“三个结合”

“开学一段时间以来，我早已看出学生普遍缺乏责任感和担当精神”，这句话告诉读者，当事老师的所作所为并非临时动议、盲目之举，而是深思熟虑、捕捉住了良好的时机。故事中的三个主要情节，地球仪、羽绒服、课文《猫》等看似毫无关联，但是这从不同的角度体现出当事老师教会学生责任意识与担当精神的共同特点。

一是与学生实际生活相结合。当事老师所利用的机会都是来自学生在校园内的实际生活，而且那些场景还很有可能在校园生活中或在学生未来人生路上重现。在学校生活中，我们并不缺乏可以用作教育学生或让学生自我教育的现实场景或案例，有时候我们所缺乏的是发现的眼光，是捕捉机会的敏锐，以及结合实际解决问题的能力。

二是与遵纪守法教育相结合。在引导学生认识损坏地球仪的错误行为时，当事老师专门强调了“损坏公物要赔偿，这是学校的规定，也是《中华人民共和国侵权责任法》中的条款”。笔者以为，这就是最有效的遵纪守法教育方式。损坏公物要赔偿，这也许是每个同学都听说过的“规则”，它不仅进入了学校的管理规定，而更重要的是纳入了相关法律的条款。当事老师简要的讲话，切中了问题的要害，起到了让学生学法、懂法、守法的作用。

三是与学科教学内容相结合。培养学生的担当精神是每个老师的责任，将德育与学科的教学内容以及教学实际相结合是一个重要的途径。当事老师在讲授郑振铎先生的《猫》这篇课文时，“极力引导学生体会郑振铎先生的责任担当意识”是一次成功的尝试。这样的有机结合，无论是在处置地球仪赔偿事件之前还是之后，定会加强学生对责任与担当的理解与意识。

以上“三个结合”既是当事老师的工作经验，值得借鉴，也可视为加强学生责任意识和培养学生担当精神的普遍要求，需要落实。也许学校生活对学生担当精神的检验是有限的，但是我们每个人的担当精神必定会接受社会的检验，而且国家的富强、民族的兴旺、社会的进步都离不开每个公民的担当与奉献。只要老师着实提高对培养学生担当精神重要性的认识，我们才能够更好地引导学生学会担当，勇于担当，敢于担当，能够担当。

● 有待商榷

不知是巧合还是素材有限，故事中的三个情节均是从被动的角度或是从教训中引导学生认识和理解担当精神，而且其中两个同样是赔偿。这是否会导致学生对担当产生不必要的误解，好像“认错”就是担当。

另外，特别是在损坏地球仪以及处理过程中，当事老师仅考虑到要求学生赔偿，引导学生学会担当的一面，而忽视了学生对地球仪感兴趣、渴求地理科知识的另外一面。我们至少可以从两个侧面发现学生对地理科持有的浓厚兴趣。一是可见不少的学生围绕着地球仪，指指点点，或用已有的知识“跟同学炫耀”或“指点地球仪上的国家位置”。二是在筹钱赔偿地球仪时，同学们还考虑到教学的需要，掏出了超过原地球仪价位的钱款，为班级购买了更大尺寸的地球仪。其目的就是让同学们“上课看得更清楚些”。使用方式不当与有意破坏造成地球仪被损坏在问题的性质上应该有较大的差别。若是在处理事件的过程中，当事老师能为损坏地球仪的行为准确定性，且适当赞赏学生对地理科的兴趣，也许处置方式会显得更加周全。

● 建言促改

担当精神并非仅仅是对个人的言行举止负责，大担当应该体现对国家、对人民、对事业、对集体、对团队的担当，对家庭的担当，最终会通过人的品质体现出来。没有担当的人，不可能为他人作出牺牲，也谈不上为国家和社会作出积极的贡献。

一是在强调个人行为担当的基础上，组织学生学习钟南山等英雄人物的先进模范事迹，引导他们进一步加深对担当精神的认识与理解。同时培养学生的家国情怀，鼓励学生学好科学知识，练好过硬本领，以促进国家的发展和民族的强大为己任，树立成为国家栋梁之材的远大理想。

二是组织学生开展讨论，如何通过自身的行动，在班级有所担当，明确担当的路径以及各自可承担以及应承担的责任。可通过班级具有较强担当精神的学生现身说法，与同学交流各自担当的体会与感悟，互相学习，互相促进，共同进步。

三是引导学生结合家庭实际，交流探讨作为一个未成年人如何在家庭生活中有所担当，改善亲子关系，减轻父母或监护人的负担。可选择几位承担家庭责任比较多的学生代表，交流心得体会与人生感悟。引导学生从小树立家庭责任意识，为未来担当起家庭的重担打下良好的思想基础。

师代“父”职，纠正学生品行偏差

故事撰写：张磊，武汉市青山区白玉山中学

午餐过后，我例行进教室巡查。有男生迎上前说：“老师，宋小松借我钱好久了，他这两天买好多零食，可就是不还我的钱。而且他还欠其他同学的钱……”我侧身看向小松，正在吃薯片、喝饮料的小松低下了头。

此时，我仿佛看到新生报到第一天时的情景。一青年女子领着面带阴郁的宋小松参加家长见面会，并在会后特意留下来向我介绍孩子情况。

原来，小松还在襁褓时其母不幸离世，其父在他两岁不到时远赴福建务工，将小松交给了爷爷奶奶。可是前几年爷爷奶奶均身患癌症……后来，由小松的堂姐负责照顾小松。十几年来，其父回家的次数屈指可数，只是每月定期往银行卡上支付800元生活费。如今，小松堂姐因为工作外出隔周才回家一次，小松便如同孤儿。

一天早读，小松未到校，我打电话他也不接，一股不安油然而生。我和同事一路小跑赶到他家，好不容易才叫开门，一股浊气扑面而来，房间内一片狼藉！小松低声说：“不舒服就没上学。”我说：“怎么就不打个电话或接听老师的电话说一声呢？身体不舒服该去找医生，不能在家干耗着呀！”“我准备喝点热水，也许就好了，可壶里没水。”一再追问，小松才说：“老爸这个月给的800元生活费剩下不多了，又不敢再找他要……”联系家长后，我们带小松看了医生，垫付了医药费，还给了他100元生活费。

大半个月过去了，可小松没有还钱的意思。在我快要淡忘时，小松的堂姐来电话，除了感谢，还特别问到小松是否归还了老师垫付的钱。我这才恍然大悟，该还给我的钱被挪用了！当晚，小松堂姐再次电话致歉并坦诚地说，孩子认为这是班主任应该做的，不用还钱。事后，我找小松交谈，专门讲解了“有借有还，再借不难”的含义，教孩子如何与人相处。

小松起身挪步到我身边，一声“老师”把我的思绪拉回教室。于是，我把小松拉到一边，他承认借过钱，并列出借了钱的同学名单和金额，共计7人167元。

“为什么老借同学的钱不还呢?”我轻言细语地问道。“他们又不等我还钱吃饭!”“那就越欠越多？前账未了，新账又来!”小松不语。“我们能否做个还钱计划，争取早点把钱还给同学们。这样你在同学中才有诚信的形象，同学们才会继续与你做朋友。”小松低着头轻轻点动。“知道还钱给同学们时该怎么说吗?”小松迟疑一会儿后回答说:“谢谢他们。”“除了谢谢，还要跟他们说声‘对不起’。”

小松不懂得如何计划花钱，更不会合理安排生活，因借钱不还在同学中引发不愉快等缺点很明显。尽管如此，小松对生活知识、为人处事常识等非常渴求。每当班级分享成长美文，他总是笔直笔直地坐着，目光不离老师，还不停地点头表示认可。小松眼神中流露出的对关心的期待，对知识的渴望，都告诉老师他生性善良，有进取心。许多本该从家长和家庭生活中习得的知识、礼节等，需要从学校补起。于是，班级专门举办诚信故事分享会，让小松加入班委会，承担主持主题班会等工作，让他学会关心和帮助同伴……

每当谈起他的父亲，小松似乎没有什么反应。有一次，我专门请他谈谈对父亲的印象，他冒出一句“（就是那个）往银行卡上打钱的人”。经多次沟通我终于说服其父抽时间和孩子聊聊，即使无法回家见面，也要通过网络关心孩子，给孩子补上缺失的家庭温暖与父爱。

学校教育和家庭教育相辅相成，家庭教育的缺失使得孩子认知出现偏差。班主任除了要管理好日常班级事务外，还要做一个有心人，深入了解学生背后的故事，代其家长弥补学生“先天不足”。

小松发生了变化，他渐渐学会了关心他人，其人格更完善、更丰富立体了。

◆ 故事赏析

心中有爱，眼中有事

● 故事特点

留守儿童、新产业工人子女、单亲家庭子女等已经成为一种新的社会现象。其实，这种社会现象早就很常见，它也是学校教育中必须面对的一个“老”问题，一个比较普遍的问题。前面称其为“新”的社会现象，笔者以为这是因为一批“留守儿童、新产业工人子女、单亲家庭子女”毕业离开了学校，又一批具有同样背景与特点的学生入学了。据统计数据判断，这种现象还会在比较长的时间内持续下去。因此，作为学校教育工作者，我们必须认真对待、深入研究具有特殊家庭背景学生的教育和帮扶问题。

笔者曾经读过以特殊家庭背景学生为主题内容的教育故事，而《师代“父”职，纠正学生品行偏差》的不同之处在于讲述者没有侧重描述这类学生的“惨状”去博得“同情”，也没有过多地去将责任“推”给家长(庭)，单纯寄希望家长来改变学生，而是主动将自己工作的重点放在转变学生的具体行动上。

一、细致观察，心中有爱，眼中有事

回忆第一次家长见面会的场景，“一青年女了领着面带阴郁的宋小松参加家长见面会”应该是留给讲述者极为深刻印象的真实写照，其中蕴含讲述者的观察以及捕获的信息。参会的家长是“一青年女子”表明，“家长”肯定不是学生的父母或祖父母；“面带阴郁”就是“家长缺席”在孩子身上留下的烙印。

一眼就能看出孩子处于“阴郁”状态，这需要经验才能做出判断，更需要观察意识与能力才会在细微之处发现问题。其后，小松没有按时到校参加早自习，多次打电话也不接，老师马上联想到一个“阴郁”的孩子独自生活可能出现的危险状况；因深感“不安”，邀约同事“一路小跑”探个究竟，排除险情。

在故事中，反映老师细致观察的情节还有多处。例如，“每当班级分享成长美文，他总是笔直笔直地坐着，目光不离老师，还不停地点头表示认可”，从观察之中，讲述者读懂了小松的眼神，看到了孩子对“关心的期待，对知识的渴望”，更加坚定了对其“善良”“进取”特质的认可。这也成为教师确定教育引导方式与方法的基础。

老师只有认真细致地观察，才能从中得到具有教育价值的信息；能透过捕获的现象对学生的言行做出正确的判断，强调其优点，老师心中必定充满爱；有信心、有爱心，才能抓住任何一个可以利用的教育机会，用温暖的阳光照进孩子的心田，达到教育转化学生的目的。

二、稳中有动，急而不躁，容而不弃

可以说，自初一年级开学那天起，老师就预感到小松在校期间少不了会出现各种状况。对于那些“麻烦制造者”，哪个当事老师不着急呢？在教育转化小松的过程中，由于家长（庭）能发挥的作用极为有限，老师肩上的担子很重。当事老师选择了自己认定的路径。

自小松入校，老师得知情况后并没有主动采取“约法三章”的态度与方法。小松的确需要特别关注，但过早地提出行为方面的诸多约束不一定能见到预期的成效，相反还可能将该生推向离正向更远的位置。通俗地讲，老师采取了“见机行事”的策略，发现什么问题就“就事论事”。

小松早自习不到校，老师打电话不接，老师的“一股不安”就反映出对学生安全的担心。也许用“心急如焚”来形容老师当时的心情一点也不为过。但是，见到学生后，老师没有指责，只是问了一句为何不打电话、不接电话，且马上带学生去看医生。当然老师也可选择比较严厉的词语批评一顿，反复强调老师的担心等，但是那样做会产生不一样的效果。这种急而不躁的处事方式值得其他同仁学习借鉴。

按常理，小松收到其父打过来的生活费，就应该先偿还老师垫付的医药费及生活费。虽然知道小松“不懂得如何计划花钱，更不会合理安排生活”，但是老师并没有急于找学生“催要”欠款，甚至几乎都快淡忘了。无意之中，这给学生一个自我认识和自我觉醒的过程，虽然效果不理想，但仍然显得比较宽容。得知事情的原委后，当事老师随即找到小松，抓住机会引导学生讲诚信、树形象，讲礼貌、学交友。

当事老师急而不躁、容而不弃的帮教措施有效地拉近了师生间的距离，让小松对老师产生更多的信任与依赖。就在同学向老师告发他借钱不还的时候，小松没有选择逃避，而是主动离开座位，靠近老师。

三、联系家长，真诚理解，引导参与

小松的母亲早逝，其生活完全依靠父亲。父亲若不外出务工，就难以维持这个家庭基本的生活需求。可怜天下父母心，哪个父亲舍得长期离开自己的孩子呢？小松的父亲远赴福建做工，必定有其难言之苦。讲述者给予理解的同时，坚持劝其父通过电话、视频等方式经常关心小孩，给孩子“补上”缺失的家庭温暖与父爱，彻底扭转父亲就是那个“往银行卡上打钱的人”的形象与印象。从故事结尾小松的变化看，其父更多地参与了感情联络、教育引导，收到了良好的效果。

常有老师抱怨有的家长在教育子女方面“指望不上”，但是这并不意味着可以放松家校联系，让老师“单枪匹马”去承担教育转化学生的任务，对于那些没得到家庭温暖的孩子的教育更离不开家长（庭）的参与。亡羊补牢，犹未晚矣！迟到的关爱，只要不缺席，迟早会发挥感化与教育作用。老师的关爱与教育可以弥补家长缺位、家庭教育乏力的问题，但绝不可能取而代之。

● 有待商榷

故事简要分析了小松的性格缺陷以及不懂得“如何计划花钱”和“合理安排生活”等问题，这足以说明当事老师以及家长对此了如指掌。但是在纠正小松的毛病的措施中，很明显老师或者监护人缺乏必要的干预。例如，老师在垫付医药费、给小松生活费时，应该明确告知这是救急之举，老师暂时垫付，让其告诉家长可将生活费和垫付款通过手机转款还给老师。如此，学生会建立起这样的意识：老师是在尽力帮助自己，暂付的医药费和生活费家长日后是要归还的。有这样的引导，也许小松就不会挪用本该归还的款项。从教育孩子的角度讲，老师在垫付医药费时做得不够严密，让孩子有意无意之中有空可钻。小松将该给老师的钱挪用了就是例证。

另外，小松花钱买零食等行为是否存在攀比心理作祟的可能，也值得进一步推敲和考证。

● 建言促改

也许小松现在学会了管理自己每月的生活费，但是对于那些没有经历过“管控”费用训练的孩子来说，补上这一课也十分重要。笔者曾经听到这样的一个故事。一名高校毕业生，当被问及一段时间的收支情况时，他原以为自己经费往来不复杂，讲清楚收支情况是一件很简单的事情。其实这本身就是没有收支概念的一种表现。最后拿起纸和笔一算，他怎么也算不清楚，就是不知道钱花到哪里去了。从此，他开始学习记个人收支流水账，量入为出，慢慢懂得了如何安排日常生活。

建议从宋小松成长过程中暴露出的问题，反思教育中的不足与短板，主动对学生进行个人“理财”和生活常识方面的教育。有的学校开办“学生银行”，有的在春节或学生生日后要求和引导学生“管好”“用好”压岁钱和红包等。这些措施既有利于引导学生将钱花到该花的地方，又能教育学生从小认可和践行节俭、简约的生活方式。

第四编

走出迷茫　走进青春

教育中“留白”的艺术

故事撰写：王元智，湖北省荆州市沙市实验中学

作为班主任，或许都有这样的习惯：自习课经常到教室外转一转，其他老师上课时从窗户旁“窥视”班上的情况，了解学生的课堂状态。

那一天，我来到教室窗外，正好看见坐在窗边的陈霞将课外书籍藏在抽屉里，假装低头沉思，实则用胳膊支撑着头部，正聚精会神地阅读。这个障眼法真是巧妙啊，我心中暗自嘲讽。她大概沉浸在极其离奇的故事情节中了，我站在窗边至少有30秒，她都没有发现我在暗中观察着。

在我的印象中，陈霞是个不错的孩子，性格内向、较腼腆、话不多。虽然学习成绩中等，但是不乏上进心。正当初三的关键时期，原以为陈霞会有紧迫感，学习会更认真，却没想到她竟然会自暴自弃！

想到这里，我真想冲进去，将陈霞的课外书抽出来撕个粉碎，然后当着全班同学的面斥责她自甘落后。可是这样做的后果是什么？她羞恼地大哭，抑或满心怨愤地低头不语，然后更加自暴自弃？想到这里，我忍住了。我轻轻敲了敲窗子，她抬头看见了我，红着脸将书收进抽屉。

第二天，我没有找她谈话。第三天，我还是没有提及她看“闲书”。一周过去了，我在课堂上依然照常点她回答问题，让她上台演算。

班会课的时间到了。我在黑板上板书了八个大字：珍惜时间，知错必改。“人是在犯错的过程中不断成长的。有人犯了错，敢于面对，及时承

认，知错能改，善莫大焉。有人犯了错，则是百般掩饰，一错再错。王老师做学生时也违纪过，也被请过家长。今天教室里只有陪伴了你们三年的班主任与同学，我想听一听同学们的真心话。大家有没有做过他人不知情的错事，今天借这个机会把它说出来，让我们看看同学们知错能改的勇气与决心。”说完，我特意看了看陈霞，发现她也正看着我。于是，我冲她点点头，静静地等着。

陈霞大概在心里进行着激烈的思想斗争。几分钟后，她还是勇敢地站了起来，将上周英语课上发生的违纪行为公之于众。她说：“上周，我被小说的故事情节迷住了，打了上课铃仍然舍不得放手，上课还对此念念不忘，导致英语课没听讲，功课落下了很多。”

说到这里，她停顿了一会，看了我一眼，接着说：“那天的违纪行为被王老师发现了，他在窗户边敲了敲玻璃提醒我。他没有当场批评我，事后也没有找我谈话。我心里一直忐忑不安。我担心有更严厉的处罚，也担心老师不理我，是不是已经放弃了对我的管教。这几天我觉得度日如年。后来，我把事情的经过主动向爸妈坦白，父母批评了我，也给我分析了问题，我也认识到自己不该在课堂上看闲书，耽误了自己的功课，也在同学中造成了不良的影响。希望王老师能原谅我，也希望大家督促我改正错误。”

她的一番话，赢得了大家的掌声。

“留白”一词源于中国绘画中的一种技法。在中国画绘画构图中讲究“留白”，即整个画面不要填满景物，要留有空白给人以想象的余地，营造一种此处无物胜有物的意境。留白，讲究无一墨的空灵，讲究以白当黑的神秘，恰恰是这一片白，赋予了中国画延展的空间和永恒的清雅。

教育中的“留白”类同于早些时候人们所提到的“无声教育”，我们现在不妨说成“留白教育”。就是说，教师在做学生的思想工作时，切不可视学生如“容器”一般，作“填鸭式”地灌注，而应急缓有致留有余地，从而给学生创设一个思考、感悟、反省、再认识、再提高的自我教育的氛围。尤其是班主任，在管理班级的过程中要借鉴“留白”的艺术，留一些“空白”给那些有缺点或犯错误的学生，激发他们认识并决心克服缺点错误的内驱力，提高他们求取进步、完善自我的欲望，也会收到作画中的“留白”效果。

◆ 故事赏析

“黄金分割线”值得深入探讨

● 故事特点

《教育中“留白”的艺术》围绕班主任常见的动作“窥视”而展开，讲述了如何利用“窥视”的发现，采取措施帮助学生认识和纠正错误的过程与结果。从一个简单的事件中，当事老师感悟到实施教育措施，老师必须要懂得“留白”的艺术及其重要作用，为学生自我感悟、自我教育创设良好的氛围。笔者以为，从当事老师针对陈霞同学采取的教育引导措施中，我们可以获得如下几点启示。

一、实施教育措施需思量后果预测效果

在课堂上发现学生不认真听讲，阅读与课堂教学无关的书籍，老师当时的感受与心情可想而知，更何况学生处于初三的关键时期。凡遇见此种情形，能自我克制而不发怒，或留置事后择机处理，对于当事老师而言是一件比较难得做到的事情。

当事老师不仅当场没有发怒，而且在度过了一个星期的冷静期后才着手对陈霞实施教育措施。认真阅读故事，分析当事老师的心理历程，其中一个重要原因就是他既想象到急于当场处理的后果，又考虑了当即处罚的效果。若当时就“冲进（教室）去，将陈霞的课外书抽出来撕个粉碎，然后当着全班同学的面斥责她自甘落后”，会使“她羞恼地大哭，抑或满心怨愤地低头不语”，最终的结果是她会“更加自暴自弃”。这当然是任何老师都不愿意看到的结果。

俗话说，凡事要三思而行。对老师而言，在采取教育措施前的思就是要提前思考自身言行对学生产生的影响，或者说自己的教育举动会产生什么样的效果，能否达到预期的教育目的。曾有老师带着给学生“下马威”的想法第一次走进新班的教室，恰逢班级有“调皮鬼”不遵守课堂纪律，当事老师一气之下将黑板擦甩向“调皮鬼”，误伤到其他同学。显然，结果适得其反，随后麻烦不断。

二、用启发式教育让学生实现自我教育

当事老师处理陈霞不遵守课堂纪律的问题，除了态度冷静外，很明显还采取了启发式教育方式。从班会课的主题设计“珍惜时间，知错必改”，到构思在班会上的一番启发式讲话，都颇费心思。在引导性讲话中，老师既没有讲班会的教育引导目标指向任何一位同学，也没有对学生的任何言行提出批评，而是将重点放在启发同学们“知错能改的勇气与决心”。“知错能改，善莫大焉”，培养知错能改的勇气对于全班同学都具有重要的教育意义。

也许是因为对自己在课堂上犯下的错误已有深刻的反省，或许是在班会现场受到老师讲话的启发，陈霞同学第一个主动站出来承认了自己的错误，深刻认识到不按课程安排聚焦课堂学习，直接“导致英语课没听讲，功课落下了很多”的后果。一位女生将自己的“违纪行为公之于众”，若不是自觉反思检讨，是很难做到的。

我们可以假设，若当时老师在班会上直接以陈霞同学所犯的错误为例，

点名对其进行批评，或责令其在全班检讨，其教育效果则肯定会有所不同。因此，对于犯错误的学生，特别是一些像陈霞这样“不乏上进心”，只是偶尔思想开小差的同学，启发式教育在多数情景下可作为首选方式。

三、留出时间空白为学生创设反省氛围

“留白”艺术就是留出想象的空间，画面太满并不一定能达到艺术要表达的意境。留出的空白可以让观赏者发挥各自的想象力，丰富“留白”处的内容，达到超出画面的视觉效果。讲述者提出的教育中的“留白”就是要给师生双方留出思考与认识的空间。

在“留白”的时间段里，师生必定会走过一段特殊的心理历程，或认识自我，做出分析与判断；或分析对方，做好应对准备；或采取必要举动，相互给予必要的暗示。当事老师在“空白”的时间差内，察言观色，审时度势，最后抓住了班会的良好时机，达到了预期的教育效果。受到老师的启发后，陈霞同学在班会上主动发言检讨自身的过错，其中一个重要原因肯定是在“留白”一周左右的时间里，她经过反省后认识到自己的不妥表现。其间，她还与其父母进行过积极而有益的探讨，听取了家长的意见，实现了亲子之间的良好沟通。这就是“留白”创设的氛围。若当事老师当场直接指出学生的错误，或严厉批评，也许当时也能制止学生的错误言行，但能否让学生自己真正从思想上认识问题就很难说了。

● 有待商榷

“从窗户旁‘窥视’班上的情况”以掌握学生情况或在暗中监督学生，对于很多班主任而言“或许都有这样的习惯”。一方面，这是班主任对工作认真负责的表现，也是一种比较有效的工作方式；但另一方面，窥视或暗中监督是否会形成老师不信任学生的印象值得探讨。

笔者以为，老师窥视和暗中监督的目的，除了发现问题和掌握动态外，还应该给学生一个公开的警示与直接的教育：遵守课堂纪律需做到有人监督和无人监督一个样。窥视和监督只是手段，不是目的，更不是以此方式将学生置于教师的对立面。

笔者还以为，发挥窥视与暗中监督的教育作用，最好的办法就是直接告诉学生，老师窥视和暗中监督的目的以及此种做法并非对学生不信任。老师此举的目的就是让学生在任何时候都自觉将自己置于监督之下，养成良好的行为习惯。

这种窥视与暗中监督犹如高速公路沿线安装的抓拍超速的电子眼，对行驶中的车辆进行监督管理。违规行为记录在案后，再进行处罚。多年前，笔者曾在北欧国家发现，公路上距离抓拍电子眼较远的地方就会有提示，“前方有电子眼抓拍超速”。提示中的“前方”有多远是个不定数，有时候从第一次看到提示再到抓拍镜头可能有数公里的距离。但是任何司机见到提示后都会限速行驶，避免被抓拍，这就有效地发挥了窥视的警示作用。由此，笔者以为教师的窥视与暗中监督需要向学生公开，发挥教育措施的威慑作用，让学生时刻将自己置于无形的监督之中。另外，将老师的窥视与暗中监督变成一种班级管理制度，通过宣传与讲解告诉学生是班级管理制度在监督学生，而不是仅依靠老师来监督。无论是班级管理制度或是老师的监督都有助于学生养成规则意识。

● 建言促改

一是寻找“黄金分割线”。教育中的“留白”艺术应该体现在如何掌握和使用好“黄金分割线”上。“留白”也许也存在因人而异的问题，或许有的学生对“留白”毫无感觉等。因此，“留白”的方法虽好，但仍然需要进一步寻找“黄金分割线”。建议当事老师在此故事的基础上，积累更多的案例并进行比较分析，充分发挥“留白”的教育作用。

二是鼓励学生向家长求助。在班上公开表扬陈霞同学主动找家人寻求帮助、探讨问题的做法，引导和鼓励全班同学在需要帮助时，除了主动找老师外，同时也可与父母交流沟通。若是老师和家长的意见偶尔相左时，鼓励学生与老师和家长展开讨论，或陈述学生自己的看法与主张，以便培养学生的沟通能力和独立思考能力。

三是引导学生求平衡。学生阅读课外读物或者看“闲书”并非一定是坏事，这对于拓宽知识面，养成阅读习惯肯定有帮助。然而，陈霞是在英语课堂上看“闲书”就明显不妥当。在鼓励学生阅读时，可指导学生合理安排时间，遵守课程表的安排，将个人的阅读兴趣与学科的学习结合起来，避免顾此失彼。

将“喜欢”换成“欣赏”

故事撰写：唐静，湖北省荆州市沙市实验中学

“有心的地方就会有发现，有发现的地方就会有美，有美的地方就会有爱，有爱的地方就会有欣赏。”学生的思维天空，无拘无束，没有桎梏，也没有成年人那么内敛，他们想到了就会说，想到了就会做。

道德与法治课上，老师布置作业，让同学们给自己的朋友写一句“青春寄语”，然后由老师逐条念给大家听。小勇还没写完，坐在他前面的张乐就转身过去窥见小勇的纸条，赫然六个字“我喜欢华小西”。张乐就把纸条抢过来在同学中传递，顿时教室里炸开了锅……

我让同学们把纸条递给我，并请小勇随我走进办公室。“刚才老师叫你写对朋友的‘青春寄语’，你写我喜欢谁，这不是文不对题吗？我知道，你肯定是还没写完吧。请你写一写你为什么喜欢华小西？”小勇接过纸条，接着写道：“我喜欢华小西，因为她长得可爱，性格活泼，上课积极举手发言，成绩很好。”多么简单朴实的话语！我想这是一个13岁男孩内心真实的想法。我轻声对他说：“华小西同学很优秀，不光是你喜欢她，老师和其他同学也都很喜欢她。但是我想你也要努力，把成绩提上来，才能让她也喜欢你，你说呢？”小勇没有说话，咬了咬下嘴唇，点了点头。

我们很快就回到班级，教室里男生围成一团，女生围成一团，叽叽喳喳。

我用目光扫视了一下全班，对大家说：“同学们，……刚才小勇在课堂

上的纸条没有写完，大家并不知道字条的全部内容。下面我把小勇写给小西的话，念给大家听一听。”我掏出小勇刚才写的纸条，郑重地将纸条上的话读给全班同学听了一遍。

我清了清嗓子，对全班说：“华小西同学有那么多优点，很多老师和同学都很喜欢她，所以小勇同学喜欢她，这一点都不奇怪。只不过大家对于某男生‘喜欢’某女生这个字眼过于敏感，想得比较暧昧罢了。其实每个人在内心的深处，都希望得到别人的喜欢，因为那是对自己的一种认可。唐老师也希望每个同学都喜欢我呀。小勇同学平时不善言辞，我认为今天他在写纸条上的措辞不够准确，将他所写的‘喜欢’换成‘欣赏’，我再给大家读一遍。”

“我欣赏华小西，因为她长得可爱……我希望她能考取自己理想的高中。我想这张纸条上的内容用‘欣赏’二字，大家就很容易接受，不会引起课堂上的这场轩然大波了。今天的事就到此为止，希望小勇和小西能‘不计前嫌’，男女生之间能多用欣赏的眼光看待自己的同学，让我们的班级更加团结向上！”台下爆发出一阵掌声。

期中考试时，小勇和小西的学习成绩均有不同程度的进步。其他同学也没有再在这件事上煽风点火或是大做文章，我的教育故事有了圆满的结局。

班上“某某喜欢某某”，可能许多中学班主任都会遇到这样的问题，类似“表白”被公之于众的情况却比较罕见。消除小勇因纸条内容在班上引发的尴尬，将“喜欢”转化为“欣赏”起到了很重要的作用。

首先，我将小勇对小西的个人“喜欢”，化作师生之间的普遍“喜欢”；再将个人的“喜欢”，化作男女生之间的普遍“欣赏”。“堵”不如“疏”，“堵”的最大弊端就是容易导致禁果效应的出现。在班级管理中，禁果效应是普遍存在的。班级越是禁止的事情，有些学生就越是要做。比如不准看不健康的书籍，有些学生就越是想看。班主任和家长不弄清状况就乱扣“早恋”的帽子，反而会让学生变得很敏感，一见到男女同学中的独特举动，就很躁动，从而起哄，而两个原本“没有什么”的学生，就变得“有什么”了。这需要老师有清醒的临场意识，从而冷静控制，巧妙化解，使得类似的突发事件朝着有利于教育的方向发展，让本来尴尬的场面转变成教育的时机，从而使一次意外变成一次收获。

◆ 故事赏析

准确表达思想并非玩文字游戏

● 故事特点

《将“喜欢”换成“欣赏”》的故事，通过对小勇同学在完成老师课堂小作业时语言表达不准确的情节，阐述了课堂意外和情愫萌发两个方面的敏感问题，这对于老师而言，也是两个比较棘手的问题。

之所以说是敏感的和棘手的问题是因为这类问题在学生中关注度很高，学生们甚至会用一些不平常的反应，如男女生分别围成一团“叽叽喳喳”议论，观察老师的态度与处置方式，从中做出各自的判断，或学习如何面对同样的问题。课堂发生意外，规避或化解尴尬非常考验教师的智慧，现场处置最难把握的是一个“度”字。学生萌发情愫问题，敏感是不言而喻的，即使棘手也要在现场以及事后采取必要的措施。讲述者在道德与法治课堂上发现问题后，所采取的处置方式步骤清晰，目标明确，效果良好。

一、控制课堂局面

小勇完成课堂小作业，按要求应该直接交给老师。由老师在班级读念同学们各自的“青春寄语”，换言之这样的教学设计与安排是可控的。对于个别学生没有表达清楚的或者撰写了不宜公开分享的内容，老师可以在读念之前进一步询问，或干脆跳过不读念。然而，有“好事者”则打乱了老师的教学设计。通常我们说课堂意外事件，不仅是指学生“不按常规出牌”，也包括老师对所发情形事前毫无思想准备。张乐窥见小勇所书写的内容，将小勇的纸条在班级传递，可能是受好奇心驱使，也可能是恶作剧。青春萌动中的学生也许是第一次见到有男生赫然将“喜欢”异性同学写在纸条上，传递纸条引发的课堂混乱局面可想而知。当事老师很快要求同学们将纸条传递给老师，既阻止纸条在更多的同学中扩散，又明确表明了老师的态度，不赞成张乐未经同学本人许可擅自传递他人“作业”的行为。自此，课堂上的混乱局面得到有效的控制。

二、避免引发尴尬

小勇按照老师要求做课堂作业，且尚未提交给老师时，就引来同学们的“关注”，实则是同学们在嘲笑与起哄。小勇当时一定是满头雾水，不知自己做错了什么，更不知道老师会做出何等处置，内心一定是茫然不知所措。若没有进一步解释的机会，或继续让同学们把自己当笑柄，小勇面临的将不仅是尴尬，还很有可能在心理上受到创伤。关键时刻，老师当机立断将小勇带离教室，来到有一定私密性的办公室，调查了解情况，给小勇机会厘清了他自己想表达的思想，同时也让他感受到了老师的关心与信任，有效地避免了小勇可能会面临的尴尬。

值得强调的是，小勇坚持说实话值得肯定。俗话说，童言无忌，中小学生心里怎么想就怎么说，就是说实话的表现。从前后情景判断，小勇在纸条上写“我喜欢华小西”是他内心真实的表达。即使是受青春萌动心理的支配，小勇敢于写下了这样的话语，也不一定是件坏事，至少他让老师知道了他的真实想法。更何况小勇处于青春朦胧阶段，关注异性同学的意识才刚刚萌发，对特定的异性同学并无明显暧昧之情。

三、消除负面影响

事发在课堂，从时间上看，老师必须现场处置；从所产生的影响看，老师应该及时消除已经或可能存在的负面影响。故事中，同学们现场的反应除了传递小勇的纸条，以及随后的“叽叽喳喳”外，并无其他不当的举动。但是只要对张乐传递纸条的动机稍做分析，就能判断他以及随后的同学对纸条上的六个字的了解与小勇要表达的意思有较大的区别。其他同学的“理解”以及举动本身就构成了负面影响，这不仅是针对小勇一个同学，而且反映出其他同学对敏感话题的好奇与关注。假若小勇写字条并无“别意”，而其他同学的理解一定是具有很强的“想象力”，这正是同学们在青春期萌发对异性同学话题感兴趣的一个重要信号与标志。

当事老师在准确判断的基础上，及时回到教室，借助“喜欢”与“欣赏”两个词的细微差异，从正面诠释了小勇同学补充后的纸条的意思。此举帮助小勇向全班同学说明了自己，同时也引导学生及时回归到正常的课堂状态与心理状态。需要指出的是，老师借用“欣赏”替换“喜欢”，并非在玩文字游戏，而是教育智慧的体现。

四、持续细心引导

课堂处置完美，但不一定课后没留“后遗症”。学生的正确意识的建立与巩固有个过程，同时也必须接受时间的检验。当事老师持续的观察与引导有三个特点。一是从时间上延续到期中考试，发现“小勇和小西的学习成绩均有不同程度的进步”。这证实课堂突出事件没有影响到两个孩子的学习。二是在相对较长的一段时间内，“其他同学也没有再在这件事上煽风点火或是大做文章”，该事件在学生中逐步被淡忘了。三是老师有比较深刻的反思。课堂突发事件也给当事老师一次重要的提醒，学生已经进入青春萌动期，其间各种反应会接踵而来。

在反思中，当事老师由“疏”与“堵”而联想到“禁果效应”，由老师的处理方式联想到家长对孩子情愫问题的态度等。正如故事结尾所言，“让本来尴尬的场面转变成教育的时机，从而使一次意外变成一次收获”。提倡教师撰写教育叙事，进行教育反思，也就是需要达到这样的目的与效果。

● 有待商榷

小勇无疑是故事中受关注的人物，而且当事老师的相关工作基本上都是围绕小勇而展开的。但不可忽视的是女生华小西“躺着中枪”，是故事中的另外一个人物。被同学喜欢、欣赏，也许华小西毫不知情，也无高兴或尴尬等感觉。但是当同学们传递小勇的纸条、“叽叽喳喳”时，华小西一定知道事发的原因与她相关。因此，她至少将面临如何与同学相处，特别是与男生相处的问题，如过于自责，之后事事处处小心谨慎，或对男生有埋怨情绪等。因此，当事老师需充分考虑华小西的感受，寻找机会采取适当的方式予以沟通和引导。

另外，课堂上发生的突发情况并不涉及学生的安全问题，老师临时带小勇离开教室去了解情况等多少有一小段时间，将全班学生留置在教室里，任由同学们“男生围成一团，女生围成一团，叽叽喳喳”的做法是否是最佳选择，也值得推敲。

● 建言促改

一是激发学生学好语文的积极性。小勇的表达从字面上看没有问题，但是因为涉及另外一位女生，同学们对纸条的理解产生了歧义。老师解决问题时也比较巧妙地利用了“喜欢”“欣赏”两个词之间的细微差别，比较顺利地说服了学生。无论是小勇的纸条还是老师的解决方式，都与表达语境和理解的角度相关联，这正好也是汉语表达与理解中的一个特点与奥秘。可商请语文老师围绕汉语相关词的表达与理解进行专门的教授，进一步激发学生学好汉语的积极性，掌握语言的使用技巧。

二是引导学生相互尊重友善相处。刚入初中，多数学生处于青春懵懂期，关注异性的意识尚未完全形成或刚开始萌发。这个时段落实“疏”代“堵”的教育和引导策略，可积极主动组织好班级的集体活动，丰富学生的校园生活，引导学生相互尊重、相互学习，指导他们保持正常的交往、友善相处。

三是对“好事者”张乐进行个别教育。张乐课堂上喜欢东张西望，必定有其特定的行为习惯，甚至毛病。事后应找机会与张乐个别谈话，弄清楚其心态与动机，然后视情况给予有针对性的批评教育。

走出迷茫，走进青春

案例撰写：刘毅，湖北省宜昌市外国语初级中学

初一年级第一次期中考试结束后，同学们初步品尝到了初中的“滋味”，绝大多数同学逐步适应了新的学习生活，班级管理也走上了正轨。

就在期中考试结束约一个月后，班委会几名女生委员相约来到老师办公室。这次和过去见老师时的神态不一样，几位女生脸上挂着几分忧心。“平时活蹦乱跳，今日怎么如此严肃呀？”我调侃道。“老师，我们有事想跟您报告。”副班长说。“那好，都坐下慢慢说。”

几位女生相互交换了一下眼神，学习委员先开口了：“前几天，‘大高个’乘人不备，故意将另外一个男生推向几个女生。在毫无准备的情况下，男生撞倒女生并压到女生身上了。于是，‘大高个’大声惊呼引得周围同学都来围观。”英语科代表接着说：“还有人在拥挤的时候乘机往女生身上挤，甚至在女生胸部蹭一把，真恶心！”“看到发育早的女生走过来，他们几个就喜欢走上前去感叹一声：‘啊，好立体！’”宣传委员说着还紧咬了一下嘴唇。“……我跟在两个男生后面，他们一路上都在说前一天晚上在寝室熄灯以后对女生的议论。他们还笑嘻嘻地说，有的男生按颜值将全班女生排名，有的坚持要按女生的胸围排序，还说都有理由。太过分了！”语文科代表显然很气愤。

我听得冷汗直冒，但越是坏事，班主任知道得越早越好，所以肯定了

她们明辨是非和及时求助的举动。经安抚劝慰后，几位女生离开了办公室，而我则心情难以平静。本来对初中生青春期的行为有所准备，但没有想到有些男生这么快就蠢蠢欲动。听了几位女生反映的情况，我对男生的举止做出基本的归纳：制造场景、浑水摸鱼、语言挑逗、颜值排序。

从侧面在学生中询问与调查，我确认了女生所反映的情况基本属实。爱动手动脚的男生有三四名，对女生有不当语言的男生约占半数，既不参与也不围观、态度鲜明的男生大概只有五名。过去，每一届男生中都有发生类似事件，但未曾预想到，这一届学生发生时间早，涉及面如此之广，而且事态比较严重。可以想见，他们中有部分不是“初犯”，在小学时可能就有类似行为历史或企图了，这恐怕是网络普及和家庭教育缺漏的结果。若任其发展，大部分男生的兴趣与行为会跑偏，女生则会惶惶不可终日，班风将败落，整个班集体将“沦陷”。教育引导刻不容缓，必须马上采取行动，扭转事态。

召开女生定心会议。说是开会，其实是老师“包场”了。从头到尾，我看着她们，坚定而响亮地说：“要想制止对自己不利的行为，首先自己要明确表示不悦不满，要用自己本能的言行去抵抗甚至反击。我们女生表现出人格不容侵犯，他们就不敢胡来。记住：班主任是你们的后盾！而作为一名有女儿的母亲，我会对我女儿说，如果哪一名男生对你行为不轨，你愤怒地给了他一记耳光，妈妈为你叫好！记住：你们的父母绝对支持你们保护自己！”谈心之后，女生眼神里少了不安和畏惧，多了几分坚定和勇敢。会后有女生说：“老师引导我们女生明辨美丑，增强了我们保护自己的意识，我们将敢于对不尊重女性的语言行为坚决抵抗。”

逐个教育数名男生。对言行举止不雅和参与起哄的男生，逐个请到办公室谈话教育，引导他们正确认识青春期，正视身心变化，明辨美丑，保持举止文明。先后十多位男生都知道自己的言行不当，但他们未曾想过自己的言行会给女生造成影响甚至伤害，更没有意识到应该呵护身体的每一个部分，特别是私密部位。“大高个”低着头说：“想做就去做了，想说就说了，觉得很过瘾。没有考虑女同学的感受。”参与起哄的一位男生讲：“看其他男生那样对待女生蛮好玩……”还有几个男生以为：“虽然觉得不妥，但为了表现出合群就参与进去了。”“你们这是典型的从众心理，你们要有是非概念，知道错了就不应该掺和进去呀!”

对于“大高个”等几位精力旺盛、影响力强的男生，并非一两次谈话教育就能将他们纠正过来的。他们自然成为教育的重点对象。好在这几个男孩子自尊心恰恰超强，当意识到自己错误言行后，自感有失体面，情绪沮丧。为了卸下他们的包袱，我设计一些问题来启发他们。“你欣赏自己的行为吗?”“你希望那样的行为一直继续下去并且愈演愈烈吗?”“你希望自己怎样做?”“什么样的自己能让你更喜欢自己，为自己而自豪?”面对我抛出来的一个个问题，他们无论是及时作答还是沉默不语，最终都被牵着走出了泥沼，看到了前方的宽阔大道。

邀约相关家长座谈。事关学生身心重要的发展，此次教育必须获得家长的合作，有必要提醒和指导家长了解孩子的身心发展，科学地引导孩子走出懵懂困惑，走向健康阳光。

在“大高个”等相关男生家长参加的座谈会上，所有家长都对这帮孩子的言行十分惊讶。为避免家长感到尴尬与羞愧，我刻意强调与会家长是随机邀约的。问及父母是否与孩子谈过青春期有关话题，回答出乎预料，他们不仅没有与孩子提及青春期的话题，而且没人觉察到孩子在身心发育方面的变化。现身说法，我分享了女儿在小学六年级时的一个小举动：

一天，我发现女儿在书房盯着电脑，她听见脚步声后扭头很吃惊地看着我，并立刻关掉了页面。女儿的慌忙与警觉让我猜到她在看什么。于是，我故作好奇地说：“哈哈，原来你已经放学回来了，在看什么呀?”我顺手自然地打开网页，展现在眼前的是介绍胸罩种类和穿法的视频。我又故作惊喜地说："呀！这个咪咪罩（女儿小时候给胸罩取的名字）很好看很时尚啊，你们班有女生穿这样的吗？"她摇摇头。我又问："你是不是需要穿这样的了？妈妈给你买的胸衣是不是不合适了？"她的表情几乎完全放松下来说："还不需要，我的胸衣穿着挺舒服的。""哦，那等你需要换的时候一定告诉妈妈哟，穿合适的胸罩才能让胸部健康生长。嗯，提前学习了解这方面的知识也很有必要，让妈妈也一起更新一下知识吧。"说完，我陪着女儿看完了剩下的视频。

我用这段经历和家长们分享了我的育儿经：青春期的懵懂和好奇是自然且正常的，家长需要引导孩子坦然面对、主动学习，用常识和知识取代欲盖弥彰的禁忌和神秘的遐想。

主题班会敞开交流。几经疏导与沟通，基本上在班级以及家长间形成了共识。是时候教育全体学生尊重自己和他人的身体，尊重异性，尊重生命，尊重情感了。在对男生不当行为的原因作出基本判断的基础上，班会主要集中在给迷途中的同学指路，引导全班同学树立健康的友情观，树立正确的男女生相处模式。

配以精心制作的PPT，我做了以"他们—我们—她们"为主题的演讲。我向"他们"展示了古今中外的爱情佳话：从孙中山与宋庆龄的共同理想、钱学森与蒋英的志趣相投、一位老爷爷为重病老伴儿种花海、本校教师韩老师和付老师相濡以沫等故事。这些幸福伉俪生活中相扶持、事业上结硕果，其美好深厚的感情莫不是建立在双方共同的追求和优良的修养人品之上。我放慢语速，尝试用更柔和的声音告诉学生：眼的凝视和手的抚摸都来自心灵深处的爱慕，要把自己的心眼手留给将来最真挚美好的情感……让我们为青春献上最纯真的情怀和最炽热的奋斗！让我们为中年注入责任与奉献！那么我们将拥有温暖的老年！祝福所有女生长成智慧优雅的女士，拥有美丽的心灵、博大的胸怀！祝福所有男生长成顶天立地的男子汉，拥有足够的知识、远大的理想！

班会结束时，按惯例布置周记备选主题：①谈谈你的男神或女神，他或她为什么吸引你？②写写你的父母是如何相处的，哪些值得你长大后模仿借鉴，哪些你觉得需要改进？③想想在班上男生女生可以怎样相处互促，有哪些做法你很欣赏？

班会激发了学生们的思考热情，在周记分享活动上，多位同学朗读自己周记的片段。同学们听得有滋有味，时而大笑，时而偷笑。在这样的自我教育和相互教育中，同学们对发育与成长、情感与友谊的认识获得了提升，他们的青春不再迷茫……

◆ 案例赏析

该管即管，既考虑现实又兼顾长远

● 案例特点

从电脑上打开讲述者发来的案例，粗略浏览，觉得这案例与本次征集的教育故事（案例）相比显得篇幅过长，曾考虑是否压缩篇幅或请讲述者另选题材，一种不忍放弃的感觉让我迟迟没有下定决心。坐下精心阅读，不禁发现此案例有诸多的独到之处，所阐述的初中生青春期题材值得教师和家长密切关注。

初中生处于青春期的开始阶段，性别意识变得强烈，对异性的不同之处产生了浓厚的兴趣，渴望引发异性的注意，希望和异性亲近。有些原始的冲动往往会表现得鲁莽、轻佻、不合礼节甚至狎昵。这对于很多教师，特别是班主任，还有家长都是一个棘手的问题，会经常处于两难境地，管又担心管不好，适得其反；不管又看不过去，内心不安。讲述者听到几位女生反映的情况后，该管即管，既考虑了解除学生青春期的现实困惑，又兼顾到学生情感的长远发展。

当事老师丰富的教育智慧与崇高的职业责任感令笔者十分敬佩，一种探讨其事前与事后的思想认识与具体想法的愿望油然而生。随后，收到了当事老师撰写的教育后记：

> “只有受过一种合适教育之后，人才能够成为一个人”。这是捷克教育家夸美纽斯对教育之重大意义的表达。学生一切不合理的行为，都是对教育的呼唤。作为班主任，教育的使命让我不敢怠慢。从得知班上男生的不妥行为，到班上学生分享周记，教育措施前呼后应，紧锣密鼓历时两周时间。之后此类行为销声匿迹，即使八、九年级班上出现个别早恋现象，其他同学也能正确看待。甚至有女生组团对当事人出言相劝，提醒他们举动不可过于亲密。教育无小事，找准教育点及时处理，就能达到教育的最佳时效。
>
> 人是地球上的高级生物，塑造着高级生物的灵魂，这个过程注定不简单。德国教育家赫尔巴特赋予教育者的使命是“使教育过程成为一种艺术事业”。在此次案例中，我明智地避开了写检查、做保证、受惩罚、请家长，这些省时省力但治标不治本的方式，不急不躁，有计划，分层次，针对不同对象采取不同的教育方式。随着教育过程的推进，我感到自己教育目的也不断明确，最终水到渠成地到达了理想教育的层面和自我教育的境界。我国教育家叶圣陶和苏联教育家苏霍姆林斯基都有此感慨：凡为教者必期于达到不须教。只有能够激发学生去进行自我教育，才是真正教育。要到达真正的教育，教育者需要用了解代替担忧，用希望代替失望，用事实展示替代道理说教，用引领感染替代批评训责。

结合阅读案例和讲述者的教育后记，相信读者对当事老师的具体教育引导方法已有深刻的印象，无须赘述。这里仅简要交流一下本案例在认识中学生青春期的言行举止等方面留下的启示。

一、中学生青春期反应并非单一地限于“早恋”

笔者过去也曾接触到部分有关中学生青春期言行的教育故事与案例，其中多数反映的是情窦初开的青春少年对异性的“好感”“暗恋”“早恋”。然而，本案例比较集中地列举了男生的多种不当行为，“制造场景、浑水摸鱼、语言挑逗、颜值排序”等。虽然当时在学生中尚无任何“恋情”露头，但是若不及时引导，有学生受情愫所困迟早会发生。相对“恋情”，当事老师抢先在萌芽状态之前就进行了有效的干预和教育。另外，在处理过程中，摸清了有关男生的态度与参与程度，也可作为认识学生青春期言行举止的参考。向学生介绍青春期应对生理变化的基本知识与方法也是必要的。

二、青春期教育与引导不可犹抱琵琶半遮面

同处青春期，不同学生的言行存有差异。除身体发育稍早或略晚外，应该与其家庭成长环境的影响、个人阅读和观看影视作品等有一定的关联。这需要做个案具体分析，这里难以深入探讨。无论如何，学生一般在中学阶段度过青春期的客观事实不可回避。

当事老师直面学生青春期问题，将班级集中教育与个别谈话相结合，既有一般性的劝说又有针对性很强的指导，还现身说法在家长会上分享了与自己的女儿谈论青春期敏感话题的经验，实属难能可贵。

开诚布公，直截了当并非不讲究方法，其中最重要的是要维护学生的自尊，保护学生的隐私。与有关学生个别谈话，以“随机邀约”为借口避免尴尬，以及单独召开女生会等都是很好的方式。

三、对孩子青春期知识的教育学校责无旁贷

照理说，家长和老师都需要承担起对孩子青春期教育的责任，但是家长能做的，能做好的却不多，其中意识不强、知识不足、时间不够等是重要的原因。作为教育专业工作者，我们可以期盼家长的参与，但不能依赖家长，不能将责任推给家长，遇到问题时更不能相互推诿或指责。在主动承担起青春期教育任务的同时，老师可以尽量争取家长参与，或在他们需要的时候，提供必要和具体的指导与帮助。

学校还可发挥课程资源的作用，落实青春期教育的具体安排与内容，不可将相关的课程讲完了事，而是要让学生真正有所收获，不仅帮助学生提高生理知识水平，同时对学生在情感发展等方面提供及时的指导。

● 有待商榷

这个青春期教育案例非常成功，堪称典范。若从另外两个方面分析，即可避免给读者留下疑问与困惑。

一是当事班级涉及的学生面如此之广的原因。据案例介绍的情况，全班有前述四类行为的男生占据多数，只有极少数男生有鲜明的态度并没有参与其中。原因之一是男生，尤其是初中阶段的男生有较强的从众心理。原因之二是笔者曾读到的另外一个教育故事里讲的，现在的学生与过去的学生不一样。这个班级男生群体的表现“不一样”就是例证！若老师能将此案例中男生的举止与其他班级或过去的班级，或此后年级的学生的情况略加比较，则很有可能帮助教育界同行更好地认识学生。

二是并非只有男生青春期反应的问题如此之重。在案例中，班级女生除了受到班级男生的“骚扰”外，她们并没有青春期的困惑，且其态度正常、认识正确。在一般情况下，女生在青春期有困惑与问题也是正常的、常见的。若该班的女生的确有效地避免了青春期的困扰，这也值得深入分析和认真总结。

● 建言促改

这个班级的学生很幸运，在青春朦胧期遇见了一位友善、敏感、真诚的好老师。笔者相信，这个班级的男女学生从这次青春期教育活动中的所闻所学所思必定让他们受益匪浅，甚至可能产生久远的影响。从案例情节看，这批学生已经毕业离校，但是这次成功的青春期教育活动的效果值得跟踪，值得研究。中小学一线老师寻找一个有价值的教育研究课题并不容易。因此，建议当事老师抓住机会，对这个班的学生在初中七、八年级以及随后更长时间内应对青春期以及情愫等方面的问题进行跟踪研究。

具体来讲，可以事前设计一个跟踪研究方案，列出跟踪研究的目的、对象、内容等。跟踪研究的具体方式可以是问卷调查，个别访谈，还可以列出一个提纲请该班级的学生畅谈自己对当年青春期教育活动的感受以及对其随后人生的影响，还可听取和收集有关工作建议。在此基础上，对收集到的信息与资料进行整理分析，定会有所发现，让未来青春期教育工作有所借鉴。

老师，您为什么只针对我

案例撰写：王凤娇，武汉市光谷第七初级中学

“丁零零……”上课铃声响起。科任老师因有事耽搁，要迟来几分钟，我便先去帮他看班。

进教室的那一瞬间，萧羽刚好以百米短跑的速度冲回座位，满脸通红，怒气冲冲，与此相对的是，一群男生在那里幸灾乐祸地偷笑。毫无疑问，萧羽又故技重施，这一次却占了“下风”。

我让大家先朗读课文，然后走到萧羽旁边，没好气地问她：“你怎么刚刚才回座位?”“嗯，就是啊!”谁知萧羽不仅没有意识到自己的错误，反而挺激动。“你又在疯闹!”我压低声音提醒她违纪了，希望她能转变态度。没想到，萧羽反而理直气壮地说：“又不是我一个人在疯，您为什么只说我啊?”“不好意思，我只看到了你。”我盯着萧羽，看她还怎么反驳。谁知她把书从抽屉里拿出来摔到桌上，气呼呼地说：“那又怎样?”

此时，我才意识到，萧羽任性的毛病又犯了，简直就是把我这个班主任当成了出气筒，再这么僵持下去毫无意义。我转身回到办公室，努力平息怒气，随后打电话将萧羽妈妈请到学校来。

萧羽妈妈是一名文字工作者，有文化、有品位，大女儿已上大学。一家人对萧羽的期望很高，无奈她太贪玩，成绩也一直在中游徘徊。得知萧羽蛮横任性地对待老师，她妈妈非常过意不去，再三道歉。为了让萧羽改

改她的脾气，我明确提出，请家长将她暂时“请”回去，让她好好反思一下。

萧羽大概也是第一次被“请”回家吧，骄傲而任性的她开始泪流满面地跟我商量：“老师，对不起。我知道我顶嘴不对，我能不能不回去啊？我不想缺课……”

此时，萧羽已经认识到了自己的错误，如果换成是班上其他学生，我可能会取消我的决定。但对于萧羽，我认为不仅要帮她规范行为，更要让她树立更高的目标，学会自觉地约束自己，把精力从“疯闹”转移到学习上来。

那天，我一直忙到准备就寝才有时间看手机，发现萧羽妈妈早就给我留言了：“王老师，非常对不起，萧羽这孩子太任性，让您生气了。回家后我跟她谈了很久，她已经认识到自己的错误了。她哭了，觉得对不起老师，我让她明天来跟您当面道歉。”

既然家长愿意配合学校工作，何不借机对萧羽提出更高的要求，促使她转变？经过认真考虑，我回复道：“萧羽妈妈，您好！小孩子任性可以理解，她今天主要是觉得我先批评了她，却没有批评其他学生，所以顶撞我。但是，萧羽有没有想过，老师为什么会选择先批评她？那是因为在我心目中，萧羽是优秀的学生，她就应该以更高的标准要求自己。”

萧羽妈妈迅速回复了我：“王老师，其实在收到您的回复之前，萧羽和我整晚都在担心，担心您会因为对萧羽太失望而放弃她。现在看到您的消息，我们非常感动。原来您对萧羽的期望这么高，萧羽听说您把她视为优秀学生，感动得哭了。我们以后一定会加强管教，不辜负您的期望。”

第二天早上，萧羽来了，她的态度明显转变，在向我道歉的时候，眼中少了以往的叛逆，多了一些认真和坚定。虽然在后来的学习生活中，她偶尔也会犯一些之前的毛病，但已经不再像以前那样盲目地自视甚高，而是用行动来证明自己，慢慢地开始像我所期待的那样，向优秀学生的方向转变……我与萧羽妈妈的联系更加密切了，她也成为我们班的家长代表，非常支持我的工作。

看到萧羽的变化，我很高兴。同时，我也意识到遇到学生“怒怼”时，教师要控制好自己的情绪。回头想想，如果我当时能够稍做调整，不迷信于似乎一贯有效的班主任“权威”，不是简单粗暴地质问她而是让她到办公室来，采取先冷静、再询问的方式，或许可以避免师生僵持的尴尬。

◆ 案例赏析

防止假借“公平”掩盖过错

看到“老师，您为什么只针对我?”这个题目，相信很多老师读者都会产生似曾相识的感觉。有学生违反纪律或犯毛病后，老师找其谈话或批评教育，学生不服气，或想扯上其他同学一起受过，便对老师的批评教育提出质疑，“为什么只针对我”“又不是我一个人”“为什么不批评他们”，等等。听到学生类似的话语，作为老师，我们不要认为这只是学生之间的“攀比”，或以此为借口为自己开脱，而应该意识到这背后反映出青少年学生对“公平”“公正”的诉求。另外，在随后的沟通过程中，当事老师又提出了特别关注萧羽的理由是“要让她树立更高的目标”。因此，“公正”与“标准”是这个故事的关键词，也构成了本故事鲜明的特点。

一、守住公平公正原则，坚决让学生承担违纪责任

萧羽在上课铃响后没有及时进入学习状态，老师询问有多重目的，既有提醒也有责怪，既有关注也有警示。但是出乎老师意料的是，萧羽对老师的询问提出了质疑“您为什么只说我啊”，言外之意是老师您平日提倡的

“公平”“公正”到哪里去了，老师您不批评其他“疯闹”的同学，而单独找“我”一个人的麻烦，不是有成见就是歧视。尤其是在老师给出了只针对她一个人的原因是“不好意思，我只看到了你”之后，萧羽似乎从理直气壮地讲求“公平”“公正”转向不讲任何道理，甚至反问：“那又怎样？”

从一般性的询问逐步升级到顶撞、冲突的时候，当事老师没有做出让步，没有容忍萧羽以“公平”“公正”为由刻意遮掩她违纪的错误行为。虽然处于情急之中，但当事老师对原则的拿捏比较准确，有效地将原则与责任区分开来，避免了落入学生绕圈子形成的“陷阱”。

老师教育学生，除了内容外，交谈的过程与方式也会影响学生。当事老师面对学生的质疑，坚持对违反纪律的学生进行教育以及随后的惩戒措施都在明确告诉学生：对自己所犯的错误必须承担相应的责任，不能拿其他人也有错说事，并借此顶撞老师。当有多名学生同时犯错时，老师总得区分情况，一个一个地询问、批评、教育。无论从哪一个学生开始，都不存在不公平和不公正的问题，更何况当事老师并没有表示其他一起“疯闹”的学生没有过错。

二、适当拔高标准可行，但道理要讲透彻，理由要说充分

在随后回复给萧羽妈妈的短信中，当事老师其实从侧面回答了萧羽“为什么只说我”的问题，即“那是因为在我心目中，萧羽是优秀的学生，她就应该以更高的标准要求自己”。虽然老师在萧羽反问时没有正面给出前述理由，但这就是萧羽在当事老师心目中的定位。

老师落实因材施教原则，对部分学生的要求与标准可以适当降低，对部分学生则可以适当拔高。面对不同的学生，老师在相处或交谈时会有比较明确的思路与指向，但是有时候也难免会受到潜意识的支配。然而，无论是明晰的思路还是潜在的意识，无论是降低要求还是提高标准，都有必

要将道理讲透彻，将理由说充分。任何教育策略，只有通过当事学生的配合与行动才能发挥应有的作用。若学生理解不透，不明其中道理，老师苦心施用的教育策略就会失去真正的意义。

本故事中，通过细致的沟通，当事老师严格要求、提升标准的策略被学生和家长理解和接受，这才有随后萧羽发生的变化。同时，笔者认为，若当事老师能在请家长之前，将适当提高要求与标准的想法给学生讲深、讲透，也许就可以避免后面让家长将孩子“请”回去的一幕发生。坦诚告诉学生他们在老师心目中的定位，提高对他们的要求与标准，在一定意义上也是在肯定学生、激励学生、引导学生。

三、局面扭转因祸得福，但家长通情达理功不可没

课堂上因批评学生违纪行为，最后发展到请家长将学生带回家反思，对于老师、家长和学生三方而言，都不是一件令人愉快的事情。在萧羽回家后，三方都经历了心理上的煎熬，学生在反思，家长发信息继续向老师道歉，虽然老师读到短信时已是夜深人静，但仍然随即回复了短信。

值得庆幸的是，萧羽很快认识到自己的错误，很快转变了对老师的态度，理解了老师的良苦用心。家长与老师“不打不相识”，最后还成为班级的家长代表。坏事最终变成好事，学生也因祸得福，在“怒怼”老师之后感悟到家长和老师对自己的期盼，并开始发掘自身的潜能。

这其中除了当事老师所做的工作外，促成局面发生扭转的一个重要原因就是萧羽妈妈的态度与参与。萧羽妈妈被请到学校后，不但没有站在孩子一边对老师的举动提出质疑，还非常主动地向老师道歉，配合老师开展工作。孩子被老师要求“请”回家去，对家长和孩子而言，都是一件比较难以接受的事情。但是面对老师的要求，萧羽妈妈十分配合老师的工作，对老师没有表示任何质疑或指责，表现出克制、谦和、理性等特质。这也

许就是她后来成为班级家长代表的一个重要因素。

● 我的建议

萧羽“怒怼”老师后，其家长被请到学校，老师说明情况并宣布了惩戒决定，由家长“请”孩子回去，“让她好好反思一下”。当事老师对犯错的学生敢于惩戒，毫不犹豫，特别是没有因为萧羽“求情”就轻易改变自己的决定，这里面的确有值得肯定的一面。但是，从实施教育惩戒的角度去深入分析，笔者以为惩戒的“度”是否把握得准确仍然值得推敲。

2020 年年底，教育部颁布了《中小学教育惩戒规则（试行）》，对实施教育惩戒做出了比较明确的规定，将教育惩戒方式细分为一般教育惩戒、较重教育惩戒和严重教育惩戒。根据相关条款，“给予不超过一周的停课或者停学，要求家长在家进行教育、管教”只针对违规违纪情节严重或者影响恶劣的学生。萧羽到上课时间没有做好上课准备，笔者以为应该属于一般违纪行为，即使她后来“怒怼”老师，认错态度不好，顶格惩戒也只能按较重的情节来认定。

当事老师当即做出决定，让家长将孩子“请”回家，明显惩戒过重。另外，在联系家长之前，老师曾有“努力平息怒气”的经历；在萧羽认错、她的妈妈“再三道歉”之后，老师仍然想“让萧羽改改她的脾气”。当事老师在做出惩戒决定时掺杂个人感情和情绪，很明显有悖惩戒规则精神。

另外，“萧羽又故技重施”“你又在疯闹”等陈述，表明萧羽“疯闹”应该是习惯性的、多发的。一个任性的女生当众受到批评后会有什么反应，对此老师应该有比较充分的心理准备。然而，也许是受情绪影响，也许是为了表现和维护班主任的权威，当事老师才会当场揭短。当事老师若是能冷静下来，课后再找萧羽谈话，则这场顶撞，包括后来请家长来学校协助处理等是完全可以避免的。讲述者在故事的结尾处对此也进行了一些反思。

鉴于师生关系有较大的改善，笔者建议当事老师寻找机会与萧羽深入沟通，了解她与其他同学“攀比”的真实原因，引导该生正确理解“公平”“公正”的含义，学会对自身的行为举止负责。同时，建议当事老师认可萧羽妈妈对待子女教育的态度以及给予老师的配合，在充分发挥其家长代表作用的同时，安排机会请其在家长中传授家庭教育的做法、经验、体会等，并在此基础上，探索加强家校合作的有效模式与可复制的经验。

（原载《湖北教育》2022 年第 24 期）

我们的“青春之歌”

故事撰写：覃焱，湖北省宜昌市外国语初级中学

悠悠古风高岗生，中通寄言可立身。

苍苍梧桐朝阳立，雏凤清于老凤声。

这是我写在学生素质报告册上的评语，被学生与家长称为“成长诗歌”。

为什么选择诗歌作为评语呢？起初是源于一个叫可可的女孩，随后则是希望带给每个孩子独特的成长记忆。

可可是初二（3）班公认的才女，亦是老师的得力助手。就是这样一个不怎么让师长操心的孩子，却突然与初二（1）班的男孩谈恋爱了。她妈妈意外发现了一摞情书后，心急如焚地来找我，我也一样惊讶。“怎么办，老师？”可可妈拿着信的手在颤抖。冷静是处理突发事件的法宝，于是我平静地对可可妈妈说：“您要相信自己的女儿！先把信放回原处吧。”送走可可妈妈，我深吸一口气对自己说：“不着急，慢慢来！”

在那一周的班会课上，我申请做主讲人。听到题目“班妈的爱情故事”，全班一片惊呼。也许是因为这是个他们期待已久、曾经想八卦却无门的话题。“谁还没有年轻过？”我一边假装“抢白”他们的大惊小怪，一边平复自己紧张的心情，做好了“豁出去”的准备。

“从高中相识到大学毕业就业后相恋，我们用了七年时间；从相恋到组

建家庭，我们一起奋斗了四年；组建家庭后分居两地近十年，但我们依然为爱坚守……花开有时，方成正果；为之深爱，则为其计远。”我看着坐在中间三排的可可，神情放松，若有所思。“润物无声”，我没有找她谈话挑明。

直到一天，可可带着那个男孩悄悄地找到了我。两个人小心地向我讲述了他们相遇的故事：因为一次雨中撑伞，让彼此感受到了温暖。开头就像《雨巷》里描述的一样美好，然而事情的发展超出了他们的想象，在早恋的泥潭之中，他们分分合合无法自拔，且成绩下滑，与其他同学关系紧张。那一刻，我感受到幸运，如果当初我焦虑无比、暴跳如雷、左右围堵……怎么会得到他们的信任？他俩都爱好诗歌，我就先推荐了经典的诗歌，如《致橡树》里面有爱情正确的模样；《青春万岁》《走向远方》，可以激发他们的青春豪情，再次找准前行的方向。经与初二（1）班的班主任商量，分别安排他们承担一些重要的班级管理任务。可可妈妈也应邀参加班级的“家长论坛”，以“重温美好古诗词”为题作演讲，让孩子在青春情感发展途中暂停脚步，回头看看曾经给她启蒙教育的妈妈，依然是那么伟大。

可可的学习与生活重新走上了正轨。她在母亲节时送了我一本自创的“情书”。我看着上面的文字与插图，在感动中放下了悬着的心。我在学期末给她回赠了这样一首诗歌：

事不可事可，难不为难为。
学科之代表，女中之豪杰。
目标既已定，百炼终不悔。
不叹歧路多，涅槃定于飞。

当可可收到这份专属的成长诗歌时，激动不已，在班级发起了“知行诗社”，带领班上的孩子们用美丽的诗歌来记录共同的生活与成长瞬间。可可妈妈说："在这么关键的成长阶段，拥有一位智慧的老师相伴而行，真的是她最大的幸运！"在她们的激发下，我这个教英语的班主任，决定挑战跨科：一个孩子一首诗，一个成长故事一种期待……

尊重每个孩子，珍惜与之相处的时光，同行三年便不长。明白每一个孩子同亦不同，同行三年便添了无数精彩。将来会有这样的一天，犹如一条涓涓小溪点滴用心，必将穿越岁月，汇成江河，融入他们未来生活的海洋。在离别之后，这首成长的诗歌也许还会是他们心目中那朵值得怀念的花儿，历经岁月，四季不败。

虽然对于我这个业余语文老师来说，创作成长诗歌耗费了许多脑细胞，但我愿意不断地学习，将美好的东西带给孩子们，激发他们发现美的眼睛，从而去创作属于他们的"青春之歌"。

◆ 故事赏析

创新教育方法　转换教育内容

● 故事特点

《我们的"青春之歌"》描述了青少年学生生活中美好的一个片段，既令孩子们向往，又不能任其发展；既在老师和家长的预料之中，又令人警觉和担忧。听到学生家长反映个别学生的情感发展情况以及在随后的处置过程中，当事老师采用了一个"稳"字，稳中有细，遇事保持冷静；突出了一个"引"字，引中有方，讲究处理方式；展现了一个"话"字，话中有理，以理说服学生；书写了一个"诗"字，诗中有情，深情打动人心。更具体地讲，本故事以及讲述者的教育方法等具有如下几个方面的特点。

一、抓住个别苗头，教育全班学生

也许是可可同学"保密"工作做得比较到位，其"恋情"在班级没有

被同学发现，没有被班主任觉察到。换句话讲，可可同学的情愫问题在初二（3）班纯属个别现象，而且只是露出了苗头。但是班主任从家长“拿着信的手在颤抖”中，觉察到家长的极度焦灼、极度担忧。在劝慰家长的同时，班主任暗示自己“稳住，慢慢来!”综合考虑各方面因素，班主任在班会上主动“请缨”当主讲，有针对性地给全班同学上了一堂情感课，让全班同学受到教育。

在班级管理中，学生中有一些普遍存在的问题，很有可能是从个别学生身上先暴露出来的。老师需要用敏锐的眼光去捕捉，用果断的措施去引导，这样才能避免不良或不当言行的扩散，才能抓住最佳的教育引导时机，收到较好的教育效果。若错失良机，势必事倍功半。

二、挖掘教育资源，揭开神秘面纱

教育引导学生，对老师而言，寻找和挑选恰当的教育资源，既是非常重要的，也是比较困难的。当事老师结合班会主题，采取现身说法，坦诚地向学生介绍了自己的婚恋情况、家庭生活以及对婚育与家庭的理解等。为了教育学生，老师主动袒露这个令学生“想八卦却无门的话题”，用自身的经历作为教育资源，其重要意义表面上看是满足了学生的好奇心，但实质上是揭开了青春期情愫的神秘面纱。此举告诫学生，每个人都会从青涩走向成熟、经历青春迈入婚姻与家庭。青春期有情感上的“冲动”，对恋爱与婚姻有“遐想”并非十恶不赦，而最重要的是如何正确对待。

老师从自身经历挖掘教育资源，特别是感情经历作教育资源需要勇气。面对一班“好奇”的学生，老师需要做好充分的思想准备，以应对学生触及老师的底线的情况。有位女性语文老师在讲授《长亭送别》一文时，当她引导学生树立正确的恋爱观、婚姻观时，就有学生当堂“挑衅”：“老师，您担心过被您丈夫甩掉吗?”若不是当堂老师思想准备充分、性格开朗，在课堂上肯定少不了几分尴尬，甚至引发意外状况。

三、润物无声之时，转变如期而至

润物无声，是教师熟知的理念，也是很多教师追求的一种教育效果。但是面对实际问题，特别是一些紧急或棘手的问题，润物无声往往不是首选目标。在本故事中，当事老师得到家长的信息后，面临多种选择，例如找可可单独谈心，甚至批评一通；找到班级其他学生，从侧面在班级调查了解情况；找到当事男生所在的初二（1）班班主任，请其与男生谈话等。值得注意的是，当事老师不动声色，先在班会上佯装不针对任何学生进行了演讲。只有当事的女生可可极有可能“对号入座”，联想到自己受到的情愫困扰。

当事老师想出这样的方式，除了追求“润物无声”的效果外，应该还有一个重要原因就是基于对可可同学的了解。可可是“班上公认的才女，亦是老师的得力助手”，可谓“近乎完美的孩子”。俗话说，响鼓不用重锤，这才有后来如期而至的主动找上老师的门，寻求帮助的举动。

四、启示源于尝试，拓展诗歌魅力

为创新教育教学方法，采用不同形式评价学生，很多中小学老师发挥特长，各显身手，较大幅度地提高了学生评价效果，深受家长和学生欢迎。例如，有的用简笔画，有的用动漫，有的画脸谱等等。本故事的讲述者则采用诗歌给学生写评语，对学生提要求等，并且做到了“一个孩子一首诗”，涵盖了全班同学。作诗歌的水平会有高低，漫画等评价也有同样的问题，但是学生在欣赏老师评语的同时，更多地会感受到老师对其个体的特别关注。这才是创新评价形式深受学生欢迎的一个重要原因。

老师起初用诗评价学生也许是一种尝试，未曾想到对学生“专属的成长诗歌”让学生们激动不已。受此启发，可可同学发起组织成立了“知行诗社”，带领班上的孩子们用美丽的诗歌来记录他们的生活与成长瞬间，展现了诗歌的魅力。最终，教育的一种方法变成了教育的一项内容，不仅对学生进行了思想教育，而且还激发了学生对诗歌的学习兴趣。

诗可言情，诗亦可言志。但愿描述自身成长的诗歌成为学生心目中那朵值得怀念的花儿，历经岁月，四季不败。

● 有待商榷

受情愫困扰的女生可可，也包括初二（1）班的男生，在老师巧妙的引导下，终于走出了“泥潭”。促使他们改变的原因也许是听懂了班会上老师现身说法的用意，也许是读懂了老师推荐的《致橡树》《青春万岁》等文学作品。故事留给读者的印象就是可可与初二（1）班的男生已经“深陷早恋的泥潭之中”。

可可与初二（1）班男生，因偶然一次共用雨伞，两人第一次近距离接触。温馨的举动，青春的气息，让他们彼此产生好感，进而保持比较紧密的联系。其间，他们自己也曾“分分合合”。因此，笔者以为对可可同学与男生的关系定位在“早恋”上，似乎略显过早。当然，若是两人中有一人一直对对方有“好感”，“撑伞”“共伞”是蓄谋已久、伺机所为，那就另当别论。时过境迁，但是可可与男生的关系是否源于彼此的好感，或一时的“冲动”，值得进一步探讨。

面对异性学生之间感情的发生与发展，老师在引导过程中做出比较准确的判断比较重要，若对异性学生情感的发展程度估计不足，可能错过教育引导的最好时机；若对其看得过重，超出实际状况，亦可能给学生带来伤害，影响他们与异性的正常交往。

● 建言促改

为了更好地引导可可同学，当事老师在其寻求帮助时，推荐了《致橡树》《青春万岁》《走向远方》等著作，相信可可在阅读中定有收获。在初中阶段，有学生受到情愫困扰，或个别同学陷入“早恋”泥潭等，难以避免。除了发现问题后加以教育引导外，提前打好“预防针”不失为一种有效的方法，即向同学们推荐青春期正能量的书籍，让他们从阅读中吸收营养，从阅读中树立和分辨正确的婚恋观、家庭观，从阅读中加强自我品德修养。当条件允许时，还可组织学生交流读书体会，围绕情感专题展开讨论，给学生创建一个自我教育、自我表达的平台。

另外，可可的妈妈在教育孩子时遇到了棘手的问题，但是她能比较理智地向老师求助，并且能听从老师的建议，愿意发挥个人专长参与班级教育工作。这一点值得肯定，也值得推广。建议在家访时，或家长会上真诚地鼓励家长们在子女教育中遇到问题时，主动联系老师，同时也发挥家长作用，争取家校合作做好孩子的教育工作。

一个“演员”的自我修炼

故事撰写：陈贤珍，湖北省荆州市沙市实验中学

新生进校一个月后，学校组织七年级学生进行为期三天的校外研学活动。其间，严格规定晚上不允许宿舍之间串门，老师坚持每天晚上查寝。然而在研学驻地的第一天晚上，就发生了两名男生在女生宿舍过夜的不良事件。以抄作业为由，两名男生在零点后偷偷进入女生宿舍，并在一名女生的要求和怂恿下留宿一夜。所幸的是没有发生更糟糕的问题。学校德育处最终对怂恿的女生和其中一名男生给予记过处分，给予另一名男生警告处分。

留宿事件的始作俑者娟娟，是班上的语文科代表。在开学后短短的时间里，她几乎在每位老师那里都留下了乖巧听话、专心学习、成绩优异的好印象。出于直觉，我却不怎么喜欢娟娟。她虽然看上去很温顺，做事也很利索仔细，但是她经常打其他同学的小报告，尤其喜欢对成绩优异的同学说三道四。然而这些都只是小问题，直到研学期间发生留宿事件，我才开始认识真实的娟娟。

娟娟非常“不简单”——她在老师、家长面前一张脸，在同学面前又是另一张脸，有校领导说她是“灵活善变”。有人向我展示了她 QQ 空间里的状态和说说，那里面充斥了大量的妆容自拍、早恋、辱骂、约架等不堪入目的内容，甚至自称“我得了艾滋病”。

班上同学，尤其是女生对娟娟都有很强的畏惧感。当时，与她同宿舍的三名女生都觉得要求男生留宿不好，但是出于对娟娟的畏惧，都选择了默许。还有学生直接说娟娟像个男生，很仗义，但也非常“社会”，认识不少校外不良青年，动手打男生也是常事。在校外有不良青年“撑腰”，在校内又有老师给予的两顶班干部“帽子”“保驾护航”，开学一个月后，娟娟在班上已产生较强的吸引力，有一些同学开始“依附”于她。

德育处调查留宿事件时，其他同学都指证是娟娟喊男生过来留宿的，而她依旧满口谎言。最后，当着所有涉事家长的面，编造的故事连她自己也圆不下去，她便恼羞成怒，对自己的爸爸出言不逊，而她的脸上丝毫没有悔改和畏惧的表情。直到得知自己被记过处分时，她才开始意识到问题的严重性。

德育处的处罚经过了充分的讨论，最终结果尽在意料之中。令我最为头疼的是回学校后应该如何处理娟娟。这个孩子自尊心特别强，一旦假面具被撕掉会使她十分难堪。如果我跟学校立场保持一致，在班上斥责她、撤掉她所有的职务，就等于将她推得更远，很可能会导致她破罐破摔，并且那些“追随”她的学生也会被她带离班级核心圈，逐渐边缘化。但是不这样做，于情于理都说不过去，还会给班上学生留下班级管理不公正的印象。

学校严厉处罚，父母对她极其失望，这时她已从春风得意变成了千夫所指，我不能让她的世界只剩下负面情绪。如果我再加上一把柴火，她的最后一点善念也许就真的被焚烧殆尽了。娟娟伪装自己，在师长面前以好孩子示人，说明她尚知对错，有一定是非观。既然她想做“好学生”，与其彻底否定她，还不如就让她继续做下去，她也会为了面子上的光鲜来约束自己，不至于太出格。

于是我决定“扮演”另外一个身份，由公正严厉的班主任转为贴心护短的“娘家人”。只字不提留宿事件，先从关心处理结果开始，引导她思考留宿事件带来的后果，再指导她调整心态。接着以“中间人”的口吻提出“是否继续担任班干部”这个疑难问题，向孤立无援的她抛出橄榄枝。

接下来的事情就是“演戏”了，这并不容易。跟她两次谈话之前，我都反复对我自己做心理暗示，以找到合适的措辞和语气。

德育处向娟娟宣布了处罚结果：严厉批评教育并记过。当天，娟娟应约随我走进办公室，我不看她，自顾自地坐下来，喝了一口水。“德育处的处罚结果如何？我上午在教室上课，没时间去德育处。”我假装不经意地问道。

娟娟沉默了两秒，说：“我被记过了。”她面容憔悴疲惫但声音依然平稳。

…………

“你是个聪明的孩子，你在要求男生留宿时就该预知会有什么结果。”娟娟不作声。我转而问她：“你知道女生跟男生在一个房间里度过一个晚上是什么概念吗？”她依然沉默不语，然后点点头。

“你们都不是幼儿园的小朋友了，应该知道男女有别。不论那天晚上有没有发生什么，你们四个女生都会因为此事被人诟病。更何况，这件事还是你主导的，被别人议论自然不可避免。”她点头。

我说：“其他同学曾告诉我，你是个仗义又敢做敢当的人。既然事情是你做的，那就要承担后果，不管别人的话说得多难听，你都得扛着、都得忍着，这是你应该承受的……但时间会磨平一切，一段时间之后，大家自然会忘记这件事。你要做的就是改变自己的言行，向他们证明自己的友善、豁达、勇敢、转变。”她抬起眼睛和我对视，眼里有了波澜。

“现在请你帮老师解决一个难题。”她惊讶地看着我。“你是语文科代表，也是大组长，即使老师在班上只字不提你的事情，其他同学也都会听到风声。如果老师继续让你担任班干部，一定会有学生说老师偏心。但是，撤了你的职，又会让你在同学面前颜面尽失。你说，老师该怎么办呢?”

她欲张嘴回答，但话没说出来。我说：“你不着急，我给你一天的时间冷静下来，好好想清楚，再来回答我。”

第二天，娟娟如约再次来到办公室，并且告诉我：“我不想做班干部了，请老师把我的两个职务都撤了吧。”“为什么呢?”我追问了一句。娟娟突然红了眼。“昨天班上同学一直在议论我，我一走进教室，她们就不讲话了，盯着我看……”眼泪不停地从她脸上滑落，她拼命地抹着眼泪。“我知道……老师说的对，是我做错了，我必须要承受这些。所以我不能再做班干部……”

我递给她一张纸巾。“知道老师怎么想吗？你在思考这个问题的时候，我昨晚也仔细想过了。我还要让你做班干部!”她擦干眼泪，不解地看着我。我说，即使你被学校处分了，我也依然认为你是一个好孩子，你开朗大方，讲义气有担当，值周时认真负责，在班上再也找不出第二个娟娟……

听完我这几句话，她直接哭出声来。我接着说：“你以前是大组长，以后也一样是大组长。因为老师相信你的能力，组里的调皮男生也只有你才能管下来。”

我停顿了一下，“但是，你这次犯了大错，老师也不能不在班上表明自己的态度，不然其他同学会说老师偏心，所以我要撤掉你的语文科代表职务，你愿意吗?”她边哭边点头。

“这对你来说是个挑战。接下来，如何当好大组长，改变自己的形象，让同学们重新认识你，这是你需要想清楚的。你将会承担难以想象的压力，甚至会有很难听的话传到你耳朵，但是你都得承受着，并且拿出令人信服的言行举止来做表率。这是一个非常艰难的事情，对你来说，这也是一次成长，你愿意去面对吗?”

她坚定地点头。我继续向她抛出橄榄枝。“议论不可避免，但是如果有学生针对你做了过分的事情，你可以随时来找我谈。老师依然是你的后盾！”从那之后，娟娟身上笼罩好几天的阴霾逐渐退去，她红肿的眼睛也逐渐恢复往日的神采。

这件事情当然不会就这样结束，后续还发生了不少插曲，但事情还是朝着好的方向发展了。娟娟比以前更愿意听我的意见，对待大组长的工作也更加尽责。她喜欢与其他同学交流，信息渠道特别广，知道班上很多“小道消息”，包括其他班的一些情况，她会将这些信息反馈给我。

在这件事情的处理中，我运用了同理心，从学生的角度来理解她的处境和诉求，进而利用外在的其他对立因素，巧妙地将我放置到了一个“娘家人”的位置上，既有效地建立了她与我之间的信任感，又避免了该生自暴自弃、越滑越远，还给了她改正错误的空间，这为后期的班级事务管理工作清扫了不必要的障碍。

◆ 故事赏析

在教育实践中强化自我修炼

● 故事特点

《一个“演员”的自我修炼》讲述了当事老师在处理学生留宿事件中表现出的大度、关爱以及自身修炼的过程。这里的“演员”并非是指老师处理学生的相关问题要像“演戏”一样，而是强调老师要充当不同的角色，站在不同的角度去思考问题，解决问题。当事老师自我修炼的过程有如下三个特点：

一、从直觉不喜欢到扮演“娘家人”

讲述者坦诚地说，“出于直觉，我却不怎么喜欢娟娟”。这是因为“她经常打其他同学的小报告”。对于一个自己不看好的学生，为何当事老师还要想尽办法去帮助呢？这是因为当事老师认识到了受到处罚后学生发生变化的多种可能性，“已从春风得意变成了千夫所指”“她的世界只剩下负面情绪”“最后一点善念也许就真的被焚烧殆尽了”。

面对自己“不喜欢”的学生，老师改变自己原有的态度与认识，扮演不同的角色思考学生成长的问题，这既是教师职业责任感的体现，也是自我修炼的结果。也许老师不可能做到“喜欢”每一个学生的性格特征等，但是当学生的思想发生偏差，性格扭曲，或需要帮助时，老师就该放弃一己之见，以教育引导学生为重，尽心履行岗位职责。

二、从佯装不知情转主动为被动

凡教育工作者，大家都熟知教育方式与方法的重要性。面对相近的境地或有同样问题的学生，不同的教育方式所产生的效果很有可能相差很大。犯错误受到处罚的学生，一定会经历敏感或沮丧期。此时，老师与学生谈话如何找准切入点，如何拿捏分寸需要教育智慧与技巧。

当事老师佯装不知道处分结果，让学生有机会自己告诉老师，从主动的通告转为被动的听取，这既体现了当事老师的教育智慧与良苦用心，也为其了解和掌握该生的心理状态创造了条件；与此同时巧妙引导着师生谈话氛围，为促进一些微妙变化做好了铺垫。这有助于老师在随后的谈话中增强批评教育的针对性，避免使谈话变得尴尬或节外生枝。

三、从惩戒错误到发挥学生优势

将惩戒与发挥学生优势放在一起似乎显得自相矛盾，其实不然。无论是惩戒还是发挥学生优势，都是教育学生的手段与方式。给予记过处分是对娟娟在留宿男生事件中不当言行应该承当的责任的判定，其目的是希望她以此为戒，吸取教训。经过一系列的考量，对娟娟的认识不断发生转变后，当事老师开始寻找娟娟身上可以挖掘的优点。

老师从“娟娟伪装自己，在师长面前以好孩子示人”中看到了“她尚知对错”“有一定是非观”，即可教可塑的一面。娟娟在学生中有影响力则是老师可以利用的另外一面，既可借此来加强班级管理，又可给予娟娟纠正错误的机会，让她在同学面前展示自己的“友善、豁达、勇敢、转变”。

作为教师，也许我们在反思时会常常想到要加强自我修炼。笔者以为修炼不该是一句空洞的口号或概念。《一个“演员”的自我修炼》告诉我们，教师的自我修炼，既是一个理念和愿望，也应该成为教育实践中的行动与自觉。在这一点上，当事老师的做法值得学习借鉴。

● 有待商榷

笔者以为，在事发后处罚以及如何看待娟娟的问题上至少有三个方面的问题需要进一步厘清。

一是德育处处罚与班级处罚的关系。学校或班级根据学生所犯错误的性质以及造成的影响给予当事学生必要的惩戒是完全有必要的，其目的是通过谈话、引导等之外的形式教育学生，令其认识错误、改正错误。娟娟受到德育处处分后，班主任是否一定要以撤销其职务的方式向班级表明自己对娟娟的态度，可否采取其他替换方式值得思考。例如，在班会上对学生进行事后教育时，明确指出问题的性质等，而不是撤职。当然，若德育处的处分决定中对班级的处理方式提出了具体的要求或指导性意见则可另当别论。也许这是学校教育惩戒办法中暂存的一个空白，因此有必要缜密考虑，制定和完善教育惩戒实施办法。向学生进行规则意识教育时，学校及班级需要制定明确且操作性较强的规则，让教育惩戒有章可循。

二是发挥学生优势与纠正其缺点的关系。当事老师保留了娟娟的大组长职务，有两个目的：防止学生自暴自弃和发挥其优势参与班级管理。娟娟因“讲义气”等优点在同学中树立了威信，老师利用其优势加强班级管理中的学生自治肯定会收到良好的效果。但是，伴随娟娟优点的还有她的缺点，如“灵活善变”“校外有不良青年‘撑腰’”，在校内利用“班干部‘帽子’‘保驾护航’”等。她的这些想法都值得引起老师的注意，需要寻找恰当机会帮其纠正。

三是留宿偶发性与青春萌动必然性的关系。留宿事件是一件孤立的事件毫无疑问，但是即使没有留宿事件，青少年在青春萌动期也会有其他的表现。例如，娟娟“喜欢八卦”，她的 QQ 空间“充斥了大量的妆容自拍、早恋、辱骂、约架等不堪入目的内容”，甚至她还自称“我得了艾滋病”等。这里的“艾滋病”是否可以理解为“爱滋病”——因感觉到爱的萌芽而滋生的“病态”。也许是德育处已经看到了娟娟怂恿男生留宿的背后原因，才给予她记过处分。但是，细致分析留宿的偶发性与学生青春萌动的必然性的关系，将有利于做好相关学生以及班级其他同学青春期教育工作。

● 建言促改

留宿事件提醒我们必须要高度重视初中生存在的诸多方面的问题。针对学生中的不同情况，须采取相应的教育引导措施，帮助学生健康成长。

一是加强性别意识教育。一般而言，性别意识教育应该在进入初中之前的学段完成。笔者以为，这应该是一个持续的过程。从留宿所反映的问题看，性别意识不强，对男女有别的认识不够也是一个重要的因素。因此，在对学生进行青春期教育时，有必要进一步细化教育内容，强化学生的性别意识。

二是加强规则意识教育。在研学活动之前，尽管学校和老师对研学活动期间需遵守的纪律与规则有明确的规定与要求，但为何当天就有人违规留宿呢？究其原因，在相关的几个学生中肯定存在藐视规则、目无纪律的问题。在进行规则意识教育时，不仅要讲解学生应该遵守的规则及遵守规则与纪律的重要性，还要明确告知违反规则与纪律会导致的后果。

三是加强责任意识教育。娟娟违反纪律，最终承担了相应的责任。可采取适当的方式通过此具体事例对全班同学进行责任意识教育。要教育和引导学生充分认识到，在成长的过程中每一个人都必须对自己的言行负责。与此同时，用自己良好的言行举止，维护班集体的声誉，在团队活动中表现出应有的担当。

四是加强是非意识教育。娟娟的日常行为中确实存在是非界限不明的问题，这也包括部分对娟娟有“认同感”的学生。例如，娟娟在同学中“讲义气”，这是江湖义气还是友善相处等需要甄别。不然，同学间相处是非不分必定会误导他人。

抗疫有我　爱生同行

故事撰写：高蔷，湖北省襄阳市诸葛亮中学教育集团

“连课都不想好好上，你这个作孽的家伙！”突然，一阵叫骂孩子的声音不绝于耳。怎么回事？这会儿老师可正在上网课啊！我还隐隐约约听到其他一些同学的嬉笑声，这网课可怎么上啊？找到了发出叫骂声的麦克风，利用管理员功能，我及时关掉了有叫骂声的麦克风。此时，那里的声音停了，可我的思绪却没有停歇下来。

回想起上学期在教室里，那个愁眉不展的孩子浮现在我的脑海中，是他！每天上课他总是迟到，每天放学他都是最后一个离开，总是慢腾腾。我暗自思忖，看来这个孩子如此这般也是有原因的啊，不禁觉得他很可怜。

若是在教室里，我一定会和他单独谈一谈，甚至陪孩子到他家里，和他的妈妈坐下来好好聊聊。可此时因疫情大家都在家隔离。思来想去，我拨通了家长的电话：“喂，您好，我是高老师，请问您是倪松的妈妈吗？”“高老师，您好，这孩子没有救了，我不想再管他了……”倪松妈妈的话语中夹杂着哭泣声。“您别难过啊，倪松是一个好孩子……”哭泣声逐渐减小，可她嘴里还嘟哝着：“要这儿子有什么用呀……”“您别着急，冷静一下，好吗？”“嗯、嗯。”电话那头传来了她答应的声音，我也慢慢不再说话，心想等着她慢慢冷静下来，沟通的效果会好一些。

当日下午，倪松妈妈发来微信：“在上网课时，我不该骂孩子，自己这个母亲做得很失败。老师，对不起。”我看到微信后，心想有门，于是我再

次拨通了她的电话。首先肯定了她对孩子的心是好的，试想天下哪有家长不望子成龙啊？可是做法是不是欠妥呢？“只要不放弃，孩子就有希望。因为孩子毕竟已经15岁了，他开始有自己的想法，这很正常啊！即使他做得不对，作为大人，我们也要保持理智并帮助他，您说呢？”听到我这番话，她随即表示赞同，可是她也提出了一个问题，她说不知道如何理智地应对出了问题的孩子。我说，问题出了，并不可怕，可怕的是不能冷静地处理问题，导致孩子逆反，反而事倍功半。电话那头没有应声。于是我接着说：“就拿这次的事情来说，问题解决了吗？”她随即说道：“高老师，我懂了一些。”听到我赞扬她是一位用心爱孩子的母亲，她竟然害羞地说：“高老师，我听您的。”我承诺每天发一篇有关教育孩子的文章给她看，她连声说好。

与此同时，我也利用网课特殊的时间搜集网络资源，比如：从“学习强国”学习平台上收集并转发了钟南山、李文娟等科学家和广大医务工作者及其他人员不畏艰难，冒着生命危险参与抗疫的事迹；班级老师为了学生的学习，排除万难，用心上网课的故事等；还提议同学们向身边的榜样看齐。这些都让倪松及其他同学受到鼓舞。

为规范班级管理，倪松和同学们一起学习了《网课文明礼仪　我们共同倡导》，倪松带头倡议并与全班其他同学承诺：新课堂有规范，共同维护网课文明礼仪，坚决不做“网课学困生”！从那以后，倪松在英语网课上发言积极，简直变成了另外一个人。每当受到表扬，他都会对着镜头害羞地笑笑。

倪松妈妈发来一条微信：“高老师：真的佩服并感谢您！从幼儿园到初中，这么多老师都教不好他，可上您的课，他是最用心的，跟在其他课堂上的状态完全不一样，这全是您的功劳。遇见您，我们太幸运了。为高老师点赞！”然而，我知道这样的孩子转变很快，却很有可能出现反复。

果不其然。一个星期后的网课上，我正在和学生们一起听网课时，倪松的麦克风又发出了妈妈批评他的声音。这次妈妈没有用辱骂粗俗之语怼孩子，明显有进步！在网课结束后，我及时拨通了她的电话。交谈中，她往日的急躁不见踪影，还有些许的不好意思。我高兴地对她说：“您进步了，真为您感到高兴。”她说：“对儿子我真的是无语了，想想您说的话，我冷静了许多。您说，我该怎么办?”“这段时间，倪松在家上网课，您如果在他身边，可不可以做到不说话?”“那我该干什么呢?”我建议她拿出笔和本，抄写能使自己静下心来的东西。

少了妈妈的干预，倪松上英语课的积极性高涨，每次都主动连麦大声跟读，连交上来的笔记都记得认认真真，达到优秀等次。

4 月的一天，与往常一样，我开始了每日一查，倪松居然没在网课上签到。经与家长联系后得知，原来是妈妈复工后家里没人叫醒他，倪松睡过头了。而这一次，妈妈的心态平和，打电话请邻居叫醒倪松上网课。

家长逐步复工复产，不能守候在孩子身边，着实让人担忧。于是，我们及时召开了“抗击疫情，我们携手前行”的主题线上家长会，让孩子和家长共同与会，形式别开生面。其间，有亲子活动，有家长发言，有学生交流，既引导孩子们学会自我管理，又提醒家长多鼓励孩子。家长会在父母为自己的孩子点赞声中结束。

家长会后，倪松妈妈说，按老师说的办法及时鼓励孩子，孩子比以前要听话懂事一些了。听到我说，这正是因为家长的改变，才使得孩子有了继续坚持下去的动力，他妈妈深受鼓舞。她终于认识到，家长不发脾气，也能让孩子听话懂事，并决心调整自己的言行举止。可喜的是，这个孩子在上网课时，有时我提出一个问题，被点名的孩子如果答不上来，他会主动抢答，并且每次的正确率都是 100%，他的变化真是大啊！

5 月 17 日，九年级终于迎来了开学复课。真高兴能够看到所有的孩子回归校园，走进教室，我内心十分激动。可是，那个倪松呢？他一上课就开始睡觉，这和网课期间的他判若两人，喊他也喊不醒，叫他他也不理，这个孩子咋的啦？课后，我便立即拨打了他妈妈的电话，他妈妈说：“高老师，别管他了，就要中考了，时间来不及了……”听到他妈妈说这些，当时我真是既难过又生气，难过的是父母怎么能嫌弃自己的孩子，生气的是父母怎么能轻易放弃自己的孩子。当时的我很想立马挂断电话，可是我立即冷静下来，转念一想，都是为了帮助孩子成长。既然问题出了，那我们总要解决问题吧。于是我告诉她，只要学，时间来得及，关键是我们不能放弃。“网课期间您都坚持得很好，现在复课了，更是你们母子搞好关系的好机会，千万不要因为时间紧而放弃孩子，这可是引导他继续前行的关键时期。”听完这番话，那一刹那间，他妈妈仿佛又看到了希望，急忙说道：“高老师，谢谢您，是您的鼓励，让我重新有了勇气，我会和他好好沟通的……”

放学后，我也专门找到倪松，单独和他谈心，并且建议他晚上早点睡觉。他有些不好意思，点点头答应了。接下来的一个多月，我激励他做一些力所能及的事情，并且通过电话、短信和微信不断鼓励他的妈妈。

今年7月17日中考，他的中考英语成绩居然有了很大的进步，从原来的不及格到现在的80多分，他妈妈还特意给我打来了电话表示感谢，感谢我对她和孩子的不放弃。

网课期间，隔离不隔爱；复课期间，隔空不隔爱，频里频外一线牵，抗疫有我，爱生同行。从教24年以来，即使在疫情这样特殊的时期，我也时刻不忘初心，牢记教育的使命，追逐教育梦想，我还会继续以课堂教学为抓手，以学生快乐成长为着力点，和家长一起，引领学生快乐学习，幸福成长！

◆ 故事赏析

一肩双挑：教育学生并指导家长

● 故事特点

《抗疫有我　爱生同行》主要描述了抗击新冠肺炎疫情期间发生在教师与学生、教师与家长以及学生与家长之间的故事，记录了学生的成长、家长的进步、教师的付出。针对居家隔离等实际情况，当事老师充分利用网络以及手机等搭建了老师与家长、老师与学生之间沟通的桥梁，正如故事结尾所言“隔离不隔爱”“隔空不隔爱”“频里频外一线牵”，见证了特殊时期真实的教育实践。围绕教师针对倪松同学及家长所开展的工作，故事充分体现了抗疫期间在“停课不停学”的状态下，老师敢于担当，主动一肩双挑，既教育学生也指导家长的特点。

一、指导家长尽显耐心

发现倪松妈妈在教育子女方面存在问题纯属偶然。若不是家长不知道她在家里对孩子的责怪、辱骂会通过儿子的麦克风传送到网络课堂，也许家长在家庭教育方面存在的问题与不足一时半会儿还不会暴露出来。当事老师深知家长的言行对孩子的影响，特别是在疫情期间居家隔离的状态下更是如此，便主动联系家长并在随后指导家长开展家庭教育。

一是充分理解家长。家长都会对子女有所期待，对其教育有所要求，倪松的妈妈也无例外。正因如此，其母才有一些不恰当的或过激的言行。在与孩子母亲的通话中，老师充分理解家长对孩子抱有期望，家长口头上讲“这孩子没有救了，我不想再管他了”，其实她内心想表达的是一种无奈。如若当事老师劝说家长，知道自己孩子学习不好就不要对孩子有过高的期望值，肯定会有损家长的自尊，打击家长关心孩子学习的积极性。

二是适时批评激励。倪松妈妈起初教育孩子的方法——爆粗口辱骂等，特别是在网课上时“被直播”，肯定是不恰当的。当事老师毫不含糊，话语虽然比较柔和，但是明确指出其做法的错误。随后几次网课上，当事老师发现家长改掉了爆粗口的毛病并且态度渐趋温和，当事老师及时给予了鼓励。教师与家长交流沟通，切不可为顾面子而态度不鲜明。老师只有表明态度，才能让家长从老师的批评建议与肯定激励中吸收经验教训。

三是及时具体引导。值得强调的是，当事老师对家长的指导非常细腻具体，具有很强的针对性和可操作性。当倪松妈妈以为不“盯着”孩子上网课自己会无所事事时，老师建议她“拿出笔和本，抄写能使自己静下心来的东西”“承诺每天发一篇有关教育孩子的文章给她看”。这让笔者想起另外一位老师，为指导家长与孩子沟通，甚至提前帮家长起草好谈话提纲。对于部分家长，这些细致具体的指导是非常必要的，也是行之有效的。

二、教育学生释放爱心

当事老师以自己特有的方式，在教育倪松的过程中释放了爱心，促进了该生行为习惯的改变并提升了孩子的学科学业成绩。

一是维护学生的自尊。发现网课上传来了家长辱骂孩子的声音，迅速定位发声的麦克风并果断关闭，有效地避免了家长粗鲁的语言在学生中的不良影响，更重要的是维护了倪松同学的自尊。不然，倪松肯定会感到在同学面前“丢脸”，导致其自卑等。无论在什么场合发现家长辱骂或惩罚学生，教师不可认为与己无关，或虽对家长的做法感到无可奈何却只是视而不见、听而不闻。在家长的言行有损学生自尊时，老师应该采取有效办法，主动筑牢维护学生自尊的防线。

二是增强学生的自信。之前的在校课堂学习中，倪松的成绩比较差，但是几个月的网课下来，他的成绩有了较大提升，就连曾经不看好自己的妈妈也感到惊讶，对老师所做的工作给予高度的赞赏。倪松从不认真学习到抢答问题是学习态度的转变，也是老师不断助其增强自信的结果。

三是履行德育的职责。针对学生在网络课上暴露的学习习惯差等问题，老师坚持将育人放在首要位置，对学生进行道德品质教育。结合当时抗疫的实际，利用收集整理的资料，引导学生向钟南山等科学家学习，向身边的老师和同学学习，既让同学们崇尚科学技术，又激发他们刻苦学习的积极性。当事老师在网络教学期间也没有忽视德育，充分体现出对德育工作重要性的深刻认识以及视德育为己任的高度自觉。

三、家校联手形成同心

对于家校联手教育孩子的重要性已被越来越多的家长和教师接受，遇见问题时双方推诿的现象虽偶然发生，但毕竟只是个别现象。家校如何联手，加强合作却是个值得重视和研讨的问题。因此，寻找与运用行之有效的办法密切家校关系，促使双方形成同心有待进一步下真功夫。本故事中，讲述者没有专门强调家校合作，但是她用极为具体的举动做出了示范。

一是坚持认识与行动的一致。如何评判孩子成长过程中表现出的能力以及对孩子阶段性发展目标的期盼，家校之间并非能始终保持一致。因此，在对待孩子的态度以及教育方法上难免出现不协调的现象。本故事中，倪松的妈妈曾几度对孩子失去信心，甚至让老师“别管他了”。针对家长的态度，当事老师联系家长时侧重与其统一对孩子以及对其教育方法的认识。最终，倪松妈妈被老师耐心而专业的工作所折服，明确表态：“高老师，我听您的。”“真的佩服并感谢您！”

二是坚持有效沟通、把握时机。出于多种原因，工作压力大、对孩子不满意等，家长有时很难做到在同一个“频道”上与老师对话，致使沟通效果受影响。当事老师在联系家长时，寻找恰当机会，准确把握时机，甚至在电话中判断家长的情绪后控制语速，展现出娴熟的沟通技巧。

三是坚持个体突破、教育全体。家长复工后，倪松因没人叫醒而迟到，这原本是当事老师发现的个别学生的问题，但是当即联想到所有的复工家长可能面临同样问题，及时召开了线上家长会，提醒了家长，教育了全体学生。这种由点及面的家校合作工作方式值得肯定。

● 有待商榷

家长在上网课的学生身旁爆粗口，这只是暴露问题的一个导火索，也是引起老师关注倪松言行举止的原因。学生的行为习惯养成非一日之功，也并非完全是受家长的影响。故事中，讲述者还回想起“他”是个“愁眉不展的孩子”“总是慢腾腾”。家长也有反映：“从幼儿园到初中，这么多老师都教不好他。”这说明倪松在正常的学习状态下也存在明显的缺点和问题，老师的关注度却不够。“停课不停学”网络教学时倪松已处于初三下学期，当事老师的调教收效明显。若是在更早的时间能发现和纠正该生行为习惯不好的毛病，倪松在初中阶段的状况很有可能会更佳。当然，这需要老师敏锐的眼光和有效的引导。

● 建言促改

本故事比较集中地描述和反映了疫情期间网络教学中教师、学生以及家校联系与合作的主题，且当事老师的很多做法都收到了预期的效果。可以预测，在抗疫期间有的家长利用此机会加强和改善亲子关系，也会有部分家长有良好的愿望但不知所措或不得要领等。这很有可能只是家庭教育和亲子关系的一个缩影，在一定程度上反映出正常状态下家庭教育的情况与问题，值得深入的研究。若是能集中对网络教学期间家长对孩子学习的参与度和关注度等进行深入系统的研究，相信研究的结果对于指导家庭教育、加强家校合作、提升育人水平等会具有较强的指导作用。

纠纷过后　握手言和

故事撰写：胡芬，湖北省荆州市沙市实验中学

当天最后一节课，我刚到教室门口，一阵嘈杂声扑面而来。

“老师，娄向阳又哭了！”有同学一看到我就说道。还有一些同学在窃窃私语，“每次都是这样”“唉，像个小姑娘一样”……

娄向阳成绩优异，对老师谦逊有礼，但是他与同学相处得却不太愉快。不少同学利用他爱哭的性格，喜欢用言语撩逗他，就想看他哭。家长知道孩子的问题，却束手无策。

“谁能告诉我，今天这又是怎么了？”我问道。“张小明踢了我的腿，还打我的头，眼镜腿也被他弄断了……”娄向阳抽噎着。我将目光落到张小明身上。“谁让他把脚伸到我的课桌底下的！”张小明也忿忿不平地说道，“是你，就是你不对。”“都是我的问题，你全对，好了吧！”娄向阳的哭声越来越大。

“打住！”我立即叫停，“我们不要耽误其他同学的宝贵时间，你俩先平复一下心情。下课以后，我们再留下来解决问题。”上课时，我时不时地看向娄向阳，只见他两肩颤抖，不停地用纸巾擦着眼泪和鼻涕。显然，他还没能从刚才的纠纷中走出来。

下课铃响了。我把他们留下来说：“好了，现在你们俩陈述一下各自的理由。”“你踢我就是你不对。”“谁让你把脚伸那么长？”“你得赔我的眼

镜。”“每次你都无理取闹，就会哭。”“你自己上课迟到挨了批评，就拿我撒气。”……两个人争论不休。我心平气和地说：“谁是谁非暂且不论，我先给你俩讲个小故事。”听说我要讲故事，他们很快安静下来。

“世界著名的励志书籍作家拿破仑·希尔在报纸上刊登广告，要招聘一位秘书。应聘的信件如雪片般飞来，但内容都如出一辙，毫无新意。拿破仑·希尔对此很失望，正琢磨着是否放弃招聘计划时，一份姗姗来迟的信件让拿破仑·希尔惊喜不已。”

“敬启者：您所刊登的广告一定会引来成百乃至上千封求职信，而我相信您的工作一定特别繁忙，根本没有多余的时间来逐一阅读。因此，您只需轻轻拨一下这个电话，我很乐意过来帮助您整理信件，以节省您宝贵的时间。您丝毫不必怀疑我的工作能力与质量，因为我已经有十五年的秘书工作经验……”

“讲到这里，故事的结局我想你们应该已经猜到了吧。”我问道。两个人点点头。我继续问道：“为什么这个人能得到拿破仑·希尔的认可呢?”“因为他不是站在自己的角度看待问题，而是站在他人的角度，替他人着想。”娄向阳说。

“说得很对。在刚才的事情中，你们都觉得是对方的过错，那你们能不能换个角度想一下，自己有没有做得不好的地方呢?”我的话音刚落，两个人都不作声了。沉默片刻后，娄向阳面带惭愧地说：“我不应该把脚伸到前面去的……”“我动手打人是我的错……你的眼镜腿被我弄断了，我赔给你。”张小明也不好意思地说。“算了算了，我也有不对的地方，不需要你赔。”娄向阳摆摆手说道。

眼前的一幕让我感动。其实，同学之间时常会有些磕磕碰碰，但这些都是日常琐事，有的还只是小小的误会。如果我们能转换角度，换位思考，如果我们能多方面地激励、启发学生，那么，一定能收获不一样的教育效果。

这件事之后，我格外关注娄向阳。我特别喜欢他学习时的那份专注，他给同学答疑解惑时的那份真诚，他与师长交流时的那份谦逊和亲近。如果他能克服自身的那些缺点，不那么“轴”，不那么“倔”，他一定可以收获更多的温暖和快乐。

正是由于师生之间的这份亲近，我与娄向阳之间的聊天与交流更多了。有时遇到同学之间发生纠纷和矛盾时，我还请他出面评判和调解。慢慢地，他变得没有那么执拗和偏激了，不再是见谁就扎的“刺猬”了，不再是一点就着的“炮仗”了……现在娄向阳不仅个子长高了，心智成熟了，内心也更加强大了。

◆ 故事赏析

巧讲故事　妙解矛盾

《纠纷过后　握手言和》重点关注的是“成绩优异”“谦逊有礼”的男生娄向阳的成长，而且引起老师注意的是该生与同学之间时常会发生的“磕磕碰碰”“日常琐事”“小小的误会”。同学之间因性格或习惯不同发生摩擦比较常见，但发生在比较优秀的同学身上时，很容易被老师忽视。优秀学生的缺点容易被优点掩盖，更具隐蔽性，不易让人觉察，有时候还会以“人无完人”为说辞，期待其自我修复。

学生在成长过程中，无论学习成绩还是性格如何，他们都需要老师的关注。对于学优生而言，关注与帮助可以让他们变得更加优秀，逐步走向成熟；对于学困生而言，老师及时的教育与引导可以阻止他们滑向错误的方向，弥补性格或行为上的不足。

青少年学生的成长尽在细微之处的积累之中，知识的习得与品行的养成均是如此。因此，老师发现学生存在或暴露出微小的缺点后，切不可因事小而忽视。如果忽视发生在学生身上的小事、小毛病、细节问题，任其发展，就会错过一次次有利的教育机会。当事老师在娄向阳身上花费的工夫给予了读者有益的启示，展示的调解学生纠纷及跟踪教育的三个步骤更是可供借鉴。

一、审时度势不影响教学

学生在课前发生纠纷，或在课堂上发生冲突都会影响当事学生，有时也会影响到全班学生的情绪，甚至破坏课堂教学的氛围，妨碍教师教学活动的开展。通常情况下，老师会采取适当的措施平息纠纷，安抚学生情绪，维持课堂秩序。但是，并非所有涉事学生都能乖巧地听从老师安排，调整情绪，进入学习状态。

当事老师在课前调解学生纠纷，首先是调停即可。娄向阳和张小明在课前发生纠纷，两人一直在争吵，所造成的嘈杂声必定会影响正常的课堂秩序。当事老师的第一个措施就是要求他们“打住”。只有让争吵声“打住”，才能集中全班同学的注意力，才能开始上课。其次是点到为止。学生间产生纠纷，至少是没有做到友善待人、和睦相处。面对这种情景，当事老师必须要表明自己的态度，一句“今天这又是怎么了”传递了自己关注学生、关注事件的态度，同时也给予双方一定的机会陈述各自的理由。也许在其他情况下，老师需要适当安抚、劝慰和批评，但由于课堂教学的时间不允许，调查、劝慰、批评等不可能深入。最后是留有余地。课堂上的调查询问及批评教育必定难以深入，有时候学生首次陈述的过程和理由还有待进一步核实。除此之外，学生在发生纠纷时反映出来的问题也需要一个相对较长的教育过程。因此，当事老师提出“下课以后，我们再留下来解决问题”是一个比较好的选择。

二、抓住时机讲故事启发

当事老师兑现在课堂上的承诺，课后将两名学生留下进一步核实情况、解决问题，进行批评教育。这无疑是趁热打铁抓住了最佳的教育机会。需要提醒的是，有的老师特别是科任老师在课堂上说要留待课后解决问题，但是上完课就忘得一干二净，或者为了避免麻烦，选择将问题转交给班主任。笔者以为，若是如此这般处理学生课前或课上所发生的纠纷与矛盾，实属下策，并不可取。这样不仅会错过教育学生的良好时机，还会给学生留下“老师没有原则”“不愿意管事”的印象。

课后解决学生纠纷，不同的老师会采取不同的方法。本故事的讲述者则采取了讲故事的办法，在现场起到了转移学生注意力的作用，让学生从相互指责中平静下来倾听老师的故事。更为重要的是，故事启发和引导学生认识到自己的错误，达到了互相谅解、握手言和的目的。讲故事对老师而言并非一件困难的事，但在教育启发学生时能有故事讲则并不是那么容易。因此，老师要养成读书的良好习惯，广泛阅读，注重积累，只有这样才不至于“书到用时方恨少”。

三、跟踪教育促进其成长

当事老师课后的调解与教育收到了预期的效果，但是娄向阳暴露出来的问题一时难以彻底纠正。正因为对此有充分的认识，当事老师开始了长期的跟踪教育与引导。跟踪教育并非被动地掌握情况，而是利用各种机会积极主动地开展工作。

简要地概括当事老师跟踪教育娄向阳同学，帮助他克服自身的缺点的方式，当事老师主要完成了以下几个方面的工作：加强联系，保持经常性的交流与沟通，赞赏该生对老师的亲近；肯定优点，表扬该生学习上的专注以及帮助同学时的真诚；提供机会，安排该生参与调解同学之间的矛盾与纠纷。当事老师的这几项措施针对性很强，有利于帮助娄向阳克服“轴”与“倔”的缺点。这才有后来不再是“刺猬”，不再当“炮仗”，心智成熟、内心强大的娄向阳。

● 我的建议

同学们利用娄向阳“爱哭的性格”，“喜欢用言语撩逗他，就想看他哭”，这种行为应该持续了较长一段时间。在课堂上经老师简短地调解后，娄向阳仍然“两肩颤抖，不停地用纸巾擦着眼泪和鼻涕”，可见这一问题确实值得重视。

在知情的前提下，同学们仍然对其刻意“撩逗”“就想看他哭”等行为的用意及问题的性质值得深究。无论同学们的“撩逗”行为是否构成了校园“软暴力”，都一定会对娄向阳同学的心理造成伤害。在调解娄向阳与张小明的纠纷中，未见当事老师对来自其他同学的“撩逗”的阻止。

若是老师在采取措施引导娄向阳纠正性格缺陷的同时，提醒和劝阻其他同学停止对该生的故意“撩逗”，则有利于营造更加和谐的班级氛围。对于少数习惯利用他人生理或心理上的缺陷进行“撩逗”的同学，老师更需要明确指出问题的严重性和危害性，并引导学生学会尊重他人。中小学生身心发育尚未成熟，心理承受能力有限，抵制类似的“软暴力”也应该成为维护学生身心健康的措施之一。

本案例告诉我们，生动有趣的故事不仅能化解学生之间的矛盾，还能拓宽学生的知识面；不仅能让学生明理认错，激发学生学习兴趣，还能帮助他们健全心智、陶冶情操。

因此，建议当事老师以故事为载体，有组织、成系统地向学生推荐具有文化特色和教育意义的各类故事，或号召学生们分享自己喜欢的故事，通过“读书分享会”“我讲故事”“每周一个故事”等活动形式，引导学生阅读故事，分享心得体会。老师可以鼓励学生与家长共读故事，各自分享阅读所得，进而加强家校联系，增进亲子关系。老师还可以指导学生撰写故事，鼓励他们将自己经历的或观察到的有趣故事记录下来，有计划地引导学生将目光聚焦社会生活，观察和撰写反映社会进步与群众生活的典型故事。通过阅读、分享、撰写故事，提升学生的观察分析能力，帮助学生树立正确的世界观、人生观、价值观，为未来写好中国故事、讲好中国故事奠定良好基础。

（原载《湖北教育》2022 年第 21 期）

当70后遇到05后

故事撰写：刘桦，湖北省宜昌市外国语初级中学

在从教生涯中，我给学生推荐次数最多的电影毫无疑问是《怦然心动》。每当空气中开始弥散丝丝的青春萌动的荷尔蒙——That's the time！既然青春期的萌动是人类与生俱来的特性，与其闭口不谈，还不如教他（她）们如何开慧眼呢！

我这个70后从踏上讲台遇到80后开始，发现每一个年龄段的学生都各具特色。曾经，二十出头的我带着一群比我小不了几岁的80后，真所谓“娃带娃”，需要“假装”成熟稳重的做派。

90后的孩子更成熟，有思想，有见识，有同理心，大多容易沟通。彼时，我初为人母，如饥似渴地阅读，学习国内外教育与育儿著作。在书中学到“收银机”制度后，便在班级内实验，即建立科学缜密的制度，引导和制约学生行为，而不是仅依赖过去行为或口碑优秀的个体来约束所有人的行为。

时间积累逐渐显示威力。等到九年级，我带的班级呈现出有序而识理、灵动而友善的状态。师生共同努力，实现了理想的目标。可见，教育虽有基本的原则，但能达到什么样的程度，教育者和教育对象的个体特点对此也影响甚大。

不知不觉间，我亲历了00后女儿的青春前期，朝夕陪伴她度过初中后，

我迎来了一群05后的“非典型性格”学生——成熟、单纯、外向、忧郁、勇敢、谨慎。

胡明发第一眼看上去憨憨的，眼睛小小的，笑起来特别讨喜。开学第一节英语课，我正讲述着学英语的快乐和用途，笑声突然从第二排传来。循声望去，一双月牙弯似的眼睛毫不躲闪地直视着我。课后，我单独叫住他，问：“胡明发，刚才笑什么呢?”他没听见似的哈哈笑着跑了。“这孩子有点儿意思。”我暗想，“多观察下吧。”接下来的一个月，他仍时不时地“调剂”下课堂氛围，作业倒没什么异常。原来他只是有点不守规矩而已，这自然可以慢慢引导。

然而，一声尖锐的叫喊让我又揪起心来。课间的教室里，孩子们正三三两两地在一起嬉闹，胡明发伴着这声叫喊哭了起来，且哭得十分投入。我赶紧上前，问他怎么了，他却突然笑起来。唉！接触过那么多“非典型性格”的“大神”们，我的心脏早已强健多了……

不久后，我见到了胡明发的妈妈，一位单身母亲。原来离婚后，她辛苦工作并抚养着孩子。每天放学，她会安排好时间，尽可能地按时到校接孩子。虽然胡明发的父亲会在固定时间陪伴孩子，母亲平时对孩子的沟通和教育也是理性的，胡明发不缺少爱的滋养和正确的引导；但是父母的离异以及妈妈的情绪还是不可避免地影响着他。

留心细致观察，我发现原来他特别喜欢语言，也有天赋，书包里一直放着法语书。在后来的课堂中，他展现了知识面广以及在地理学科等方面的优势。初二秋季运动会上，他抱着法语书，坐在看比赛的同学们中。在请教了他几个法语单词后，我们聊了起来。他告诉我，利用初一暑假，省吃俭用的妈妈带他去了法国。在法国的三天里，他们爬了阿尔卑斯山，去了法国和西班牙的边境，吃了法国牛排等。说话间，他的眼睛里充满光彩，我也很受感动。

胡明发的表现稳定了许多，特别是规则意识越来越强。因此，我会在他情绪不稳定时注意对他接纳，用 70 后沉稳的特质接住他；在恰当的时候注意疏通并引导他的情绪，而不是去批评或评价他。现在，虽然偶尔还会有类似初一时的状况发生，但提醒后他会迅速调整。

胡明发只是我正在经历的 05 后中的一员。05 后带给我很多全新的认识。在伴随他们成长的过程中，我也得以成长，变得更从容、平和、敏锐。

70 后的老师和 05 后的学生是两个相当不同的群体，但是通过两年的相处，我感受到，不管是什么样的性格和行为模式，共情和接纳都是打开沟通之门的钥匙。

◆ 故事赏析

共情和接纳：打开沟通之门的钥匙

利用有限的篇幅，70 后教师给读者讲述了入职以来精彩而幸福的教育实践经历。从讲述者选取的职业生涯的部分片段以及列举的学生典型案例中，读者能了解到当事老师感悟了学生变化，经历了个人成长，提高了教育认识，增强了职业信念。

一、坚持遵循学生成长规律，体现教育的预见性和超前性

故事用多次向学生推荐的电影《怦然心动》开篇。这看上去似乎就是一个比较简单的动作，也许老师都有向学生推荐影视作品或文学著作的经历和习惯。然而，当事老师推荐电影给学生的目的性很强，“教他（她）们如何开慧眼”；时机把握得也非常准，选定“空气中开始弥散丝丝的青春萌动的荷尔蒙”的那一刻。

更加直白地说，就是利用影视作品对学生进行青春期教育。学生在成

长过程中，不同的阶段会出现不同的问题，或同龄的学生会面临同样的问题等。分析问题，总结规律，对于教师做好教育引导工作十分重要。提前做出预判或根据过往的经验将工作做好做细，这不仅能“省事”，更能获得正面引导的效果，也能避免学生走弯路，或出现“按下葫芦浮起瓢”的局面。

向学生推荐影视作品，既容易让学生接受，又是一件“一石多鸟”的事情。学生“有事”可受教育，“无事”可“打预防针”，甚至还能提升文学鉴赏能力。其实，青少年学生都难以避免青春期的困扰，讲述者依照学生成长规律，提前“打预防针”的教育引导方法值得借鉴。

二、坚持在实践中学习研究，感悟理论的指导性和实践性

讲述者特别强调，在“初为人母”时“如饥似渴地阅读”，也许彼时这样比较集中的阅读的起因是“育儿”的需要，最终伴随阅读育儿著作，讲述者也同时学习了不少国内外的教育著作。作为一个教育者、一个有事业追求的教师，在学“育儿经”的同时，做延伸阅读，这本身应该是受“育人”职责的内在驱使，而这两类书籍也正好有相通之处。

阅读的目的有不同的层次，有的为欣赏，有的为消遣，有的为实用，有的为借鉴。作为教师，为了实用应该是阅读教育类书籍的一个重要目的。讲述者在书籍中学到了“收银机”制度后，便在班级制定了科学缜密的制度，用制度规范学生的言行。相信这样的做法不仅会发挥引导和约束学生行为的作用，还会不断增强学生的规则意识，充分体现制度管理的教育功能。

“我带的班级呈现出有序而识理、灵动而友善的状态”“达到了理想的目标”，这一事实告诉我们，当事老师将阅读中获取的知识方法用于指导教育实践，并收到了预期的良好效果。相信这一特殊的经历与体会，将有助

于当事老师进一步坚持阅读学习与实践探索。

三、坚持共情和接纳的理念，直面学生的差异性和特殊性

整篇故事体现了讲述者对不同年代学生特点的观察与研究，并且概括出许多共性的特点，例如，“90后的孩子更成熟，有思想，有见识，有同理心，大多容易沟通”；“05后的‘非典型性格’学生——成熟、单纯、外向、忧郁、勇敢、谨慎”。发现与比较不同年代或不同年龄学生群体的共性与差异，对于老师把握住对特定时期或年龄学生的教育基调有着至关重要的意义，这也应该是在教育中与时俱进的具体要求。学生的思想与面貌都带有他们所处时代或阶段的烙印，老师必须做好思想准备，适时调整教育与引导方式，适应学生变化的新要求。

如果说故事的前半部分侧重的是学生群体的共性，那么故事中列举的胡明发同学的案例侧重的是个性与特殊性。对于胡明发成长过程中的种种表现，特别是一些不够“正常”或有悖行为规则的举动，当事老师在了解和掌握情况后，采取的主要方式就是理解与接纳。发现胡明发在课堂上无故嬉笑，老师简短询问后便暗想“多观察下吧”。当他不时“调剂”课堂氛围时，则认为他有点不守规矩，“自然可以慢慢引导”。教育引导胡明发同学，当事老师可以说是煞费苦心，考虑到了该生家庭背景、个人行为习惯、学习目标以及追求等多方面的特殊性，其深刻体会“不管是什么样的性格和行为模式，共情和接纳都是打开沟通之门的钥匙”，应该引发教育同仁的深思。

四、坚持学生的重要地位，增强叙事的故事性和教育性

在本篇教育叙事中，讲述者谈到自己的教育经历，学生从80后、90后到05后，时间跨度比较大。如前所述，讲述者也总结了自己教育生涯中的

感悟与体会。虽然不少的文字在谈“自身”，但是这篇叙事始终没有脱离学生，学生仍然是叙事中的主角。

中小学教师撰写教育叙事、教育案例、教育论文等本应将学生作为“主角”。研究教育的问题，最重要的是把学生作为研究对象。这一看似浅显的道理，往往在撰写过程中被忽略。曾有朋友提到，判断中小学老师撰写的文章是好还是不够好，一个重要的标准就是要看其文章是否在侧重研究学生以及如何教育学生等。不然就会脱离中小学教育的实际，为了研究而研究，为了文章而做文章。

为了阐明要坚持共情与接纳的理念，讲述者用了较多的篇幅，对胡明发同学的家庭环境、家庭教育、个人兴趣、学习习惯等进行了生动细腻的描述。由此可见，学生在其心目中的重要地位。同时，这也比较客观地反映了当事老师深入细致的工作作风、善于观察的良好习惯、精准施教的有效措施。若是只有对胡明发同学有关背景以及行为习惯等的抽象概括，传递给读者的信息则会大打折扣。

● 我的建议

在强调模仿“收银机”制度在加强班级制度建设的重要性时，讲述者提出“而不是仅依赖过去行为或口碑优秀的个体来约束所有人的行为”。笔者以为，加强制度建设、严格执行制度显然非常重要，正如“没有规矩不成方圆”，强调的就是规则、规矩的重要性。在中国传统文化背景下，无论是执行制度，还是推动一项工作，通常会有“过去行为或口碑优秀的个体”，也就是在群体中有影响力的带头人或先进模范人物发挥重要作用，或者利用在执行制度中表现杰出的个体的方法与精神来激励群体。就班级管理而言，除了严格的制度外，带头执行制度的学生的示范作用一定不可忽视。

另外，故事中依赖“个体来约束所有人的行为”的想法的确很难实现。

一方面，单靠个体去“约束”群体是很难做到的；另一方面，笔者以为这里的“约束”应该更多地体现在示范与引领等方面，而不是强制性的。强制性约束的目标应该通过制度与规则来实现，即使是先进代表的引领与示范也很难发挥强制性作用。

故事中称，部分学生具有“非典型性格”，值得进一步研究思考。本故事给予读者的一个重要启示就是要学会和运用好“共情”与“接纳”。而掌握了解学生的“非典型性格”与特征，包括个体的和群体的，是“共情”与“接纳”的前提条件。若是对性格特征缺乏了解，随意“共情”或“接纳”，定会有放任自流的嫌疑。鉴于讲述者对学生中表现出的“非典型性格”有所觉察，建议对此做比较深入、系统的专题研究，可包括“非典型性格”的表现形式、形成的原因、易发学生群体、适用的主要教育方法等。

（原载《湖北教育》2021 年第 6 期）

第五编

静待之中“修枝整叶”

“墙角”的学生同样需要关注

故事撰写：余美，湖北省红安县永河中学

疫情期间，在网络上结束第三单元古诗文教学后，我选择了以随机抽查的方式检查学生背诵古诗文的情况，检测的目的是促进学习。因此，我提前几天就发布了关于背诵古诗文的要求。抽查的当日上午，我又公布了随机抽取的学生名单及指定的背诵篇目，并要求学生上传背诵课文的视频。

一个多小时后，陆续有学生上传了视频，我一边看一边纠正学生读错的字词。临近午时，陈娟发来短信：“老师，我一紧张就把会背的全忘了。”我判断她说的是实话。陈娟总是坐在教室的角落里，学习成绩一般，但学习态度好，能认真听讲，按时完成作业。

第一次自拍视频接受检查，学生有点紧张也属正常。我回复道：“不用紧张，就跟平时在学校是一样的，要有自信，相信自己可以顺利地背下来。其他同学也遇到一些困难，不也背下来了吗？”按下发送键后，我突然觉得自己的回复有点空洞。我也是从做学生过来的，初中的我也缺乏自信，我知道刚才的话对此时的陈娟作用不大。我想再说点什么补救一下，却不知道说什么，只好期待她练习好后发视频过来。

然而，一个多小时后陈娟一连发来三条信息却无视频：“老师，抱歉，我觉得我做不到。”“因为从一早上开始，背到现在还是没有记下来。”“这篇课文几天前我全部都会背。”

这一次我没有急于回复，怕“鸡汤式”的鼓励不仅毫无作用，反而给她带来压力。我试图回忆并发给她我自己过去的具体经验，但不等我想好该说什么，她的短信却又来了，照例三条："从小老师上课并不点我，所以导致我现在有点恐惧老师点我，再加上我有点心理阴影，所以我很惧怕老师点我回答问题，或让我背书，即使我会背，我也背不出口；即使那个问题我会，我也说不出口。""现在我还没有克服这种心理。""我只习惯当着老师的面背书，开学后您可以随机点我去背书，也谢谢老师能够在群里点我背书。"

或许是她在学校时过于文静，不算起眼，我平时对她的关注少，以前全然没有发觉这是一个被忽视、极度缺乏自信、需要老师不断表扬和鼓励的学生。

"你就当作背给自己听的，背下来后拍个视频，你觉得可以发给老师就发，实在不想发就自己留着，跟我说一声就行，或者你可以把老师当成你的朋友，拍了视频后私发。"发完这条，我觉得应该更加宽容一点，又补充道："先尝试着做一下，如果能克服这种恐惧就好，一时不能克服的话也没关系，尽力了就好。"

过了几分钟没有动静，我猜她应该是在按照我说的办法去尝试。大约二十分钟过后，她回复我："我是自己跟自己拍的，家长不在家里，所以就很恐惧。我今天试拍了很多，但是就是因为有一个字，不知道自己读的对不对，或者是这一段话背的对不对，没有人在旁边提醒我，所以我就拍了一个换一个，拍着拍着自己就急躁起来了。"

"没关系，选择一个自己认为最好的单独发给我，你们都很棒，即使有读错的地方，老师给你们指出来也是希望你们准确掌握知识，没有丝毫批评的意思。"我想也许她是害怕读错字被老师指出来，我得打消她的顾虑，就试图从侧面鼓励她，引导她发出视频，然后表扬一番，告诉她她做到了。

"因为害怕就都删了，我自己将所拍视频都看了一遍，发现都不行。老师，您开学的时候可以随机抽查我背书，我还是没办法克服我的心理阴影。很抱歉，老师。”

看来陈娟的心理阴影不可能在短时间之内消失。我不禁有些失落，这是因为作为老师，我对学生的观察和了解还远远不够。

如果把一个班级看作一个花园的话，那么其中的每个学生就是一朵花。作为园丁，老师不能忽视其中任何一朵。盛放的玫瑰、牡丹固然引人注目，可开在墙角的，甚至叫不出名字的花同样需要关注，因为他们也是在尽力开放。在“墙角”的学生，看似毫不起眼，但或许在他们文静平凡的外表下，有着一颗颗积极向上、渴望被重视的心，正等着老师去发现。

◆ 故事赏析

课堂教学提问有讲究

● 故事特点

《“墙角”的学生同样需要关注》的切入点很小，讲述的是网课期间当事老师与学生陈娟围绕完成古诗文背诵而展开沟通的故事。其时间跨度很短，所有情节的发生在约两个小时之内，师生互相之间在网上的沟通也就几个来回。虽然故事的情节很简短，故事中的人物就只有师生两人，但是这个发生在网络课堂上的故事可以折射出常规课堂上存在的细节问题；师生两人之间的沟通所揭示的现象，在中小学师生关系以及常规教学中具有普遍性。但愿这个故事能引发中小学教师对网络教学以及课堂关注学生等问题进行深入思考。

一、适应网络教学，检测方式需灵活

网络教学对于老师和学生并不是一件新鲜的事，但是在疫情期间连续

几个月一直在网络上坚持教与学则是一种新的尝试，未曾有经验可以借鉴。正是因为有网络技术的支撑，师生在网络课堂上度过了一段难忘的时光，在特殊时期延续了教与学活动。与此同时，网络教学对师生又是一种挑战，对网络支撑能力以及师生教与学的能力也是一次检验。讲述者遇见的对古诗文的教学检测就是其中之一。当事老师采取了比较灵活的方式，让学生背诵古诗文并上传自己录制的背诵视频，比较好地适应了教育手段与环境的变化，比较有效地检验了学生对学习内容是否熟悉。

更值得肯定和提倡的是，当事老师检测学生学习情况的指导思想非常明确，即“检测的目的是促进学习”，而不是有意为难学生，或对学生搞突然袭击。让学生自己录制和上传背诵古诗文的视频，没有提出请家长“监考”的要求，体现了对学生的充分信任；提前发出抽查的通知，起到了强调学习过程的导向作用；现场公布抽查学生名单与内容，不仅体现了公平，而且还有利于帮助学生克服逃避背诵的侥幸心理。

抗疫期间，不少老师积累了许多网络条件下的教学经验，也许还有老师有深刻的教训。故事提示我们，疫情后期教师可以及时总结经验教训并将此与正常状态下教学活动进行比较，这样做定会有利于进一步改进不同教学条件与环境下的教育与教学工作。

二、站在学生角度，悉心开导为帮助

老师布置学生背诵古诗文，并在课堂上抽查是一件再平常不过的教学活动。令人难以想象的是，这么常规的一件事怎么到陈娟那里就出乎预料的困难。为了帮助陈娟克服心理障碍，在很短的时间里，当事老师从最初的灌心灵鸡汤到用心认真思考引导学生的办法，从改变检测要求到鼓励其不断尝试，从列举同学学习背诵的例子到现身说法等，对学生进行了耐心的开导，其目的就是希望帮助陈娟克服因长期缺乏关注而留下的心理阴影和性格缺陷。

当事老师反复回想自己初中时的学习经历——“初中的我也缺乏自信”；搜索自己昔日的学习办法——“回忆并发给她我自己过去的具体经验等”，这充分体现了老师能站在学生的角度看问题。向学生提及或讲述老师自身的经历，既可帮学生认识其自身面临的学习困难或心理障碍是正常的，也是可以克服的，又缩小了师生之间的距离，增强了老师的亲和力。与学生分享自己在中小学的学习情况的做法，对于年轻的老师而言一般都会收到比较好的效果。当然，站在学生的角度思考问题，启发学生，并非仅仅适合年轻老师。

三、重新认识过往，敢于检讨重反思

陈娟同学在网课的古诗文背诵中缺乏信心与胆量，且老师多方引导与鼓励效果并不佳，但这并非是个失败的案例。这是因为通过师生之间的交流，陈娟袒露了自己在常规课堂上不受老师关注的实情，从而引发了当事老师的深度反思。

“或许是她在学校时过于文静，不算起眼，我平时对她的关注少”，还可以推测其他学科的老师在课堂上对陈娟同学的看法与态度也许是一样的。当事老师主动检讨：“我对学生的观察和了解还远远不够”，“以前全然没有发觉这是一个被忽视，极度缺乏自信，需要老师不断鼓励表扬的学生”。这才有讲述者的感言：“ 在‘墙角’ 的学生，看似毫不起眼，但或许在他们文静平凡的外表下，有着一颗颗积极向上、渴望被重视的心，正等着老师去发现。”

除此之外，故事提出了一个常见但容易被忽视的课堂教学举动：上课点名提问互动。上课提问的本来目的是现场检验学生知识掌握的情况，或引导学生深度思维等。但是，实际操作中时而会走偏。例如，以提问提醒

或惩罚没有认真听讲的学生，明知其没听讲而不能回答问题仍然为之，或为节省课堂教学时间，专门点那些明知已经理解了教学内容的学生，还有的是习惯了对部分学生提问而忽视其他学生，致使他们很少得到或根本得不到课堂参与互动的机会。

笔者以为，课堂上的时间分配以及教师注意力的安排应视为一种宝贵的教育资源。既然是课堂教育教学资源，就很有必要让全体学生合理分享，将面向全体学生和不让一个学生掉队的理念落到实处。

● 有待商榷

陈娟同学对自己不能独立完成背诵古诗文视频制作的原因给予了解释，称她可以在课堂上当着老师的面背诵。但在通常情况下，学生当着他人背诵会出现害羞、紧张等状况。为何陈娟的情况与常见现象不尽相同，这值得进一步分析与思考。倒不是不相信陈娟同学陈述的理由，而是通过分析做出更加客观科学的研判，为改进教育教学提供可供参考的依据。

多年前，笔者进教室听课时发现，有学生在被点名背诵课文时，他就在教室里走动起来了，走动的时候背诵比较流畅，然而一旦他停止走动时，就“断片”了；只有再次走动起来，才能接着往下背诵。课后，笔者与当事老师交流，推测该生是为了背诵而背诵，而且是在边走路边练习时记住学习内容的。由于对所背诵的内容理解不够，一旦脱离了“死记硬背”的场景，他就记不起来了。

外部环境对学生的背诵可能会有影响，但是最重要的是学生必须在理解学习内容的基础上背诵，这样才能加深理解与记忆，通过背诵达到掌握知识的目的。

● 建言促改

在网络上与陈娟同学的顺利沟通为下一步正常状态下师生之间的良好交流奠定了基础。陈娟在网络上愿意与老师交流，不仅表达了交流的愿望，更重要的是反映了她对老师的信任。当事老师可以抓住难得的机会，着实谋划和做好几件具体的工作，既需要弥补过去工作中的不足，也是为了帮助陈娟同学调整好心理状态。一是请陈娟当面背诵古诗文，帮其兑现“开学后您可以随机点我去背书”的承诺。同时，准确研判其难以单独完成背诵任务的具体原因，并提出具体的指导性建议。二是阐明老师过去在课堂上对该生关注不够的原因，不为老师自己的失误而开脱，而是以此进一步肯定该生“文静”不给老师“找麻烦”的优点，相机为自己对学生的关爱不足说声对不起，以真诚的态度巩固陈娟同学对老师的信任，力求帮助她彻底走出心理阴影。三是向班级的科任老师通报情况，争取其他老师能在可能的情况下给予陈娟更多的关注，促其健康成长。四是建立并公开班级座位编排规则，适时对学生的座位进行调整，让每一个学生都能感受到他们在老师的视野范围之内，使关注每一个学生具有必要的制度与规则保障。

我爱你是真的——我和我的学生

故事撰写：张萍，湖北省襄阳市诸葛亮中学教育集团

“在由人的精神财富外化而来的和谐的交响曲中，最微妙、最温柔的旋律当属于人的心灵。”——苏霍姆林斯基

前天拜见从外地回乡的大学老师时，初次见到师母，她问及我的年龄，我毫不掩饰地回答：“五十多喽！”师母很吃惊：“看起来真不像，我还以为你只有三十多呢！”我却很淡然：“可能是一直跟学生打交道，所以‘成熟’得有点慢，显年轻！”这样的对话经常发生在和我第一次见面的人之间，我已习惯了，也很庆幸：能够成为一名初中老师，能够一直站在教育一线，能够一直保持年轻！三十多年的从教经历只是再次证明：育人先育心。每个孩子都是唯一的、独特的，一把钥匙开一把锁，只有真的爱孩子，才能不断提高教师爱学生的能力，有针对性地解决孩子们花样百出的问题！

一、体贴的爱，打开的是心扉

那时候，还没有微信；那时候，找人还很麻烦。那天早上，小雨你跟家长闹别扭，离家出走了，毫不顾忌家长的焦虑、老师和同学的担忧自个儿去“散心”了。早上接到家长的求助电话后我就开始忙开了，在学生中间调查了解情况，沿着你上学放学的几条路一遍又一遍地找，到学生提供的一个又一个网吧里去看，拜托你的好友在QQ上给你一次又一次地留言。一直到下午两点，四处寻你不着的我回到学校上班，到教室门口一眼就看

到了独自坐在位子上的你！奔波的疲惫、满腹的担忧陡然散去。把你叫到一边，只轻声地问："午饭吃了没？"眼中难掩忐忑的你听到这话就愣住了，接着反应过来说："吃了！""给家长打电话了没？他们知道你来上学了吗？要不用我电话？他们很担心你，一直在找你！"桀骜不驯的你眼红了，语带哽咽："嗯，中午给我妈打电话了，一点半打的。午饭是她买的。""那就好！回来就好！有什么事情需要老师帮忙的就直接说！老师没啥别的要说，只希望你记住一点：爸爸妈妈是这个世界上最爱你的人，别伤他们的心！先回教室上课吧！"没有训斥，没有指责，因为我知道：你已经后悔了！

晚上，你妈妈打来电话，说你跟他们说，我是第一个真心关心你的人。因为我见到你的第一句不是批评指责，而是关心你的午饭吃了没！你想叫我一声"妈妈"，又怕我嫌弃你是个"坏孩子"！傻孩子，能够成为你的老师，陪伴帮助你成长，又何尝不是一种缘分呢？"妈妈！"电话那头轻轻的呼唤声，一直传到我心底那处最柔软的地方，暖暖的、柔柔的，让我疲惫僵硬的身心都放松下来了。孩子啊，如果说老师给了你温暖，那么，你回报老师的也是温暖啊！

一点体贴，打开的是心扉，沟通的是心灵。这份体贴，让我走进你的心灵、你的世界，也让你走进我的眼里、我的心里。

二、直白的话，沟通的是真情

第一次对学生的真情告白获得了意想不到的收获。那是2006年初，网络空间运用于教育教学中还比较少见，我在班级博客上发表了一篇小随笔《要开学了——给我的孩子们》：

"现在已经是正月初九了，明天我就要上班了，同学们后天就要上学了。现在心情很是复杂，很想念同学们却又不想上班！

"不是不想给你们上课，只是不想跟懒觉告别，跟清闲拜拜，跟自由说再见；不是不想为你们操心，只是不想让付出有时得不到应有的回报，只是怕真情有时得不到大家的理解，让自己跟自己过不去；不是不喜欢你们，只是不想自己虽然喜欢却又不善于表达，爱你们却又总是板着个面孔面对你们，觉得你们已经做得很好却又贪心地想应该再好一些！

“不管怎样，时间在流逝，我，明天还是要上班；你们，后天还是要上学。就让我们调整好心情，把美好和希望带入新学期，把不足和缺点丢在过去好了！

“新年快乐！新学期进步！”

在这篇短文里，我很诚实地向学生坦白自己的内心思想，表现了自己思想上的矛盾，表达了自己的希望，更重要的是传递了爱的信息。学生家长“海天一阔”第一个跟帖，接着学生的、家长的留言让我感到师生之间的距离一下子就拉近了。

直白的表达，坦露的是心声，沟通的是真情。就这样，你理解了我，我理解了你。家校间、师生间多了尊重和信任。教育多了爱护，少了隔膜；多了合力，少了阻力。

三、及时的回复，解决的是问题

1. 和家长的微信聊天记录：

家长 W：老师，在吗？

家长 W：想请教您一下，小草每次背书都背得好，一到默写就写错，屡教不改……我每次罚她写十遍，但是效果还是不行……老师有没有好的方法？

家长 W：今天默写又气得我不行……（3 个愤怒的表情）

我的回复：会背有时候是在很多次重复形成固定模式后顺着惯性脱口而出，写出错别字是字音和词义的不匹配，理解性记忆才能从根本上解决问题。我们学习时是根据字词来理解句意的，理解后会在脑海中留有记忆。默写后可以根据句意倒推字词的书写是否有问题。

家长 W：好的，谢谢张老师。以后我会让小草在这方面下点功夫。（拥抱表情）

家长 W：张老师，小草的背诵视频私发给你了。

我的回复：已检查，很好。

家长 W：好的，谢谢张老师。我们昨天为这个事儿也批评和提醒小草了，做事儿一定要严谨。以前在学校里给老师背了，事后就不必提交视频，但是现在是线上学习，老师掌握不到实际情况，也怕有的学生不自觉学习。虽然老师没有说提交视频，但是以后只要是张老师要求默写的古诗词、诗歌、课文都要发视频给老师。张老师辛苦啦！

…………

家长 W：张老师您好！我是小草妈妈，非常感谢您这一年来对我们小草的关注和培养，孩子这次中考语文考了 100.5 分，整体不错。谢谢老师！（鲜花）

我的回复：恭喜小草在中考语文中取得好成绩，主要还是孩子自己努力付出的结果！

家长 W：可不能这么说，没有您平时对小草的关注，她语文不可能过百的！非常感谢张老师，您是一位非常负责任的老师！

…………

2. 和学生的聊天记录：

学生 S：张老师，我感觉我好像每次古诗背了以后对不上号，理解默写还好，一问名句我就懵了。

我的回复：名句就是每首诗中最能体现作者情感、有哲理或写景有特色等流传最广的句子，是全诗中最重要的或很重要的。

学生 S：张老师，今天那个第十三题为什么选 A？

我的回复：……

网课期间，除了常规的教学外，与学生和家长的及时沟通，了解到孩子在家学习的情况、存在的问题，及时给予建议和指导。这份额外的付出，自然源于对学生真诚的爱。

记得学生张洛铭曾在周记中写道："永远记得那一天，对于我们二班所有的同学都非常重要的一天，我们期待已久的一天……

"我把切下的第一份蛋糕送给了张老师，牛丽和班长代表全班同学送上了一大束玫瑰花。火红的玫瑰，火红的心，是我们对老师深深的爱！当脸上溢满幸福的张老师接过玫瑰的时候，我们全部都尖叫了起来。空气中弥漫着浪漫的味道，还有爱的味道，和着蛋糕和玫瑰散发出的芬芳。突然，我还闻到了一股阳光的味道……也许这就是幸福的味道吧！

"…………

"那天，您准备好了吗？准备接住我们的爱，我们满满的一辈子的爱！"

所以，孩子，我爱你，是真的；孩子，你们爱我，也是真的！可我的付出远不及你们给予的回报……

◆ 故事赏析

职业幸福感伴随爱而来

● 故事特点

本篇教育叙事由三个教育故事片段组成，生动、细腻。三个片段描述的场景，故事发生的时段，以及老师在其中扮演的角色和处理问题的方式都不尽相同，但是它们所反映的是同一个主题：爱的传递和幸福的感受。通读这篇教育叙事，我们会发现它明确地回答了许多教师经常困惑的问题：教师职业是否会给从业者带来幸福感？教师职业幸福感从何而来？怎样才能增强教师的职业幸福感？讲述者已有三十多年从教经历，可以说什么样性格和特征的学生都遇到过，其感悟颇具说服力。

一、教师职业充满幸福感

在开篇中，讲述者毫不掩饰自己在教师职业生涯中享受的幸福感，给读者留下了当事老师自己已经陶醉在职业的幸福之中的印象。看上去年轻，听到赞美声“只有三十多呢”，她却很坦然，且将此归因为“能够成为一名初中老师，能够一直站在教育一线，（所以）能够一直保持年轻”。

讲述者还在三个故事片段中展示了职业幸福感。例如，听到小雨在电话里喊“妈妈”，就感觉到：“轻轻的呼唤声，一直传到我心底那处最柔软的地方，暖暖的、柔柔的，让我身心的疲惫和僵硬放松下来了。”“你回报老师的也是温暖啊！”

笔者曾经看过一档电视节目《谢谢你来了》，其中一期讲述的是一名刚退休不久的徐老师与她当年小学的班主任王老师的故事。当得知坐在台上的王老师已年过七旬时，主持人和现场观众一片惊讶，不相信王老师有那么大的年龄。这是因为她看上去很年轻。王老师满脸笑容，充满幸福感、满足感。笔者曾在教师培训班上分享过这个视频，与学员探讨教师是否享有职业幸福感。讨论的结果毫无疑问是肯定的。但是，许多参训学员以为，并非每一名教师都能感悟到职业的幸福。只有心中有爱的老师，会传递爱的老师，才享有职业幸福感。若在教师岗位上，长期处于疲于奔命的状态，或遇见“不听话”“不好教”的学生就愁眉苦脸、怨声载道，这样的老师是难以享有职业幸福感的。也许一个成熟的成年人看上去是否显年龄，或是否显得年轻与其自身的遗传基因、身体状况密切相连，但是不可否认精神与心理状态也是其中的两个重要因素。

二、职业幸福感伴随爱而来

凡为人师者必须具有爱心，没有爱心很难做好教育、很难教好学生。

倡导广大教师做有仁爱之心的教师也是这个道理。然而在教育实践中，教师对爱的认识与表达则存在个体差异，与之相应的是教师对职业幸福感的体验也不尽相同。

讲述者给读者的一个重要启示是教师职业幸福感伴随爱而生、伴随爱而来。细致品来，从讲述者经历的故事中，我们能体悟到：首先，爱需要奉献。清晨接到家长的电话，小雨不辞而别，当事老师参与寻找，除了时间与精力上的付出，还有内心的担忧。最后在教室门口一眼就看到了独自坐在座位上的小雨，当事老师顿时“奔波的疲惫、满腹的担忧陡然散去”。这仅仅是个单独的事例，相信当事老师在几十年的教育生涯中一直都在坚持付出与奉献。其次，爱体现在对学生的宽容上。对于一时犯“糊涂”的学生，老师表现出最大的宽容。小雨“出走”给家长和老师带来麻烦，也有潜在的安全风险，但是见面后“没有训斥、没有指责”，关心的是小雨吃过中餐没有。这才让小雨体会到老师“是第一个真心关心”她的人。第三，爱的表达需要创新。春节后返校的日期，通常在放假之前就已经定下来了，师生只要按部就班即可。然而，当事老师“别出心裁”利用自媒体给同学们发了随笔。这篇短小的随笔表达了老师对学生的真诚，充满了对学生在新的学期及未来的期望。老师在入学报名前发给学生的随笔，其中不少文字用来分享自身的心情，其实表达的是对学生的关爱与期盼，吸引学生及家长跟帖和点赞，肯定还有学生会反复阅读，在其脑海里留下深刻印象。第四，爱具有感染力。当事老师传递爱的一个重要特点就是以爱育爱，让学生也受到爱的感染，从而懂得什么是爱，如何体悟爱，怎样珍惜爱，学会传递爱。这里有学生张洛铭的周记为证：“火红的玫瑰，火红的心，是我们对老师深深的爱！……空气中弥漫着浪漫的味道，还有爱的味道……突然，我还闻到了一股阳光的味道……也许这就是幸福的味道吧！”以爱传递爱也是对教师职业的重要要求，也是教师职业的一个显著特征。

三、增强幸福感在于自己

人生的幸福感需要自己体会，职业幸福感也该如此。如何增强教师职业幸福感是摆在每个教师面前的一个人生课题。有专家指出，要想增强教师职业幸福感，教师需要不忘初心，坚持事业追求，克服职业倦怠，准确定位人生和职业目标等。

讲述者在30多年的职业生涯中其职业幸福感不断增强，其中的奥秘以及具体的做法值得研究借鉴。除了前述的将爱与奉献作为幸福感的来源之外，当事老师努力建立、用心呵护良好的师生关系是另外一个重要因素。首先认识学生的个体差异性。“每个孩子都是唯一的、独特的。”“一把钥匙开一把锁……有针对性地解决孩子们花样百出的问题！”让每个学生都感受到老师的个性化关爱。其次以诚相待，有效沟通。与学生的沟通，当事老师做到了“直白的表达，坦露的是心声，沟通的是真情”，达到了“你理解了我，我理解了你”的目的，“师生之间的距离一下子就拉近了”。再次满足学生的求知渴望。在线上教学阶段，讲述者不厌其烦地与家长与学生互动，解答知识难点，传授学习方法，履行了答疑解惑之职责。如此这般，“师生间多了尊重和信任。教育多了爱护，少了隔膜；多了合力，少了阻力”。良好的工作环境与工作氛围自然有利于增强教师的职业幸福感。

● 有待商榷

小雨同学与家长闹别扭后自个儿去“散心”，幸好毫发无损安全返回学校。当事老师采取了非常宽容的态度，发自内心的担忧与关心让小雨很有感触，很受教育。但是，这并不能排除学生类似行为有着潜在的安全隐患。中小学生对个人单独行为可能存在的安全风险缺乏研判能力及风险预防能力，由此而发生的安全问题并不少见。在校大学生中因单独外出或结伴而行发生安全问题、甚至丧失生命的案例媒体时有披露。这都提醒我们需要将青少年学生的安全问题放在首要位置。

作为教育工作者，我们应该抓住恰当的机会对学生进行安全教育。指出学生在行为上存在的安全风险，讲授自我防护的方式方法等，也是对学生的关爱，对生命的敬畏。从叙事中很难得知，在小雨安全回到教室后，当事老师是否给小雨补上了安全教育重要的一课。若班上发生类似的意外情况，在不损害当事学生自尊与隐私的前提下，应对全班同学进行安全警示教育。

● 建言促改

在通常的情况下具有 30 多年教龄的教师撰写文稿的热情可能会有所下降，但是讲述者仍然冒着酷暑撰写教育故事，分享职业幸福感，实在令人敬佩。相信在教育教学岗位上，面对“花样百出”的学生讲述者定是游刃有余，笔者不敢冒昧无的放矢。不过，倒是期盼讲述者能在总结教育教学实践的基础上，发挥资深教师的示范与引领作用，继续撰写文稿，或参与研讨，或为师带徒，与更多的青年教师分享自己的经验与感悟，激励更多的教师在教书育人的途中，享有幸福的职业人生。

爱，让你在荆棘中长大

故事撰写：王森，湖北省荆州市沙市实验中学

骆小峰进入七年级时经常请假参加足球训练。从八年级开始，他很少请假，看来是以文化课学习为主了。缺乏运动细胞的我，对足球知之甚少，看到他一如既往的阳光和开朗，便没有给予特别的关注。

然而，开学两三个月后，小峰在课堂上不爱举手发言了，课下也变得闷闷不乐，每次测试也就在80分左右徘徊。我开始有一些不好的预感，但又始终说不准缘由，不免陷入了深深的疑惑！

终于有一天，小峰的妈妈发来了一条长达几百字的微信。

"……不知怎么了？孩子最近和我聊到学校生活都哭了，而且哭得很伤心。看到孩子这样，我的心就像打翻的五味瓶一样……"

"婉拒省训练队的邀请，选择实验中学，这是小峰自己的愿望……前一段时间，看到孩子回家后快乐地分享在学校的点滴，我们悬着的心也就放下来了。"

"……当我们聊着聊着孩子就哽咽了，强忍着不让自己哭出来，我知道他着急，无从下手……我在想：是不是孩子婉拒省训练队的意愿错了？"

"以前他在小学，我们在学习上没有操过太多的心，即使掉课了他也能跟上……我记得前几次回来，他对我说：进入初中才发现自己什么都不是了。昨天吃晚饭的时候，他爸爸问他：考得不好是不是根本没有用心？他一下就放声大哭起来……"

仔细回想，正如骆小峰妈妈所言，孩子应该是自信心受到打击了。赏识教育在某种意义上能够激发孩子的创造力，但是如果没有挫折教育的辅助，培养出来的孩子只会是脆弱的。在新的环境里，原有的优势不在，他极强的自尊心就没有坚强的内心去承受了。

思量许久，我悄悄地行动了……

那天，考试成绩刚刚出来，不出所料，骆小峰的分数又下降了，只有57分。我把他找过来，故意问他考了多少分。

他低头不敢回答。我故意压低声音说："只考了57分。"瞬间，他就罩不住了，眼睛湿润，想哭了。这时，我说了一句话："骆小峰，先别急着哭，也许，这对你来说是一件好事呢?"他有点疑惑……

我接着说："在学习的过程中，谁都有可能遇到失败。在高手众多的班级里受到挫折，本就是很正常的事儿。但是，我断定，你内心肯定不会安于现状，对吧?"他毫不犹豫地重重地点了点头。我又说："其实，每个人都有自己的优点和不足。重要的是如何取长补短。你身上不就有一个令人羡慕的本事吗?"他望了我一下，有点迟疑。"你踢球厉害呀！在绿茵场上的样子可帅了，连我都是你的粉丝。"这时，他脸上露出淡淡的笑容。"你现在所要做的第一件事就是树立自信。只要你肯努力，学习上就没有做不好的事情！"他又频频点头。

每次上课，我都有意无意地给他暗示，引导他举手回答问题。课间时与他闲聊足球，我也从一个伪球迷变成了真粉丝。每次批改作业，我都会在他的作业本上写一些鼓励的话语。

接下来的日子里，小峰变活跃了，愿意和老师交流了。认真工整的作业就体现出了他的自信。时不时，他还专门给老师送零食和饮料，说这是"铁粉专供"。

又是一个星期一的早上，我又接到了小峰妈妈的一条微信："……这孩子回来告诉我：班里的孩子们都非常喜欢您，把您当朋友一样。小峰说，您很疼同学们，可他感觉您更疼他。他说的时候感觉特别幸福……”

事过一年，骆小峰依然朝着不错的方向在成长。诚然，我也没有孩子妈妈说的那么好。但是，看到孩子的进步，我有一种说不出来的欣慰。你的进步，我的快乐。作为一个老师，这是本分。感情最怕的就是自私，幸好人心不像纸箱，会被逐渐填满。你付出的爱得越多，心的容量也会变得越来越大。

◆ 故事赏析

读懂学生用哭声发出的信号

● 故事特点

初中学生骆小峰是《爱，让你在荆棘中长大》中的主角。他有一个特殊的动作：哭！与家长“聊到学校生活都哭了，而且哭得很伤心”。在学校里，考试成绩不理想，他“眼睛湿润，想哭了”。甚至在晚餐期间，当被问及考试不好的原因时，“他一下就放声大哭起来”。

俗话说“男儿有泪不轻弹”。骆小峰还只是个“男娃娃”，哭鼻子不足为奇。然而，当着家长和老师的面多次哭泣，甚至放声大哭，就很难用娃娃的“泪点很低”“故作撒娇”“博得同情”来作出解释，更何况他已有多年参加足球训练的经历，体育运动的克难与拼搏精神应该会给骆小峰留下积极的影响。因此，对骆小峰的哭声发出的信号需要认真解码。

不会言语的婴幼儿用哭声来表达诉求，成年人即使不能很快判断其具体的诉求，但一般不会置之不理或强加制止。一般而言，已就读八年级的学生多次哭泣，容易被家长或老师强行制止，或直接批评是“没有志气”，其中诉求往往被忽视。但是，骆小峰是幸运的，家长和老师从其哭声中读懂了他发出的多重信号：无助，因对初中学业的难度预估不足，且成绩不断下滑而不知所措；担忧，因放弃足球专业训练，昔日在运动场上的“雄风”不复存在而害怕成为求学路上的失败者；坚持，因选择由自己确定，即使遇见再大的困难也要坚持向前，追求人生目标不动摇，至少是遇见困难不愿意自暴自弃；求救，因自感无力走出低谷，希望家长和老师能助他一臂之力，帮其重振精神，走上学习的正轨。读懂哭声中的信号为老师和家长采取相应的措施帮助骆小峰走出低谷奠定了良好的基础。

当时老师对骆小峰的教育引导以及思想认识，很明显经历了三个不同的阶段。从“没有给予特别的关注”到“陷入了深深的疑惑”。骆小峰进入八年级后放弃了足球训练，回归到班级正常的学习生活中，一切似乎比较正常。然而，一段时间后，骆小峰情绪发生了变化，学习跟不上了，这才引起老师的关注和疑惑。在细致观察的基础上，老师发现了骆小峰回归课堂学习后存在的问题，家长冗长的微信印证了老师心中的担忧，促使老师很快从“深深的疑惑”转向了深入的思考。家长和老师的观察一致，所见略同，这也是随后能顺利引导骆小峰走出低谷的一个重要因素。从“思量许久”到果断采取多项行动，“思量”是采取教育引导措施的前奏，是采取行动前的必要准备，而行动则是思量所必须指向的结果。当事老师采取的行动包括肯定优势、积极鼓励、增强自信、施以关爱、改善关系等等。在上述三个阶段中，当事老师的教育措施具有三个明显的特征：

一是主动观察而不是被动应对。当事老师起初没有特别关注骆小峰，是因为他当初并没有特别之处需要关注。一旦骆小峰表现出情绪低落、寡言少语时，老师很快就陷入了深深的疑惑。这是教师职业敏感性与责任感的重要体现，既有观察，也有发现。鉴于骆小峰从小学开始就参加足球训练的特殊情况，回归班级参加课堂学习遇到暂时的困难也在情理之中。但是，当事老师并没有对学生表现出的问题视而不见或不以为然，而是主动思考应对的措施，一切都是在老师的掌控之中。家长发给老师的微信并没有让老师感到“意外”或“不知所云”，而是适逢其时，佐证了老师观察和发现的问题。

二是有效作为而不是盲目滥动。如前所述，当事老师的思想认识以及对问题的分析和处理经历了不同的阶段。值得充分肯定的是，“思量许久”才“悄悄地行动了”。从足球训练到回归正常课堂学习，标志着学生的学习生活重点和方向发生了变化，想帮其解决学习上遇到的困难与问题，并非处理应急事件，越快越好。与此相反，在充分分析与思考的基础上提出可行、有效的办法更为重要。若方法不当，盲目滥动很可能让学生无所适从，很难达到预期的教育效果。

三是家校合作而不是单打独斗。故事告诉读者，在教育和转化骆小峰的过程中，当事老师与家长好似心有灵犀，及时交流，互通信息。双方都能对孩子出现的状况进行比较理性的分析与判断。家长主动给老师发微信，表现出家长对孩子教育的主动担当，也体现了对老师的充分信任。也许骆小峰的家长家庭教育的意识与能力比较强，这才与老师的配合比较默契。当然，在现实中也有一部分家长的家庭教育意识相对薄弱、教育子女的方法相对简单。对于这类家长，老师也应该鼓励家长主动与学校联系，与老师沟通。这更有利于老师全面掌握学生在校内校外的思想状况和行为习惯，给予孩子针对性较强的教育与帮助。

当对骆小峰的转化见到成效后，家长再次用微信联系老师并转达了骆小峰对老师的赞扬：“您很疼同学们，可他感觉您更疼他。”作为老师，如果将自己有限的时间与精力，或者说自己的爱心与关心平均分配到每一个学生身上，操作起来必定很困难，也很难做好，更没有必要。老师在不同的时间段，或根据不同教育对象的实际，视情况给予相关学生最大可能的关注与关爱，这也是因材施教的需要。但是，能让每一个学生都感受到自己是老师最疼爱的那一位，则需要老师的教育智慧。相信当事老师在关注骆小峰的同时，肯定也在关注班级里其他的同学，能让骆小峰感受到自己是最幸福的学生，当事老师的确值得点赞。

● 有待商榷

骆小峰从小学就在参加足球专业训练，花在文化课程学习上的时间必定会相对减少。骆小峰在小学阶段，其父母在学习上没有操过太多的心，“即使掉课了他也能跟上”。这很有可能与小学阶段学业难度相对较低有比较密切的关系。进入初中，特别是进入八年级后，学业课程等的难度必定会加大。对于孩子面临的困难与问题，家长没有思想准备，或缺乏事前的判断，情有可原。然而，站在专业人员的角度看，老师对此也缺乏必要的思想准备。若是能提前与家长沟通，做出合理预判，超前采取必要的措施，也不至于要到两三个月后等问题充分暴露才采取行动。幸好当事老师用比较敏锐的眼光及时发现问题，而且所采取的措施针对性强，这才确保了骆小峰重拾信心。

● 建言促改

一是进一步增强预判意识。对于转校、调班、重选发展方向的学生在适应新环境阶段可能遇见的困难与问题，提前做出科学的判断，尽早主动干预。只有这样，老师才能尽量缩短相关学生在新环境下的磨合期，提高他们的心理承受能力。

二是总结观察发现的经验。本故事中，“哭”成为骆小峰的一个重要表情，但是这只是学生丰富的“表情包”中的一种表现形式。作为老师，我们需要不断总结观察的经验，读懂学生的“表情包”，发现他们的所思所想，走进其心灵，为学生排忧解难，确保他们健康成长。

用心引导，让学生远离游戏

故事撰写：冯光琼，武汉市光谷第七初级中学

因新冠肺炎疫情防控在家上网课期间，肖海对游戏十分痴迷。其母好言相劝，却被他又打又骂；其父来电话想听取我的意见，却说："老师，明天我就准备把孩子送走，哪怕'少管所'封了，我也要把他赶出家门……"这不像是要听取意见而是在告之他们的决定。我强忍焦虑，耐心劝导："您现在犹豫说明您心疼孩子，仍然希望他变好。面对这次疫情，还有什么比健康更重要呢?"

掂量再三，我给肖海发去信息："你在关注新闻吗？我们的城市生病了，有多少医护人员离开家人为武汉保驾护航……建议你每天多了解新闻，关注同龄人都在干什么，为什么大哥哥大姐姐要做'逆行者'？爸爸妈妈希望你能按时吃饭、睡觉，怕你生病，老师也希望每个同学都平安……"

那一夜，我彻夜难眠，半夜又给肖海的爸爸发去信息，劝说他们要三思而行。第二天中午，肖海的爸爸回复了我："老师，我没有把他送走，他说他会改变，那就再给他一次机会。"那一刻，我悬着的心暂时落下了。三天后，肖海发来短信："老师，我要健康向上地活着，您放心!"自此以后，我每天早、中、晚都与肖海联系，而他都会立马回应，并按时上交作业。

重返校园后，肖海几乎每天迟到，不写作业，在校想手机，回家玩手机，成绩由原来的中上等下滑至班级的"尾巴"。尽管我三番五次地找他谈话，但效果不明显。

大家心照不宣，都知道是网络惹的祸，但总是避而不谈，唯恐引起孩子的反感。为彻底解决“后遗症”，我决定直面问题，冲破那道坎。

“肖海，你很喜欢游戏吗？”“是的，我希望以后能做网络游戏。”“你有理想、有追求，老师为你高兴。老师支持你去做自己喜欢的事情。那你知道需要哪些知识储备吗？”肖海沉默不语。我接着说：“研发游戏需要专业知识，需要学习编程。我家里有些编程的书可以给你看看。老师也有计算机专业的好朋友，可以为你解答疑惑……”

第二天，肖海高兴地接过我带给他的《C语言教程》。恰逢周末，他在家看了两天。周一，肖海一大早来办公室对我说：“老师，我才看了两节内容，就有16个问题，好难啊！”“这证明你是真爱计算机哦，看得这么认真，晚上我安排我的朋友给你解答。”

“我真心喜欢软件编程，但因自律性不强经常沉迷游戏，游戏打完了内心却非常空虚，那时候很讨厌自己……”朋友现身说法，分享了自己的经历与感悟。随后他话锋一转，对肖海说：“可能你现在遇到了和我当时一样的问题，但你比我有优势。你现在才初二，学习时间很充裕，针对你提出的知识性问题，我会一一告知你。”

那个晚上，朋友与肖海聊了一个多小时。过了几天，肖海把手机主动交给了爸爸。近两个月来，肖海很少迟到了，每天在校认真完成作业。

有时候，我会明知故问：“你现在还玩游戏吗？”肖海不好意思地说：“不玩了，我现在还差得远。”针对肖海的进步，我会在班上公开表扬；每日的家校联系本上，我也会送上鼓励的话语；每周的班级总结表彰会上，我会大力表彰进步的同学，颁发“皇冠”或“666”的表情证书。

尽管肖海放弃了他痴迷的游戏，但我相信他对游戏及网络的认识提升了。也许这不仅意味着现在少了一位痴迷游戏的学生，还意味着未来可能会出现一名网络专家或编程人才。守望中，我们静待花开。

◆ 故事赏析

理念不同，效果有异

一、四个“不一样”

打开文件，读到《用心引导，让学生远离游戏》的首段文字，首先让我想到，学生玩手机、沉迷网络游戏已经成为很多学生家长和老师难以回避的问题、棘手的问题、令人头疼的问题。原以为这个故事也会与自己曾经读到过的关于管控学生手机、禁止学生玩网络游戏的那些故事大同小异，然而读完整篇故事却发现，它至少在以下几个方面有很大不同。

一是学生痴迷程度不一样。故事中没有对肖海痴迷手机和网络游戏的程度进行细致描述，但是就从他对劝其不要玩游戏的母亲“又打又骂”，其父要冒着疫情的风险将孩子送到“少管所”或无论如何要“把他赶出家门”的情况看，肖海对网络游戏的痴迷非同一般。其家长已无计可施，况且在疫情防控期间，学生必须在家上网课，老师也鞭长莫及。

二是学生学业水平不一样。有很多学生痴迷手机或网络游戏，一般是因为成绩比较差，跟不上班级的学习步伐，为填补内心的空虚或消磨时光，才选择将时间和精力花在手机或游戏上。肖海的成绩本来不错，处于班级的中上等，只是因为在疫情期间“失控”，返校后仍有“后遗症”才导致学业成绩在班级“摆尾巴”。这说明该生在学习理解能力方面没有任何障碍，只要能将注意力转移到学习上，他是有希望提升学习成绩的。特别是从后面教师开展工作的情况看，肖海有将开发网络游戏作为自身未来发展方向的打算，只是对开发网络游戏所需要的知识储备毫无了解。

三是老师解决方案不一样。家长和老师限制或制止孩子玩网络游戏，一般会从管控孩子的手机做起，要么收缴手机，要么限制使用手机的时间。

简单地采取管控手机的办法，通常会招来孩子的抵制、反抗，管住了孩子的手机却管不住孩子的心，由此导致的极端事件时有发生。本故事中，家长没有采取收缴手机的办法，当然也许是因为家长不具有收缴孩子手机的权威，老师也没有收缴学生的手机，而是采取了引导的办法，让学生认识到网络游戏也需要相关知识的支撑与储备。

当事老师一方面直面网络游戏的弊端，正面与学生交谈，同时明确表达支持学生“去做自己喜欢的事情”。这无疑赢得了学生的信任，促使其耐心听取老师讲述的道理。另外一方面，老师提供相关专业书籍并借用外力引导肖海走出痴迷状态。尤其是与肖海有过同样痴迷游戏经历并懂得网络游戏编程的朋友的现身说法，对其起到了很好的引导作用，助其感悟到网络游戏并非“玩”出来的，而是“学”出来的。

四是最终教育结果不一样。尽管家长和老师都没有收缴肖海的手机，但是一旦他认识到现实行为与未来目标的差距，尤其是了解到实现自己所追求的目标的路径后，他就被唤醒了。“肖海把手机主动交给了爸爸。近两个月以来，肖海很少迟到了，每天在校认真完成作业，主动找老师探讨问题。”肖海真正认识到自己的问题，转变发生后就不会再有大的起伏。

二、用“疏”不用“堵”

看似比较简单的四个“不一样”，其实来之不易。这应归功于当事老师谨慎、认真、细致、敢管的工作态度。新冠肺炎疫情防控期间，学生在家上网课，对孩子监管的责任无疑落到家长的身上。但是接到家长的电话，当事老师没有一推了之或应付了事，而是做出了积极的反应：给肖海发送较长的信息，好言相劝；深更半夜还放不下又发短信劝说家长；面对返校后因痴迷游戏导致学习成绩下滑的学生，没有用简单粗暴的禁止的方式来处理等。正是这些细致的工作，才有紧随其后的比较顺畅的沟通。当然，当事老师具有的高度责任感也尽在不言中。

同时，这也反映了当事老师区别不同情况、分辨不同成因、采用不同措施、善于管理的教育实践能力。讲述者在故事中并没有明确罗列针对肖海的四个“不一样”所开展的工作，但是笔者有理由相信当事老师一定经过了深入的分析，这才使得引导劝说工作奏效。值得一提的是，当事老师用“疏”而不是“堵”的教育理念值得肯定。

不久前，笔者与一位教育专家聊起子女教育的问题。这位专家专门讲了他儿子成长的故事。其子在中学阶段，青春期叛逆非常明显，因网络游戏“走火入魔”，父子之间经常发生矛盾与对立。父亲静心思考后，没有强行禁止儿子玩网络游戏，而是改变了策略，说了一句意味深长的话：“玩网络游戏不算本事，自己开发游戏能吸引别人玩才算真本事。”这句颇具“激将法”特征的话，在儿子身上发挥了激励作用。不久后，其子拿回一本专业杂志在父亲面前显摆，他的一篇关于游戏开发的文章刊载其中。后来，这个孩子成长为航空领域的高级专业人才。这位教育专家教育儿子的办法与当事老师引导肖海为自己的兴趣储备知识的做法有异曲同工之妙。

讲述者在故事的结尾处有句意味深长的话，“也许这不仅意味着现在少了一位痴迷游戏的学生，还意味着未来可能会出现一名网络专家或编程人才”。强行禁止孩子的爱好，一方面很难禁得住，另一方面也很有可能将孩子未来的发展扼杀在摇篮之中。

● 我的建议

故事缘起于家长给老师的一个电话。在电话中，家长说要将自己管不住的孩子送到“少管所”，而当事老师则以疫情期间不安全为切入点，劝说家长谨慎行事，将孩子的安全与健康放在首要的位置。家长最终放弃将孩子“扫地出门”的想法，这其中就有老师劝说的功劳。

但是，静心思考关于送小孩去“少管所”一事，很明显感到当事老师只想到劝家长留住孩子，确保孩子的安全，却没有对送孩子到“少管所”的理由与程序等做必要的提醒。也许家长在说把孩子送“少管所”的时候，他们自己也没有想清楚这意味着什么，只是想把孩子“赶出门”。

当孩子出现不良行为习惯，家长应该履行教育引导的责任，不能简单地将孩子“赶出门”。孩子出现问题，家长也需要反思自己是否尽到了教育与监管的责任，所采取的管教方式是否妥当。需要提醒家长的是，在很多情况下孩子不服管教，与家长的管教方法不当有直接关系。即使孩子有严重的不良行为，或管教无效，也不可贸然将其送往专门的教育机构。首先，将孩子送往专门的教育机构，需要依法履行必要的程序，而不能因家长一时不高兴，或说管不住就将孩子“赶出门”。其次，确实要将孩子送往专门教育机构时，要对其必要性进行专业的评估，不可感情用事。同时，必须确保孩子能继续完成义务教育，家长和学校仍然需要坚持参与和配合相关的教育与矫正工作。最后，若选择送往有关社会力量主办的学生行为矫正机构，家长还要验证机构的有效资质。

肖海主动上交了手机，是自律的表现，也是回归常态的举动，但是不可忽视的是，他仍然处于青春叛逆期，也许会有反复或暴露出其他方面问题。因此，老师需要继续跟进，并相机采取必要的引导措施。另外，肖海沉迷网络游戏居然对其母亲“又打又骂”，这是不尊重长辈的错误行为。也许在肖海发生转变后，其父母对孩子过去的过错可以原谅，但是老师有责任明确指出孩子的错误行为，要教育肖海进一步加强个人的修养，学会控制情绪，无论是对待家人，还是对待同学，都需要礼貌待人，不能有粗暴的行为。同时，老师要对肖海在家的粗暴行为进行原因分析，必要时为家长提供家庭教育方法指导，避免因溺爱产生的负面作用。

（原载《湖北教育》2021 年第 18 期）

我用真心换你改变

故事撰写：甘晴，湖北省荆州市沙市实验中学

“甘老师，小虎上课顶撞老师，W 老师让我跟您说一声。”听到值日生“状告”小虎，我的头又大了！每次总是他，不是作业没有做完，就是上课睡觉。我非治治他不可！“把他给我叫过来！”“嗯！”听到班主任的指令，值日生飞快地跑回教室把小虎“押”进办公室。

“你知道为什么叫你来办公室吗?”他摇摇头，不说话，站在我面前。“那你好好想想呗。”我想让他自己主动交代。

可是小虎一个字也不说。我强压住内心的怒气，对他说：“好吧，那就让我来告诉你吧！……”小虎没有辩解，面无表情地说：“我不喜欢 W 老师。”“为什么？总得有个理由呀?”我不解地问。“我数学成绩不好，W 老师她不喜欢我……”

W 老师怎么会不喜欢他呢？简直是想倒打一耙！然而，受好奇心驱使我不禁直接追问他究竟发生了什么。“那您要替我保密。”尽管我对小虎的日常表现颇为不满，但我相信他是有苦衷的，愿意听他说句实话。我马上说：“行！一定保密。”小虎告诉我：“我上课一直在努力听讲。W 老师讲到难点，我听不太懂时就开始分神。恰好前面同学的书包掉到我脚上了，我下位帮他捡书包，正好被 W 老师看到了……”

原来如此！我又问：“你为什么上课时要顶撞老师呢?”“我觉得老师当

着全班同学这样说，让我丢了面子，更何况我也是做好事……”“你是不是觉得做了好事还被老师批评，心里挺委屈的？”我试着走进他的内心。小虎一个劲地连连点头，眼里似乎还有眼泪在打转。我进一步开导他：“上课顶撞老师是很不礼貌的行为。即使老师错怪你了，你可以下课后找老师把事情说清楚呀！”“我现在觉得自己好像是错了……”“那你能向老师道歉吗？”“可以，我保证以后不会这样了！”

顶撞老师的事刚画上了句号，可第二天小虎又不交作业。前一天的谈话与沟通建立起来的信心又被小虎无情地浇灭了。我走到他的座位旁边，问他为什么没有交作业，他支支吾吾，说：“我，我忘记带了……”很明显底气不足，八成是在说谎，我忍住没有继续追问下去。

仔细观察，反复思量，我发现小虎并不是一个坏孩子，只是有些敏感，缺乏自信，有时爱撒谎。这会不会跟家庭教育有关呢？

与小虎约定家访，他眼神里有几分抗拒，但最终还是带着我来到他家。从学校步行约一刻钟，我们就到了小虎的家，家里却没有人。我问：“你妈妈呢？”他沉默了一下，小声说：“可能出去了！”“那你爸爸呢？”“我从小就没有见过他。”我知道我的提问触动到他的伤心处，没有继续追问。于是，我拿出手机拨通了电话，电话那头传来了哗啦哗啦的麻将声。不一会儿，小虎妈妈回来了，客气地说：“哎呀，老师来了，真不好意思，我刚出去买了点东西……”我没有揭穿她的谎言。小虎坐在离妈妈很远的角落，表情很冷漠。

家访返校的脚步是沉重的，我想了很多……从那以后，我坚持与小虎的母亲电话联系并不时回访，时而传授家教方法。他们母子俩的关系渐渐改善，小虎的脸上渐渐有了笑容，阴霾变少了。

记得有次批改小虎的日记，读到他对小学老师的回忆，言语之中饱含对老师的怀念之情。在他生日那天，我准备了一个笔记本作为生日礼物，并附上一段话："小虎，你一定会进步的，因为你是一个善良、知道感恩的孩子。祝你生日快乐！"次日，我打开抽屉，发现了一张纸条："我是个调皮的孩子，谢谢老师给我的鼓励和信任，我知道我的缺点很多，但我会慢慢改正，不让老师失望！这个生日我终生难忘！——小虎"。

教育有法，却无定法，每个孩子都是独一无二的，都有闪光点，教育的重要责任在于帮助学生把它们挖掘出来，发扬光大。

◆ 故事赏析

转化学生既要真心也要章法

● 故事特点

《我用真心换你改变》描述的故事，在教师读者眼里也许非常普通，很多教师成天的工作就是与小虎这样的学生打交道，做沟通。小虎并非"罪大恶极"，"只是有些敏感，缺乏自信，有时爱撒谎"。班主任为换取小虎的变化，倾尽了真心。仔细阅读这个故事，不难发现讲述故事的班主任还是颇有章法。

一、因顶撞引发及时关注

故事从值日生到办公室"状告"小虎开篇，班主任从此便针对小虎展开了系列的教育和引导工作。有人以为，想要吸引关注，就闹点事，让坏事变成好事；也有学生为吸引同伴甚至老师的眼光，时不时闹出一些动静，不断刷存在感。笔者却以为，小虎顶撞老师的动机并非为了吸引关注。因此，我们不能将此作为一个定势，断定中小学生闹腾就一定是为了吸引老师更多的关注。

小虎顶撞 W 老师，构成了班主任对小虎开展工作的一个切入点。班级学生之多，班主任的工作也需要分轻重缓急，班主任的精力与时间分配到每一个学生身上也是极为有限的。凡有班级管理经验的老师，都会有本故事讲述者的体验。学生在撩逗和闹腾之中，在矛盾与冲突之时，就会比较充分地暴露问题，包括过去藏而不露的问题，或将老师已知的问题上升到一个更严重的程度。在教育和引导学生的工作中，讲究恰当的机会是个十分重要的因素与要求，而类似小虎同学这样顶撞老师，则是给教师送来了“机会”。因此，每当学生闹出事来、闯出祸来，老师一定要调整好情绪，把握好机会，及时做好相关学生的工作。

二、借沟通听学生讲真话

W老师让值日生向班主任报告课堂情况，照理说小虎顶撞老师的行为应该可以锁定了，而且班主任起初也是这样想的。老师询问小虎“你知道为什么叫你到办公室来吗”，主要是“想让他自己主动交代”。老师不轻易否定学生的本能驱使老师多问了一句话，为小虎创造了一个说真话的机会。这不仅让老师了解到事实真相，更重要的是引导小虎说出了真话，还学生一个清白。一个“有时爱撒谎”的学生，在老师面前说出了真话，他一定能体悟到说真话带来的愉悦之感，经历了正面的强化。“小虎一个劲地连连点头，眼里似乎还有眼泪在打转”，这也许就是在对老师的理解表达他内心的感激。

学生道德品质教育的一个基本内容就是教育和引导他们说真话，这也是人们终生追求的品质。然而，说真话并没有想象中的那么简单。就连小小年纪的小虎，当着老师的面说真话，还跟老师讲条件，要求老师替他“保密”。可见教育学生说真话，一辈子说真话是多么的不容易。因此，老师要学会倾听，听取多方面的意见与反映，遇事不要轻易做判断、下结论。要让学生在享受说真话的愉悦之中学会讲真话，养成讲真话的习惯。这对于那些时而撒谎的学生而言更显重要。

三、约家访意外发现问题

对于纠正小虎不愿意说真话的缺点，班主任显得尤为认真。为弄清楚小虎是否受到家长的影响，专门约小虎带自己去家访，以一探究竟。结果从相约家访时开始，班主任收获的意外发现一个接一个。

通常情况下，老师相约要家访，学生一般会表示欢迎，高高兴兴地答应下来。然而小虎听到老师说要去家访，“他眼神里有几分抗拒”，这背后一定另有原因，至少是有不想让老师知道的秘密。在放学的时间点，学生家里本该有家长在家做饭等孩子回家，老师却发现家里空无一人。老师按常理问到小虎的父亲，得到的答复是“从小就没有见过他”。打电话联系孩子的妈妈，老师听到了桌上的麻将声，然而赶回家的妈妈却说自己“刚出去买了点东西”。当着老师的面，母子一般会表现出亲近，共同接待客人。但是，小虎则没有给妈妈面子，选择了一个离她相对较远的地方坐下来。

这一切看似意外，其实也在老师的意料之中。家访的目的之一就是了解情况，沟通信息。意外的发现就是对真实情况的了解，只不过是小虎特殊的家庭情况、缺失的家庭教育等超出了班主任的想象。这才有班主任“家访返校的脚步是沉重的”，这才使得班主任“想了很多”。班主任起初关于孩子的问题“会不会跟家庭教育有关”的疑问在家访后自有答案。

四、用实招促成学生转变

转化习惯不好或有明显缺点的学生并非一朝一夕能达到目的，多数情况下老师需要实施综合性的、持久性的教育引导措施。讲述者所采用的教育引导实招就体现了这样的特点。

例如，适可而止，维护自尊。小虎在课堂上顶撞 W 老师的一个重要原因是，W 老师不仅误解了小虎而且还当着全班同学的面批评了他，让小虎感到有失脸面。考虑到学生的自尊，班主任发现小虎没有完成作业后，并没有穷追到底，让小虎当堂下不了台。掌握脉搏，温馨细腻。阅读学生日记时，班主任发现小虎具有讲友情、重感恩的品质，于是就为他特意准备了生日礼物，并撰写生日寄语。这让小虎深深感悟到自己在老师心目中是个特别的学生，坦诚表白“我知道我的缺点很多，但我会慢慢改正”。

生日寄语、纸条留言、作业评语等，都是老师与学生交流沟通的重要途径。只要用语得当，切中要害，都会给学生留下深刻的影响。小虎所言“这个生日我终生难忘”并非只是客套。

● 有待商榷

班主任了解到小虎在课堂上顶撞 W 老师的原因后，对其进行了开导。小虎向班主任吐露真情反映出他对班主任的信任，正因为信任也许对班主任要求他向 W 老师道歉的态度有所理解。从故事情节看，小虎最终是否向 W 老师道歉不得而知，当然就从讲故事的角度看，这也不是很重要。然而，小虎所言“我不喜欢 W 老师”“我数学成绩不好，W 老师她不喜欢我”，从一个侧面反映出学生与科任老师之间的关系。究竟是不喜欢老师就没有学好数学，还是因数学成绩不好不讨老师喜欢，这个问题需要深入的探讨。

由此涉及班主任、科任老师和学生三者之间的关系，班主任则是其中的润滑剂。因此，当得知小虎与 W 老师关系紧张、缺乏互信时，班主任若能抓住机会，事前与 W 老师沟通，讲明真相，然后带学生向 W 老师道歉，相信 W 老师能意识到自己在课堂上的疏忽，同时也向学生致歉，则可收到“一笑泯恩仇”的效果。

● 建言促改

班主任抵达小虎的家没有见到家长，便逐一询问其父母去哪儿了。这也许是见机行事，随便一问。然而，没有想到的是，就是这一问触到了小虎的痛点。他“从小就没有见过”自己的爸爸。好在班主任反应敏捷，没有继续追问。

这让笔者想起当年上高中时班主任到自己家里家访的情景。那天，笔者在村外迎候从10多公里外步行来家访的老师。就在进家门前，班主任突然问道：“你在家小名叫什么?”当时我并不理解这与家访有何关系。现在想起来，当年的班主任是在为家访“备课”，寻找与家长的共同语言，争取在同一个频道对话。

尽管家访的目的之一就是到学生家里去了解情况，但是家访仍然需要备课，最大限度地掌握学生及其家庭情况。这样既可避免不必要的尴尬，还可通过熟知的情况向家长展示老师的认真态度，更有利于与家长沟通，收到更好的家访效果。

名不副实的“标签”

故事撰写：余琴，武汉市光谷第七初级中学

金宇浩是一名学困生，自八年级以来，每次考试结果都不理想，他的英语更是连最基本的听写都过不了关。我找他谈过几次，他答应我会好好学习，但每次都坚持不了几天。久而久之，我在心里给他贴上了“懒惰”“无可救药”的标签。

去年冬至时，学校组织包饺子活动，我受学生邀请到班上包饺子。我突然心血来潮，想尝试做一下“黑暗料理”——橘子馅饺子。说做就做，我偷偷擀了一张面皮，然后迅速地把橘子放入面皮中包起来，捏好之后若无其事地丢入锅中。看见我做“黑暗料理”的几个同学一边偷笑，一边窃窃私语：“今天看看谁倒霉！”

热气腾腾的饺子上桌了……“啊！”不远处传来一声大叫。“金宇浩太倒霉了！”同学们哄堂大笑。我心里咯噔一下，怎么会是金宇浩呢？在我看来，他本来就对我有敌意，现在又吃到了我故意包的橘子馅饺子，估计更讨厌我了。我连忙走到他跟前，正想跟他解释的时候，他突然抬起头来，笑眯眯地看着我说：“老师，这是您包的啊？我觉得还挺好吃的，以前没吃过。”面对其他同学的嘲笑，他竟一点儿都不生气，反而面带微笑。我瞬间觉得尴尬，不知是因为他说喜欢橘子馅的饺子，还是因为平日里我对他的疏离。那一刻，我的心里产生了一个疑问：金宇浩，你真的不讨厌我吗？

学校开展清洁大扫除活动，校园内的大垃圾桶周围没有被划进责任区，无人清扫，我便想找几位学生帮忙清理一下。正好碰到了班上的一群学生，我说明情况后，他们却沉默了。不等我再次劝说，我便听到了响亮的三个字：“我愿意！”定睛一看，是金宇浩！我不敢相信，我甚至有些怀疑这个男生，他是真的愿意帮我做事吗？还是想伪装成一个努力帮老师做事的好学生从而博得好感呢？

在金宇浩的带领下，大家纷纷参与。在整个打扫清洁的过程中，我都在观察金宇浩，希望能看破他的“计谋”或者揭穿他的“伪装”。但金宇浩根本没有看我一眼，而是认真地打扫地上的垃圾，偶尔和班上的同学嬉笑打闹。这时，我才终于承认，心虚的人是我，不是金宇浩，也许我应该重新认识这个陌生而熟悉的金宇浩。

气温下降后，校园里的绿植经受不住冷冽的寒风，纷纷低下了头。于是，我便想将绿植挪到教室里，为教室增添一些生机。趁着课间，我来到班上，希望能有学生帮助搬绿植。我连续动员了两三次，希望同学们自愿参与，但教室里却毫无反应。我看向坐在教室角落的金宇浩，他眼里闪烁着光芒。我对他微微一笑，他似乎受到了鼓励，马上举起了右手。又一次，金宇浩出手相助，让我摆脱尴尬……

经过这些事情，我开始反思自己。作为一名教师，我却用学科成绩将学生划成三六九等，并且给成绩差的孩子乱贴标签，故意疏远他。值得庆幸的是，金宇浩仍然保持着他的真和善。回想起来，我明明有很多次机会能够走进他的内心，去了解他、关心他，但我却因为他对学习英语有抵触心理，放弃了这些机会。曾一度怀疑他对我的善意是否真实，这更是令我羞愧难当。

金宇浩用他的善意融化了我对他的“恶意”，也让我明白了被老师贴上标签的学生需要付出多少努力，才能让老师改变对他们的印象。我意识到，老师不应给学生贴标签，因为一旦贴上了就很难改变看法。作为教师，我们要包容学生的差异性，用关爱与宽容的眼光去看待他们的弱点。青少年学生可塑性强，我们应该发挥教育的能量与智慧，引导学生走上最适合他们成长的道路。

◆ 故事赏析

诊断问题不必贴标签

《名不副实的“标签”》这个故事的主题典型、内容聚焦，较好地描述了常见的给学生贴标签的问题。当事老师在教育实践中观察细致、感受真实、表达生动，以自身给学生贴标签为例，用个人的切身经历与深刻感悟，指出了不经意中给学生贴标签的危害性。尤其是当事老师在整个过程中的心理活动、思想转变及事后的反思等，有较好的启发与警示作用。

一、主观臆断，偏见逐步占据上风

随时跟踪或评判学生在校期间的行为举止、学业成绩等是老师应尽的职责，也是教育实践中必不可少的重要环节。起初，当事老师只不过是对金宇浩在英语学科上的学习状况不够满意，还“找他谈过几次”，自谈话后没有发现该生有明显的变化，便没有深究原因，主观上判断该生“懒惰”“无可救药”。

正因为老师先入为主，对学生产生了偏见，以致在后来几个不同的场合都做出了错误的判断。例如，包饺子时包出一点儿花样，通常是为了活跃气氛，或讨个好彩头，或开个小玩笑，一般并无恶意，“中彩”的人也不会过于计较。当事老师用橘子包饺子，且这个玩笑开得也不太过分，但是正因为是老师怀有偏见的金宇浩同学“中彩”了，倒让老师极为尴尬。

由此可见，当事老师给学生贴标签时就在自己的心里留下了深刻的烙印，曾一度让偏见占据了上风。这个生动的故事提醒我们，老师不能戴着有色眼镜看学生，不要对学生怀有成见，而应该随时校正自身在评判学生时发生的误差，用发展的眼光看学生。

二、一叶障目，忽视了学生的优点

本故事包含三个短小的情节，除橘子馅饺子外，还有两次在当事老师需要学生帮助和参与活动的时候，金宇浩毫不犹豫地站出来，既替老师解了围，又带动了同学。从故事中的三个情节看，金宇浩同学具有一些很明显的优点：善良豁达，心态阳光，乐于助人；热爱劳动，能吃苦，有担当，在别人需要支持与帮助的时候丝毫没有一点老师心目中的“懒惰”；善解人意，具有较好的沟通能力，在关键的节点上能主动化解尴尬；等等。

金宇浩拥有如此多的优点，为何老师看到后还不肯相信呢？老师为何还曾“希望能看破他的‘计谋’或者揭穿他的‘伪装’”“曾一度怀疑他对我的善意是否真实”呢？这是因为评价学生的标准出了问题，当事老师仅仅是在用学业成绩评价学生。换言之，分数成了“障目”的那一片叶子。

老师遇见学生学业成绩不理想时，切不可用分数实行“一票否决”，应该通过综合、多元的途径对学生进行评价，尽量挖掘学生身上的优点与特长。若是学生在特定的学科学习方面有困难或障碍，老师还可适当降低要求与标准，及时帮助学生。

三、坦诚反思，亡羊补牢犹未晚矣

当事老师与读者分享自己的经历与感受，特别是坦诚的反思值得点赞。如前所述，“障目”的那片叶子就是学科成绩，其反思中就有这样的描述：“作为一名教师，我却用学科成绩将学生划成三六九等，并且给成绩差的孩子乱贴标签，故意疏远他。”还有：“我明明有很多次机会能够走进他的内心，了解他、关心他，但我却因为他对学习英语有抵触心理，放弃了这些机会。”这看似错过了了解和关心金宇浩的机会，其实老师切合实际的反思正是正确认识学生的开始。

面对不同性格或特点的学生，老师时而判断不准，或出现一点偏差并不可怕，可怕的是发现了误判或差错不能及时反思，或缺乏纠正错误的勇气与措施。我们有理由相信，当事老师在撰写此故事后，定会采取可行的措施，纠正自身认识的偏差，教育和帮助学生健康成长。

● 我的建议

在反思中，当事老师以为是“金宇浩用他的善意融化了我对他的‘恶意’”，态度的确很诚恳，认识也比较深刻，堪为肺腑之言。然而，笔者以为当事老师“心里”给金宇浩贴上了“懒惰”“无可救药”的标签等，并无主观“恶意”，只是对该生了解不够充分、不够全面，产生了误解。如若当事老师给金宇浩贴上标签后，在不同的场合当着班级同学或单独当着金宇浩的面指责其“懒惰”“无可救药”，则肯定会造成恶意而为的后果。这里并无为当事老师给学生贴标签作辩解之意。

当然，无论是在内心还是公开给学生贴上负面的标签，都在一定程度上反映出老师对学生的基本看法，久而久之就会形成负强化，形成思维定式，养成用有色眼镜看待学生的习惯。青少年学生的成长空间很大，相当一部分学生的发展空间不可估量，况且在相对短暂的时间里，老师基于某一门学科或通过几次活动对学生的了解具有局限性。因此，老师应该尽量避免给学生贴标签。

需要强调的是，老师不应该给学生贴标签，但这并不意味着老师不必将学生存在的问题与缺点等做必要的分析与归类。原因分类与贴标签之间至少有几个方面的差异。一是前者是就问题查找原因，而后者则是见到现象就下结论；二是前者以寻找解决问题的方案为目的，而后者则暗示为放弃或放松“管教”找托词；三是前者通常表现的是积极主动的态度，而后者反映的则是消极或无奈的应对；四是前者可以与相关的学生甚至家长共同展开讨论，而后者只可能是老师单方的行为，有时甚至会刻意避开学生或学生家长；等等。因此，将二者区分开来更有利于老师恰当而准确地做好分析与评价，避免贴标签对学生可能造成的伤害。

故事发生在金宇浩就读八年级的时候，故事中的师生俩还有一年多的时间相处，双方努力可共同撰写故事的续篇。一是彻底消除成见，努力建立互信。经过与金宇浩的几次接触，特别是事后的反思，老师已经认识到暗自给学生贴标签的做法不够妥当，这为开始新的师生关系奠定了良好的基础。从故事情节看，老师在改善师生关系中需要发挥主导作用，与该生坦诚相见，从内心纠正自己曾经对其的误解、误会；同时对学生给予老师的支持与理解表示赞赏。二是细致分析成因，诊断问题根源。对金宇浩英语成绩比较差的原因做出具体的分析，例如究竟是缺乏兴趣还是不愿下功夫，或者是小学英语的基础打得不够牢固等。在诊断的基础上，制定针对性较强的具体帮扶措施。三是适当肯定鼓励，增强学生自信。故事开篇讲“每次考试结果都不理想”，这意味着该生整体的学业水平都比较差，原因有可能是多方面的，其中一个重要方面一定是金宇浩缺乏自信，甚至以为自己不是读书的料。因此，老师有必要对该生的优点予以充分肯定。例如，对该生善良、热情、爱劳动等优点在班上公开表扬，不断增强其自信心。四是加强规划指导，确认优势早安排。协调各科任老师对该生的学习能力、兴趣爱好、优势特长等进行比较客观的分析，了解和掌握该生对未来求学、就业等的基本想法与意愿，在与家长充分沟通的基础上，指导该生和家长扬长避短，制订学业与职业规划。

（原载《湖北教育》2021 年第 30 期）

花开终有时，唯需静待之

故事撰写：李丹丽，湖北省宜昌市秭归县一支笔初级中学

在班上布置完学习任务，我正从楼道赶回办公室备课。突然，身后传来了急切而熟悉的脚步声。我抿嘴一笑，没有回头，但我并不知道她为何追上来。“老师、老师，我来承认错误……我寝室里有个快递。”“那没关系！”我一猜事情就没这么简单，仍然笑着回答。“可是我买的是科幻小说。”她小声说，突然又提高音量宣誓：“我保证不拆开，只带回家看。”看着她心急火燎的样子，我故意停顿了一会才点头说道：“我知道你肯定不会拆开的，不过你还是交给我替你保管比较好。”“好！好！我马上去拿……”话还没说完，人已经蹦蹦跳跳下了楼梯。看着这个像男孩子一样跳脱的背影，我脑海中所有关于她——红妹的片段像放电影一样闪过。

去年九月，学校安排我担任九（1）班的班主任。这个班在七、八年级时就全校“闻名”，有对蓝鲸游戏感兴趣的女生，有故意调皮捣蛋的男生，有父母都不管的留守生……尽管如此，我欣然应诺。交接班时，前任班主任重点介绍了红妹的情况。她聪明，爱看科幻小说，擅长画画与写作，却因为性格问题，不善于和同学交往，与父母的关系紧张，曾几次离家出走，并有自残倾向……

开学报名那天，红妹穿着拖鞋来学校；为了拽住与其发生争辩的男生，她差点冲进了男厕所；家长时不时来电话、发信息说孩子在家里叛逆；她手上的小伤口清晰可见；上课时在书本上写字作画；考试时不认真答题，

却在每张试卷上工工整整地写上“考神附体，考神保佑”……

开学不久后第一次谈话中，还没等到我数清她的“罪行”，红妹就先嚷嚷开了。等我再问时她却一言不发。此刻，我的犟脾气也上来了，摆了摆手说：“算了算了，你走吧，不跟你说了。”

看着她低头走出办公室，我才吃惊地意识到我这个班主任怎么就没有耐心呢？此后，我先后向班上几个女生及红妹七、八年级甚至小学的老师询问红妹的情况。有的说她沉迷于科幻小说，所以有时候思维比较怪异，与现实“脱节”；有的说她和妈妈的关系处理得非常不好，多次离家出走；有的说她不仅对自己的家人，而且对老师、朋友等都怀有敌意。

中考临近，我把班上所有的科幻小说都“收缴”了，并且明文规定中考前教室里不准出现此类书籍，借此帮红妹找回更多用于学习的时间。

为帮助红妹消除对周围人的敌意，理解他人并释放善意，学会与人相处，我和科任教师、热心的班委会同学沟通商量对策。同学们尽可能亲近她，把她当成朋友，拉着她一起去食堂、回宿舍；老师们尽量包容她，就算她犯错也笑着提醒。慢慢地，同学们悄悄跟我说她独来独往的时间越来越少了，在同学有困难时她会主动帮忙；老师们也说她上课听讲越来越认真，犯错了也能耐心听老师教导；放假回家还会用QQ跟我发信息聊天。

在校表现有明显改善后，我知道她还有个症结就是她和妈妈的关系。于是，我和她妈妈交谈，向她讲明问题并商量出对策……上个月的家校联系会上，我看到她的座位上坐着妈妈，她坐在旁边。虽然母女间没有交流，但这种靠近已经是父母最大的欣慰。

中考临近，我时常看到红妹和同学有说有笑地走向食堂，也看到她主动拿着作业请老师批改，更是时不时追着我说：“老师，我这次考得怎么样?”“老师，……”脚步声越来越熟悉，她的笑容也越来越多。偶尔，她也会在放假的深夜发信息问我：“老师，我是不是特别没有用?”“老师，我觉得我什么都做不好。”我深知，对于一个孩子来说，转变并不是一年半载就能延续终生，需要的是不断坚持的毅力，但是就算偶尔会怀疑自己，看到她为改变自己所做出的努力，这就令我有了静待中见到花开般的感动。

◆ 故事赏析

在静待之中“修枝整叶”

● 故事特点

打开电脑，看到《花开终有时，唯需静待之》的标题，原以为一个描述“花开”“静待”的情景应该是一个比较轻松的故事。然而，阅读完故事，笔者不禁为当事班主任的工作捏把汗。九（1）班如此之“乱”以致可以说它集中了初中班级所有的特殊情况与常见问题。不仅如此，班上还有一位浑身长刺的女生红妹，其安全问题难免会引人担忧。面对这类班级、这类学生，班主任该面临多大的工作压力！

细致品味，静心而思，这才发现笔者起初的担忧有点多余。当事班主任的“静待”毫无消极、被动之意，而是对待学生、对待特殊班级的教育态度；更无抱怨、抵触之举，而是对转化学生、对纠正班风表现出应有的自信与乐观。在接受学校安排担任九（1）班班主任时，当事老师“欣然应诺”，这不仅是一位农村青年教师对学校工作安排的应诺，而是对农村学生的应诺，对九（1）班的应诺，对农村教育事业的应诺。一句应诺，需要胆识与勇气，需要功夫与底气，需要耐心与付出。此刻，对讲述者，还有耕耘在农村学校的其他教师的敬佩之感油然而生。他们不忘初心、砥砺前行，在静待之中坚持浇水施肥、修枝整叶，辛勤地守望着农村教育这片土地，陪护着乡村的孩子茁壮成长。

一、熟知学生重在深入了解

故事的开篇有句话“身后传来了急切而熟悉的脚步声”。果不其然，讲述者不回头就猜对了是红妹追上来了，而且红妹开口说话老师就知道“事情就没这么简单”。对学生的脚步声及其话外之音能作出如此准确的判断，老师必定是下了一番狠功夫。

当事老师在与红妹第一次谈话后，就“先后向班上几个女生及红妹七、八年级甚至小学的老师询问红妹的情况”。凡有经验的老师，在接手新班时，会认真听取前任班主任的情况介绍，并将此作为了解学生“活”情况的重要方式。另外一种方式就是通过家访，了解家庭情况，向家长了解孩子情况。当事老师为追索红妹的成长过程，除了找班级同学和前任班主任外，甚至找到小学老师。因此，老师能熟知学生的一切就毫不奇怪了。从当事教师深入了解的举动，我们可以相信老师在日常教育教学中形成了细致观察的良好习惯。

老师分析判断学生成长中的问题，就应该向当事老师一样，不断地深入了解相关学生的情况，横向可扩充到学生和老师之中，纵向可以向前追索到学生过往的学校生活中。只要功夫深，总能挖掘出学生身上所表现的现象与问题的根源，找到解决问题的有效方法。

二、转化学生首先改变自己

在转化学生之前，老师有必要先改变自己。改变自己并不是要放弃原来的自我，或放弃所采用的教育引导方式方法，而是要认真审视自己的教育教学行为，寻求最适合教育引导相关学生的最佳方案。本故事的讲述者在转化红妹的过程中就突出了改变自己的特点。

一是改变教育观念，调整心态。面对第一次应邀来谈话时开口就嚷嚷的红妹，当事老师的“脾气也上来了”，这其中的原因可能是多方面的，没有做好思想准备、失去耐心、无可奈何、缓兵之计等等。但是，看着红妹“低头走出办公室”时，当事老师即刻意识到自己“没有耐心”。也许从此开始，班主任就开始转变自己的教育观念，调整了心态，这才有后面发生的系列教育举措。例如，对红妹的言行习惯进行了深入具体分析后发现，虽然她对家人、老师、朋友等怀有敌意，但并不具有主动的攻击性，其敌意主要表现在对他人的不信任。这则成为对学生品德评价以及拟定教育引导措施的一个重要依据。

二是改变教育策略，适用为佳。发现谈话效果不佳，班主任迅速改变了教育策略。针对红妹两个方面的主要问题，沉迷于科幻小说和不善于与人交往，包括与其母亲关系紧张等问题，班主任采取了不同的教育引导策略。对于科幻小说，就是干脆收缴禁止，不让红妹在学校阅读此类书籍；对于其性格缺陷，不善于与人交往的缺点，则想了很多办法引导红妹融入集体之中，促使她在交往中学习如何处理人际关系，感受人际交往的重要性。在比较短的时间内，就有同学反映红妹“独来独往的时间越来越少了”“同学有困难她会主动帮忙”，还会用 QQ 跟老师发信息聊天。

教师选用教育策略，一个重要的标准就是看其是否适用于学生的目标问题。靶向施策、精准引导是选择教育策略的一条基本原则，既可克服无的放矢，又可避免隔靴搔痒。

三、整合教育资源，彰显合力

班主任承担着班级管理以及学生行为品德教育等多项重任，遇上“多事之秋”的局面，很可能应接不暇，纵然有三头六臂，也会有忙不过来的时候，何况老师个人能提供的教育与帮助必定是有限的。讲述者在转化红妹的过程中，较好地调动和运用了各方面的教育资源，形成了教育的合力。

班主任主动与“科任教师、热心的班委会同学沟通商量对策”，号召同学们“尽可能把她当成朋友，拉着她一起去食堂、回宿舍，老师们都尽量包容她，就算她犯错也笑着提醒”等，这些都是可行的好办法。鉴于红妹与家长的关系紧张，还主动联系家长“讲明问题并商量出对策”，一方面有利于改变家长的教育方式，另外也较好地引导家长参与到孩子的教育之中。

整合教育资源，借用同学、科任老师、家长的力量，携手参与到班级管理以及学生的教育之中，班主任在教师中具有显著的优势。这对班主任的协调能力也提出了更高的要求。

● 有待商榷

红妹习惯性地“在每张试卷上工工整整地写上‘考神附体，考神保佑’”的情况值得重视，其中的原因也需要认真分析。笔者以为，她向“考神”祈祷，并非一定是封建迷信思想在作祟，更有可能是侥幸心理在支配。这种心理在学生中并不鲜见，有的学生希望以最小的努力考出最好的成绩，或者在考后不从自身学习上找薄弱点，而是将失败归结于运气不好。

红妹“聪明，爱看科幻小说，擅长画画与写作”，她应该具有一定的学习能力。若是在纠正其性格偏差的同时，采取适当措施引导她克服侥幸心理，将个人兴趣和兴奋点从阅读科幻小说迁移到钻研学科知识，定会增强其学习上的成就感，助其健康成长。

● 建言促改

红妹也有优点与特长，在其性格特点与行为习惯向好转化时，特别是开始亲近和信任班主任后，可直接对其优点与特长给予鼓励。一是适当放宽对红妹阅读科幻小说的限制。找适当机会与红妹充分地沟通，并直接告诉老师限定她阅读科幻小说的原因是她沉迷于其中，忽视了其他学科的学习。在红妹对阅读科幻小说有一定的自控能力时，建议提供机会请红妹向同学们介绍阅读的方法与体会，借此引导全班同学重视阅读学习，提高阅读量，扩大阅读面，拓宽知识视野，丰富综合知识储备。二是充分发挥红妹擅长绘画的特长。主动安排班委会请红妹参与到班级的相关宣传活动，例如办宣传墙报等，让其发挥特长，增强自信，同时也获得更多的机会在自然状态下增加与同学的合作与交流。三是肯定改善亲子关系的成效。分别对家长和孩子予以必要的鼓励，引导她们感受和珍惜亲子关系改善后和谐的家庭氛围，从而增强理解与互信，促使母女关系继续向好的方向转变。

与“老大”面对面

故事撰写：杨徐昌，湖北省荆州市沙市实验中学

因故休息了两个多月后，我回到工作岗位，当起了七（12）班的临时班主任，不得不面对全校“闻名”的男生邬幺鹏。

从名字就能猜到他是家中的“老幺”，可惜他的哥哥出生不久就夭折了。邬幺鹏天生就少一只耳朵，曾因到上海做人造耳耽误了学习，留级了两次，因此，他比同班同学大了两岁。其父早已离世，其母不知何故又失去了工作。在小学阶段，邬幺鹏因为经常上课捣乱，欺负其他同学，曾被班主任停课，到办公室接受教育。其母不仅不配合班主任工作，还状告班主任，声称教育局不开除班主任她誓不罢休……

升入初中后，邬幺鹏仍然没什么改变，自以为自己是班级的“老大”。老师有时稍微拖堂，他就大声喊道：“下课啊！没听到铃声啊？”老师布置作业时，他会说：“布置这么多作业干什么啊？谁给你写啊！”听到老师在批评其他同学，他会跳出来怒怼老师，为挨批评的同学打抱不平。

尽管我是临时班主任，但我还是从邬幺鹏“身边的人”开始一一着手，慢慢瓦解他经营的“小集团”。看我没直接给他“下马威”，邬幺鹏更加有恃无恐。

直到有一天，Z校长发现他在课堂上情绪反常，便将他带到了德育处。询问后得知，他前一天在家挨打了。这是一个教育引导他的机会。我把他带到德育处后面的车库，单独对他说道：“这段时间我一直在观察你，今天找你谈话是因为已经把你‘看透’了。”

他听后有点不屑。我接着问道："你小时候被别人欺负过吧？"他愣了一下，仍然不屑地说道："没，没有啊！"我笑了一下，说道："没有？那你是不是被别人嘲笑过，被别人瞧不起过！"他点了点头。"所以说，我理解你过去的举止行为，你在班上总是当'出头鸟'跟老师作对，或者简单地说，就是想当班级的'老大'，是怕别人瞧不起你吧？"

"差不多！"他点头说道。我接着说："被别人瞧不起、被别人嘲笑的感觉是很痛苦的。我小时候也有过这种经历，所以说，我想帮你，我会帮你的。"我们讨论起关于"老大"的话题。他笑着说："我就是班上的'老大'！""班上没有'老大'，大家都是平等的，老师和学生也是平等地对话。"我坚定地说。这次谈话持续时间大概有 10 分钟，终于让他认识到：今后老师如果批评教育他，那是在真心地帮助他。

当天下午，我把邬幺鹏的母亲悄悄地请到了学校，耐心地听她倾诉：她的痛苦经历、家庭不幸、精神状况不佳、放弃孩子的念头、打孩子的冲动……我说道："我都没放弃，你怎么能放弃呢？"也许是这句话打动了她。聊到最后，我给她提出了一个硬性要求：在家不能打孩子。

随后的一两周里，邬幺鹏除了仍然不爱学习外，其他方面有了较大的改观。他不再像过去那样处处与老师作对，见到我也能主动打招呼了。虽然小动作还是不断，但不再像以前那么肆无忌惮，对老师、对规章开始有些许敬畏感了。这让我发自内心地为他高兴。

两周之后的一天早上，邬幺鹏又在班上寻衅滋事。细问原因，原来他在家又和妈妈发生了冲突。我认真地问他："幺鹏，你说妈妈打你不对，那你吵吵闹闹要打同学，你这样对吗？""不对。"他紧握的拳头逐渐松开了。我又问道："班规中说，故意与他人发生矛盾怎么办？""主动道歉，并默写班规一遍。"他居然清楚地说了出来。这反应令我意外，记忆中这是他第一次服从班规的惩戒。

代理七（12）班班主任已经大半个学期了，邬幺鹏身上的“毛病”或许还有，但他正朝着更好的自己在努力。理解一个孩子，让孩子也理解自己，并真诚地帮助他，这对于老师而言是很重要的。

◆ 故事赏析

临时岗位上担起“管长远”职责

从故事情节以及在“代理”班主任期间的班级管理与学生教育工作判断，讲述者应该是一位有教育经验的老师，起码不是“新手上路”。撰写教育故事，他应该有较多的选择，然而他却选择了在临时班主任岗位上发生的故事。正因如此，这个故事显现出不同寻常的特色。

一、临时代理，正常履职，考虑长效

讲述者在休假后接受学校的安排，临时担任起一个班级的班主任。临时“派活儿”的现象在中小学校中比较常见，老师外出培训、因故请假等都会安排其他老师临时负责班级管理、代为上课等。若一个班级没有老师管理，一节或几节课没有老师进教室，显然是不恰当的，说严重一点，会留下教学与管理的漏洞。因此，临时任务安排到自己的头上，一线老师一般都不会拒绝，也难以拒绝，这也体现了老师之间团结友爱、互相帮助的团队精神。

值得关注的是，对于“代理”“临时”之类的职责，做起来会有不同的办法，自然也会有不同的效果。面对一个“老大”式的男生，讲述者丝毫没有临时观念，而是采取了比较多的、管长远的教育引导措施，收到了比较明显的效果。

临时接替班级管理工作，或临时代课，其实也面临许多挑战，学生不

熟、情况不明、时间很短等。但是，我们也应该看到“代理”“临时”的职责也有可以发挥作用的一面，当事老师可以从新的视角，用不同的方法去接近学生，审视问题，做出评判，实施教育措施。新面孔、新观念、新措施也许能从一个崭新的视角给学生带来冲击与触动，促使其发生变化。很多学生都有可能像邬幺鹏一样“朝着更好的自己在努力”，发生影响长远的变化。

二、是非分明，态度坚定，切入有方

一旦在代理的岗位上不再心存临时观念，开始追求相对长远的教育效果，老师自然会表现出坚定的教育态度，对学生发射出老师“管事”的强烈信号。当事老师深思熟虑，分析利弊，采取措施，“从邬幺鹏‘身边的人’开始一一着手，慢慢瓦解他经营的‘小集团’”。虽然没见到老师直接给他的“下马威”，“邬幺鹏有恃无恐”，但临时班主任对班级管理的严肃态度表露明显。

邬幺鹏起初显得“有恃无恐”应该只是表面现象，从内心深处他一定感觉到老师动真格的态度。也许只是对老师何时或以何种方式对自己采取教育措施琢磨不透，这才表现出“有恃无恐”。在情况不明或对学生了解不够的情况下，老师采取迂回的方式，从解决相对简单的问题入手，不失为一种明智的选择。当事老师的“迂回”，不仅表明了自己没有“临时观念”，而且还给予邬幺鹏时间与机会去接受老师随后的教育和引导。若是首先直接与邬幺鹏“交锋”，可能会出现难以预料的情景。工作的力度小了，对邬幺鹏没有教育作用；用力太猛了，可能导致邬幺鹏顶撞对抗，教育效果会适得其反。

三、告示在先，依规惩戒，重在教育

值得一提的是，当事老师在教育中大胆地使用了惩戒措施。抓住邬幺鹏故意与同学发生矛盾的机会，老师引导邬幺鹏温习了班规，进行了惩戒。邬幺鹏能“第一次主动服从班规的惩戒”，应该有多方面的原因。

一是有班规在前，惩戒体现了公开性和公平性。每个学生都有自觉遵守班级规定的责任与义务，违规后理应受到惩戒。这并非为邬幺鹏“量身定制”，他理所当然应该接受。二是有工作铺垫在先，惩戒仅作为选择性措施。直接面对邬幺鹏开展工作，当事老师颇费心思，例如单独在车库里与其谈话，维护了学生的自尊；与其探讨是否被人嘲笑过，引导其换位思考；严肃指出班级中没有“老大”，劝阻其逐步放弃不切实际的想法。三是有向好迹象在先，惩戒措施才有教育效果。老师的多种教育措施在逐步改变邬幺鹏，“他不再像以前那样处处与老师作对”“对老师、对规章开始有些许敬畏感了”。邬幺鹏能正视自己的错误，坦然接受教育惩戒，与上述几个方面的原因有必然的联系。

因此，当事老师实施教育惩戒，没有只是单纯地考虑到依规依矩，还充分预判了惩戒的实效。只有这样，教育惩戒才能达到预期的目的。

四、耐心细致，指导家长，双管齐下

在针对邬幺鹏的问题与缺点采取措施的同时，当事老师也非常重视与家长的沟通，并给予了许多细致的指导，真可谓“双管齐下”，既教育了学生又帮助了家长。

如果说要概括一下邬幺鹏母亲的特点，也许首先想到的是满腹苦水、蛮横无理、粗暴简单等几个词语。面对家庭不幸、生活艰辛的家长，首先，当事老师甘做“垃圾桶”。任凭邬幺鹏的母亲向其“吐苦水”“倒垃圾”，诉说其“痛苦经历、家庭不幸、精神状况不佳、放弃孩子的念头、打孩子的冲动”等，当事老师做到了耐心倾听，并相机劝说家长不要打骂孩子。其次，悉心给予专业指导。显而易见，邬幺鹏的母亲不懂得家庭教育的重

要性，也不知道正确的教育方法，当事老师在劝说开导的同时，也提供了专业的指导和具体的要求。

面对有问题和缺点的孩子，老师必须争取家长参与和支持对孩子的教育。我们不能苛求所有的家长都成为家庭教育的专家，但是至少要通过沟通、指导等方式等帮助家长认识家庭教育的重要性，确保对孩子施以最基本的正面影响。例如，不打骂孩子，对孩子有所期待，有问题主动与老师沟通，支持学校对孩子的教育与管理等。

● 我的建议

讲述者在转化邬幺鹏的问题上不但没有急于求成，还看到了孩子的进步，对其未来朝向更好方面的转化充满了信心。回放家长和老师教育孩子的方式，双方都采用了惩戒措施。家长的“打”更接近于发泄恨铁不成钢的情绪，或是想用打的高压手段管住孩子。老师依照班规惩戒孩子，是在情况可控的情况下进行的。笔者以为，老师还有必要采取适当的方式，选择适当的时机向当事学生或全班同学做出解释，让学生认识到“打”并不能解决任何问题。

不知讲述者分享这个故事后是否仍然在代理班主任一职，但是如下两点建议仅供当事老师参考。

一是珍惜家长的信任。一个曾经为孩子在学校受到停课处罚而状告班主任的家长，能够推心置腹地与临时班主任“吐苦水”，这从一个侧面反映出对临时班主任的信任。因此，应珍惜和利用好这份来之不易的信任，继续指导家长扭转对孩子的粗暴态度、改进家庭教育方法。

二是保持与学生联系。经过艰苦的工作，邬幺鹏已有所转变，至少是改变了对老师的敌视态度，愿意接受老师的教育，包括适当的惩戒等。无论是否会继续担任邬幺鹏所在班级的班主任，当事老师都可以与其保持联系，继续用自身的言行去影响和转化学生。

（原载《湖北教育》2021 年第 9 期）

特殊学生是否应该特殊对待

故事撰写：屈旭，武汉市汉南区纱帽中学

“同学们，今天咱们做体质测试——50米跑步。我们左边的跑道上的起跑线，是测试的起跑点；我们的右前方有新划的线，是50米的终点。”我布置了当堂的体育教学任务。发现个别同学没有太在意我的话，我便又强调说：“等会儿，我会站在50米的终点线，不跑到终点线不能计成绩。”

测试开始，可第一组有两位同学没有跑到终点线，我让他们再跑了一次。轮到胡小明，他第一次连30米都没有跑到就折返了。“胡小明，再跑一次！”胡小明这次连20米都没跑完，就站着一动不动。我提高了嗓门，边说边向他走去：“怎么越跑越短了？”胡小明不爽了，嘴里带着脏话，说：“‘老子’不跑了，就不跑了，看你怎么办！”我没有计较他说了脏话，仍然坚持劝说：“回去重新跑一次，不然就没测试成绩。”胡小明不仅不听劝告，反而满嘴脏话越来越难听了。

“你先在跑道外等着，其他同学测试完毕后，我们再谈。”他回答说：“‘老子’就不站了！”这简直就是在挑战老师的底线，我忍住没有理会，继续去测试。胡小明见我不理他，他就跑到我跟前骂人。当我伸手想把他拉到一旁时，他抢先动手把我推开了，然后说：“莫碰‘老子’，‘老子’就要站这里，你碰我，我就去教育局告你。”紧接着，他又开始一顿臭骂。一气之下，我使劲把他拉到一旁，他犟着不动，僵持之中他坐地上了，开始哭泣。我冷静下来说道：“你先坐这儿反省，下课后跟我去办公室。”

下课后，胡小明扭扭捏捏地跟我来到办公室，嘴里不停嚷嚷：“敢管‘老子’的还没生出来，‘老子’就要到教育局告你。”“胡小明，你先冷静一下，冷静不下来就先站着……”见胡小明稍微平静一点后，我接着问了几个问题：“你为什么不愿意跑，还要骂人？”胡小明仍然气鼓鼓地说：“你打我，我就是要告你。”我说：“如果你觉得老师做错了，你就去教育局告我。但是你上课不按照要求完成任务，是你的错；你辱骂老师，也是你的错，老师从头到尾都没有骂你；老师将你从跑道上拉走是因为你妨碍课堂测试。现在给你几分钟想一想……”

他深思片刻，似乎还是不服气，说：“都是我的错，你没有错吗？你能动手打我吗？”“老师动手去拉你，并不是动手打你，可能老师的力气大了，没有考虑到你的感受。这是老师的不对，老师跟你道歉，但是你前面做错了事情是不是也应该跟我道歉呢？”他想了一会，终于把他昂着的头低下去了，小声地说：“对不起。”

后来，我了解到：胡小明的父母离异，他患有癫痫病，情绪稍微激动一点就会发病。此前一周在课堂上，他没做作业，老师批评了一句他就当场发病，把老师给吓坏了。

随后我联系家长，家长却说老师不要管他，在家里家长也都是让着他，顺着他的性子，就害怕他发病，这就导致他形成这种“泼妇骂街”的性子。了解了胡小明的病情和性子，我也确实有点后怕。但是我觉得如果以后还会遇到这种情况，该说的，我还是要说；该管的，我还是要管。

我时常想，现在的家长怎么了？学生怎么了？只要孩子在学校出点事，家长就会到学校来闹，并索要赔偿。为息事宁人，学校和老师不得不做出让步。特殊的学生，是否就应该事事都特殊地对待呢？我以为，特殊的学生更应该得到普通的对待、常规的对待，只有这样他们才会享有与同龄人一样的教育，也会使自己的性格、行为慢慢趋向正常化。相反，越是特殊对待，越容易造成他们心理上的“特殊”。

◆ 故事赏析

“同等”+“差异”引导特殊学生成长

《特殊的学生是否应该特殊对待》的讲述者所选主题涉及日常教育教学中一个公认的难题，分享这样的故事，同样也是一个难题。一位年轻的教师，不畏困难，敢于思考和分享教育实践中的“难题”，其勇气可嘉，值得点赞。这是因为，遇见学生中的任何难题，老师不能，也不该绕道而走，不然就对不住“老师”这个神圣的职业。回避问题并不能解决问题，只有面对问题，老师才会在探索中找到解决问题的有效办法。

在普通中小学校，总会遇见一些如有身体障碍、心理疾病等情况的特殊儿童随班就读。这些特殊学生及其家长既渴望学生能与其他孩子一样，享有同等的教育和幸福的童年，又担心因其身体或心理问题受到限制，不能完全适应常规的学校生活，或受到老师与同学的歧视。因此，一般而言，这样的学生及其家长有时对老师的教育与引导作出一些“超常规”的反应，也属正常现象。学校和老师应该充分地理解，并做好思想准备去正视与面对，尽量给予他们正确的引导与必要的帮助。但同时大胆管理是十分有必要的。

言归正传。当事老师遇见不服从课堂安排且不停地爆粗口的胡小明同学，在不知其患有间歇性癫痫病的情况下，采取了必要的教育和引导措施；随后为掌握了解胡小明的情况，又进一步开展了工作。

一是现场大胆管理，没有“恋战”。发现胡小明不按照教学要求完成测试任务，老师反复讲解要求；遭遇胡小明爆粗口，老师没有“怒怼”回去，但也没有退让，而是切实履职，表现出大胆教育管理的态度以及为人师者的宽容与大度。发现该生情绪开始激动后，当事老师便改变了教育策略，让该生“你先坐这儿反省”，有效地避免了因为一个学生不服从安排而影响到全班的测试，较好地展现了老师的教育管理能力。

二是自己感觉棘手，没有急躁。面对学生对老师不断爆粗口，误解老师的劝说与引导，特别是扬言要“去教育局告”老师的窘境，当事老师没有“感情用事”，撒手不管，或与其赌气采取“激将法”断定他也不敢去告状，而是坚持耐心地说服教育，有条有理地对学生解释老师的用意。与学生的谈话条理清晰，具有较强的说服力，反映出良好的沟通能力。

三是主动了解情况，没有懈怠。可以推测，当事老师作为科任老师，在课堂上的问题处理完毕，只要学生不再把事闹大也算是尽职了。若是表现得更负责一点，再找个机会，将学生约到运动场进行50米跑步测试，已经做得比较恰当了，也可以为上次课堂上出现的状况画上句号。但是当事老师从胡小明的举动中，看到了一个不寻常的“他”，便主动从其他老师那里了解胡小明的有关情况，并做出了分析。紧随其后，当事老师还联系了家长，掌握到更多的信息，而这些又为思考分析问题，采取进一步教育措施打下了基础。

四是履职态度坚定，没有退缩。掌握到胡小明的特殊情况后，当事老师“也确实有点后怕”，但是没有因为有点后怕而选择退缩，去回避问题，放弃教育引导。不仅如此，就连家长都说“老师不要管他，在家里家长也都是让着他”，当事老师还很明确地表示：“如果以后还会遇到这种情况，该说的，我还是要说；该管的，我还是要管。”在故事的结尾有这样一席话：“特殊的学生更应该得到普通的对待、常规的对待，只有这样他们才会享有与同龄人一样的教育，也会使自己的性格、行为慢慢趋向正常化。”这更让人相信，当事老师与胡小明相遇后，更加坚定了职业自信，而且还从教育实践中开始感悟到教育原理与方法。

胡小明接二连三挑战老师的底线，当事老师在一边组织测试，一边针对该生展开教育与管理工作时，尽管故事中没有反映该生最后转化的结果，但是一直臭骂老师的学生在老师引导说服后，能小声地说声“对不起”，已经可以显示老师工作的效果，也许这是胡小明为数极少的认错场景之一。另外，一个间歇发病或动辄称病的学生，当事老师没有因“度”把握不好而致其发病，也实属不容易。当事老师了解到，胡小明曾因受到其他老师的批评，当场引发癫痫病，把老师吓坏了。因此，对当事老师的主动作为、大胆管理予以充分的肯定是完全有必要的。

本文的标题《特殊的学生是否应该特殊对待》似乎只是提出了问题，但是读完整篇故事，我们已经找到了答案，知晓了讲述者的态度，不是管与不管的问题，而是要讨论如何管以及如何管好的问题。

● 我的建议

从故事情节看，文中也有几个方面的问题值得进一步深入探讨。

一是课前对学生情况掌握不够充分。体育测试中，偶尔会存在一定的潜在安全风险。例如，胡小明患有癫痫病，在运动过程中，或与他人发生较为激烈的冲突时，有可能突发癫痫，而老师并不知情。很明显，当事老师是在事后才了解到该生的病情与行为习惯的。若是遇见班级学生中有特殊情况，班主任最好能在班级科任老师中提前通气，做到早有准备，则可有效地避免发生意外。当然，科任老师也可以提前主动了解情况，做到有备无患，万无一失。

二是提出的问题有以偏概全的嫌疑。事发后，当事老师放心不下，仍然在思考特殊学生的教育和管理问题，这一点也值得称赞。但是，讲述者说道：“现在的家长怎么了？学生怎么了？只要孩子在学校出点事，家长就会到学校来闹，并索要赔偿。为息事宁人，学校和老师不得不作出让步。”所述事实的确时有发生，但笔者以为，这并不构成社会对教育、家长对老师的整体态度。例如，年初西南地区有位青年教师因惩戒学生没有把握好“度”，被当地教育部门通报，最后该教师感觉面子上过不去便提出辞职，但是绝大多数家长在微信群里都提出挽留，劝其不要因为一点小过失辞职，多数家长对老师是信任的。因此，我们不能以偏概全，做出过度的反应。

三是对学生不良表现的原因分析不够。在调查了解胡小明行为习惯背后的原因后，当事老师做了简要分析，其家长的溺爱与退让“导致他这种‘泼妇骂街’”的性子，这不无道理。但是，笔者以为，我们不能将该生的不良表现全部归因于癫痫病或父母离异上。例如，胡小明在测试现场并没有发病，对老师的态度“拿捏”得比较“准”，甚至知道老师不会、也不敢轻易对他怎么样，以致他越来越蛮横无理。而且，课后当事老师给他讲述道理时，他也能小声说出“对不起”。因此，在不发病的情况下，该生言行蛮横，很有可能是佯装有病，为掩盖自己的过失找理由，因屡试不爽这才形成了习惯。只有对于学生出现问题的深层原因进行分析，才能对症下药，开对处方。

四是“特殊”学生“普通对待”考虑欠周全。讲述者提出了给予“特殊”学生普通“待遇”的教育理念，虽有一定的道理，但明显不够周全。“特殊”学生自有其“特殊”之处，因此，必须在特定的领域给予特定的“待遇”，采取特殊的教育方式与手段，还有必要探讨不同的教育理念，充分考虑正常的教育教学活动是否或可能对他们带来安全风险或伤害，或适当降低学业要求等。然而，对于“特殊”学生，在思想品德等方面的要求不可降低，否则将会导致其人格与品德扭曲；对于他们心理和身体能承受的学习内容与任务，不可随意削减，否则将会导致其失去较多的获取知识与技能的机会；对于他们在正常状态下，例如在他癫痫不发作的时候，应该与其他学生一视同仁，否则将不利于培养他们自强不息的精神，会使其弱势更弱。针对“特殊”学生不同个体的实际，采取“同等”与“差异”相结合的方式，逐一个案施策，这才能发挥随班就读的优势，收到预期的教育效果。

（原载《湖北教育》2021 年第 33 期）

第六编
休止并非意味放弃

学生情绪失控背后的秘密

案例撰写：向莎，武汉市光谷第二高级中学

那天中午，我一如往常离开办公室前往教室值班。突然，远远看到对面走来一名女生，头压得低低的，肩膀还在微微抖动，步伐很慢，好像整个身体都灌了铅似的。再走近一些，我发现是高三（4）班的李琳同学。

“李琳，怎么不休息还在逛校园?”我叫了她一声，她抬头看了我一眼，没有答话。我注意到她的眼圈有些红红的，她发现是我，很快又低下了头。我意识到她情绪不太好，联想到最近刚结束月考，我猜测她低落的情绪会不会和考试有关。我轻声问她：“李琳，你怎么了？到我办公室去坐一坐，好不好?”

她仍然把头低着，我揽过她肩头，拉着她和我一起去了办公室。我俩在沙发上坐下，我递给她纸巾，柔声说：“李琳，我看到你哭得很伤心，是不是发生了什么事?”她点头，眼泪止不住又往下流。看着她哭得像个泪人，我没有继续追问，而是等她把情绪宣泄出来。过了几分钟，看她情绪稍微平复了，眼泪止住了，我拍了拍她的肩膀，问：“你愿意跟老师说说吗?”

她满脸委屈，带着哭腔开口说道：“我这次考试没考好，我不知道该怎么继续学下去了”。

“考试失利让你很伤心?”我接着说道。

“嗯!”她点点头，继续说，“我本来就很难过了，中午又被英语老师冤枉。”

“冤枉？伤心加上委屈，让你很难受啊!”我说。

“是啊。我平时最喜欢上英语课，可这次考试没发挥好。英语老师把我叫到办公室去。”她停顿了一下，接着说，“她直接问我是不是抄了别人的作业。我说我没有，她完全不相信我。还说之前考试成绩挺好，这次为什么错这么多，要么这次是抄的，要么以前考试作弊。我解释她也不听。我明明就没有抄袭!”她的情绪有些激动。

接下来的一个小时，我耐心地听她讲她的故事和感受，安抚她的情绪，同时给予其积极的回应。虽然学习问题没有解决，但是倾诉帮她宣泄了内心的负面情绪，我还传授了她一些和科任老师相处的沟通技巧。走出办公室时，她重新绽放出笑容。

我是高三（4）班的副班主任，同时兼任学校心理咨询教师。我对于学生情绪行为上的微小变化比较敏感，时时关注，因此学生非常喜欢和信任我。

李琳在班里属于认真刻苦型的，对于考大学有自己的追求，但是对于具体的目标大学和专业还比较模糊。当时湖北省新高考政策还没确定，这更让她担忧。在一次次考试失利后，李琳就对自己产生怀疑，再加上和科任老师之间的冲突，她的情绪就更失控了。这类因学习目标模糊导致学习动力不足和考试失利的学生，考试失利又会使他们失去学习动力。因此，李琳的经历与困惑在高中生比较常见，几乎成为一种规律。

解铃还须系铃人。我和英语老师沟通过后，再次主动找她谈话。这次沟通我首先问她想成为怎么样的人，帮助她确定自我价值目标；然后询问她个人经历，她谈到去澳门旅游对于酒店行业非常向往，确定了职业目标；最后我运用三步生涯辅导法帮助她找到了自己努力奋斗的具体方向：“211

工程”大学的酒店管理专业，学好英语，将来出国深造。明确的奋斗目标和详细的计划能够帮助她实现升学愿望。走出办公室时，我分明看到她眼睛里闪动不一样的光，我相信她一定可以。

◆ 案例赏析

及时疏导解困，助力学生转变

● 案例特点

本案例情景描述生动、细腻，有较强的画面感，相信能给读者留下比较深刻的印象，其中的具体疏导办法等亦可借鉴。

一、发现问题及时干预，体现了主动性和责任感

从远处看到学生步态异常，走近后发现学生情绪不佳，许多老师都会随便问几句、叮嘱几句然后作罢。但是副班主任选择了将李琳引到办公室去沟通交流，深入了解该生情绪波动的原因，紧随其后展开了一系列的疏通、引导、协调等工作，包括主动找到英语科任老师交换意见，为学生澄清事实等。

副班主任是第一个观察到和发现李琳情绪异常的老师，她没有当“二传手”将问题转给班主任，或者在了解到该生情绪变化与相关科任老师的误解有一定的关联性后，将责任推给科任老师。与此相反，她从头到尾将帮助李琳跳出困境、走出阴影的责任揽到自己一个人身上了，体现出教师参与育人工作的主动性和责任感。

若发现李琳情况不佳，老师视而不见或绕道而行，也许李琳随后的高中学习生活，包括高考结果等情况都会被改写。因此，我们说老师在第一时间的疏导解困可成为助力学生改变未来的转折点，这一点也不为过。

二、交流沟通注重细节，发挥了专业特长与技能

与情绪低落或处于困境的学生沟通交流的难度之大，只有经历过的老师才有深刻的体会。安慰与引导、询问或批评等对于类似当事学生而言通常很难发挥作用。老师的言行举止稍有不当，很有可能使学生的情绪更加恶化，甚至对老师产生隔阂。很多老师的经验告诉我们，与情绪处于低谷或陷入困境的学生谈话，必须格外谨慎，稍有不慎，当事老师就要承担一定的风险。

副班主任从偶遇李琳同学开始，就非常注重与该生沟通交流的方式与方法，很多细微之处值得肯定。例如，在室外偶遇李琳，副班主任没有选择站在室外与该生交流，而是将学生引入办公室，在相对隐秘的空间听学生倾诉。这既维护了学生的隐私与自尊，又为学生宣泄情绪创造了环境。看着李琳哭得伤心的样子，副班主任“没有继续追问”，而是“看她情绪稍微平复了，眼泪止住了”，才拍了拍她的肩膀，以试探和商量的口吻问她“你愿意跟老师说说吗”，体现了老师对学生的尊重以及对学生足够的耐心，留给学生选择的空间。

上述细节表明，副班主任非常关注学生的内心感受，对学生心理情绪等变化以及交谈的时机等把握得比较准确，发挥了心理专业知识特长，与学生的沟通交流比较顺畅，劝慰、引导的效果比较好。

三、面对现实谋求长远，担当了学生成长的导师

副班主任“一管到底”，连续两次与李琳深入交谈，话题则从劝慰、开导转向引导、指导，计划当下，规划未来。老师比较巧妙地以学生的经历与人生目标为切入点，比较深入系统地与该生讨论专业方向、就业意向和未来人生目标，充分展现了教育智慧。为促使该生实现自己的人生目标，

当事老师还帮助和指导李琳制订了详细的学习计划。若要说李琳起初经历的“沮丧”“委屈”“冤枉”是“祸”的话，最终她是因“祸”得“福”，无意之中引起了老师对自己的关注，并在老师的指导下明确了高中后期的努力方向。

老师要做学生成长的陪护者、引领者、指导者，简单地讲就是要陪护学生当下的成长，引领学生走向未来，指导学生制定人生目标并选定走向未来的路径。承担和落实陪护、引领、指导的责任就是落实立德树人根本任务的具体体现和实际行动。对老师而言，在面对一名学生时，能联系他/她的思想与学业实际，老师践行立德树人的职责就会变得生动、具体、有效。

● 有待商榷

一、关于有追求和高要求学生的学习动力

作者在案例陈述中对李琳同学存在的问题及其原因进行了描述或分析，特别提到李琳“对于考大学有自己的追求和高要求”，但是在另外一处我们发现作者基于李琳的案例还推论出一个“规律”：“学习目标模糊导致学习动力不足和考试失利的学生，考试失利又会使他们失去学习动力。”

然而，将李琳的情景以及作者得出的结论对比起来看，疑似存在互相矛盾或者是判断不够准确的问题。在我看来，李琳同学遇到的困难应该属于如何坚持追求与面对现实的问题。换言之，这是一个在实现远大理想的过程中成绩下滑又受到委屈后如何走出阴影的问题。一个刻苦型的学生是不会轻易失去学习动力的，但是若不能妥善解决好现实问题，可能会致其走弯路、浪费时间、消磨意志。因此，副班主任指导该生将目标瞄准“‘211 工程’大学的酒店管理专业，学好英语，将来出国深造”，而没有将师生谈话的宝贵时间和重点放在讲解学习的重要性等方面。若用此案例得

出的结论来强调明确目标的重要性未尝不可，但是若以此判断李琳同学因一次考试失利就失去了学习的动力值得商榷。

二、关于教师个人努力与教师团队合作

除了找英语科任老师核实情况并解释李琳没有抄袭的真相外，对李琳的劝慰、指导等工作基本上是由副班主任一个人完成的，工作效果也很明显。对于当事老师个人的努力应该给予充分的肯定。与此同时，我们也应该看到针对学生的教育引导工作往往不是那么简单，特别是高中学生，要帮他们完成高水平学业，需要班主任及各科老师的共同付出。

作为一个案例，我们不可对当事老师的处理方式求全，然而值得注意的是任何一位老师在履行个人职责的同时，需要增强团队意识，发挥团队作用。例如当事老师至少在与英语科任老师沟通后，可商请英语老师出面直接与李琳沟通交流；在指导李琳制订高考目标时听取班主任的意见；在提出出国意向后商请英语老师给予具体的帮助和指导等。

● 建言促改

从时间上推算，记录整理本案例时李琳应该已经毕业离校。因此，这里仅就教育案例的撰写提出如下建议。

一是把握教育案例的客观性。作为当事老师自己撰写经历过的教育案例、故事，用第一人称有利于表述，读起来也比较真实。但是教育故事、教育案例不同于工作经验交流或个人事迹报告，必须确保内容的客观性，尽量采用白描的写法，减少主观性的描述内容。为更好地将读者引入案例(故事)，最好在提炼或归纳时尽量避开“自夸自”的情况。

二是增强研判与反思的逻辑性。分析研判与梳理反思等是撰写案例不可缺少的部分，研判与反思客观上直接反映了当事老师或撰写者的教育观点与思想认识。但是，这两个部分的侧重点有所不同，可在结构与表述上区别开来。特别是教育案例，有别于教育故事和教育叙事，若遵循一定的格式更应该将相关内容归类陈述或呈现。

三是充分考虑案例的知识性。案例中提到当事老师运用了三步生涯辅导方法，但是从所做工作的过程，读者很难看到案例中经历了哪三步。建议用简短的文字介绍一下什么是三步生涯辅导方法，或者比较清晰地讲述所经历的三步。撰写教育故事、教育案例的目的之一就是与同行分享，或交流经验，或传授知识。只有能让读者看懂后引发思考，才能更好地达到分享的目的。

（原载《湖北教育》2020 年第 3 期）

给学生一个适当的“休止符”

案例撰写：王双怡，武汉市光谷第二高级中学

高考倒计时200天的时候，杨运博想要放弃了！

此刻，我这个班主任正拿着11月份全班调考的成绩到处“施威”。倒数第几行，属于杨运博的一串数字，着实不太好看。站在他的立场想想，或许他已经压抑许久。

不久前，杨运博妈妈向我抱怨孩子不能全身心投入学习，规劝过多曾致使他离家出走。返校后杨运博直言：“我觉得除了学习，我什么都能做好，学习是最让我没有面子的！”经我耐心开导，他表示会努力尝试坚持下去。

但是当天，杨运博看到我的第一句话是：“对不起。”他决心已下，我自然有点失望，还夹杂着气恼。一番急切的劝说，换来的是他低垂着的沉默不语。恰逢数学老师经过，一对一变成了二对一；当他母亲赶到后，三对一的步步紧逼让他咬紧牙关、强忍着泪水。同理心使我对这个孩子的处境感同身受，便妥协让他静一静自己决定。

回到办公室，我静心再次翻看该生的成绩册，杨运博到底是该勇往直前还是适可而止？很快，我意识到自己的感性已经超越了理性，放任了一个即将成年的孩子。成绩和压力是他人生之路的磨砺石，一旦在这个节点逃避，意志会对生活中的困难胆寒。

杨运博学习基础薄弱，面对压力，较之其他孩子更容易产生抗拒心理，渐趋形成恶性循环。自尊心使得他产生一种误区：除了学习我应该什么都

能做好。从与该生的交流中可以发现，他自我意识强，心理承受能力却较弱，面对困难不能理性思考及时排解，最终选择逃避。

在逼迫与被逼迫的博弈中，给杨运博一个适当的“休止符”，在其自我冷静分析的基础上加以引导和激励，兴许能从本质上消解他的焦虑和对自身的不满，重新树立信心。随即，我与家长沟通，给他一个“休止符”——两周的时间，无劝勉无抱怨，只让他自己在时间的流逝中沉淀和自我分析。

在离校第八天，杨运博主动给我发短信就那天的冲动道歉。为了坚定他返校的决心，我主动回拨电话，一起分析高考在人生中的角色：重要但并非全部，遇事不能放大矛盾，见到困难更不可避重就轻。

周日晚自习，杨运博面带羞涩地走进教室，同学们像往常一样和他打招呼，这两周的复习资料已经整齐地放在他的桌上。我知道这一页表面上看似翻过去了，但是在他心里将会是一件永不磨灭的大事。

略加反思不难发现，于杨运博而言，学习上的挫败感让他失去了自信、人生的意义。高考逆袭的案例时常成为老师说教的经典，但正是因为其偶然性和稀缺才成为经典。而他，只是一个普通的学生。所以在教育工作中，因生而异是促进学生成长的关键。

我们在班级管理中千方百计寻找“止损点”，但是急功近利总会适得其反。在适当的时候，我们要学会给高压下的学生一个“休止符”，哪怕是一分钟。成长的路上，不应强加过多的外部因素，应以学生主观能动性的充分发挥为主。

在与杨运博等同学的交谈中，我对他们的处境和想法感同身受，但我还是坚持“不为难任何一个学生，也不放弃任何一个学生”的原则。让学生勇于面对困难，发自内心接受从而去改变，从本质上启发学生的人生态度，是每一个教育者需要践行的重点。

◆ 案例赏析

休止并非放弃，让步亦促进步

● 案例特点

本案例篇幅虽短，但有情景、有研判、有反思，要素比较齐全，结构比较完整。就内容而言，如下几个特点值得充分肯定。

一、对学生的问题以及形成的原因分析比较透彻

案例中有多处对杨运博存在的问题进行了比较细致的分析。撰写者在分析与研判中选用了几个关键词：自信，“学习上的挫败感让他失去了自信”；压抑，在 11 月份综合考试之后，由于成绩不佳“他已经压抑许久”；面子，杨运博说“学习是最让我没有面子的”。类似关键词还包括焦虑、信心、抗拒心理、恶性循环等。这些描述与分析，透过学生“离家出走”“休学调整”等表象，找出了深层原因，抓住了症结。

透过表象看实质是增强教育针对性的基础与前提。让杨运博“休学”事出无奈，但若想让杨运博缓解压力与焦虑，维护自尊并提升自信，最好的办法就是让他自己的思想和情绪得到转变。在外力干预作用受限的情况下，这一切必须通过杨运博自己厘清思绪、解开疙瘩才得以实现。因此，班主任没有“一追到底”，反而接受了该生离校回家的现实，并与其家长沟通，给他一个“休止符”，让其在“无劝勉无抱怨”的环境下享有自我分析、自我解脱所必要的时间与空间。

二、对自身情绪变化及工作思路的描述比较清晰

在情景描述及反思中，撰写者对自己在全过程中的情绪和态度等进行了比较清晰的描述。例如，要“站在他的立场想想”，或许就更能理解该生

已经压抑许久了；看到杨运博强忍着泪，对他的处境“感同身受”；经过换位思考，遂作出妥协同意他静一静后自己再做选择。其间，还曾有过“失望”“气恼”等过程。在面临“勇往直前还是适可而止”选择的关键时刻，班主任很快“意识到自己的感性已经超越了理性，放任了一个即将成年的孩子”。于是，撰写者才决定给杨运博两周时间“休学”。

分析学生存在的问题，帮助他们解决面临的困难，回答他们提出的困惑，老师只有站在学生的立场才能感同身受，才能走进学生心灵，收到预期的教育引导效果。向学生“妥协”有时候是非常有必要的，表面上看是老师在“让步”，甚至冒着有损自身威信的风险，但是恰当的“妥协”“让步”可为学生静心思考留下空间，同时给老师进一步采取工作措施留足余地。

撰写教育故事、教育案例，离不开对自身或当事老师情绪态度、思想认识的表达和描述。这不论是在情感描述，还是事件分析与反思之中，都需要体现。对变化过程，撰写者须进行分析比较，而更重要的是从细微的变化中感悟到思想认识的升华，并将其验证、巩固或总结、提炼教育理念，达到增强立德树人能力的目的。

三、对待普通学生需因生而异的认识站位比较高

“那些高考逆袭的案例时常成为老师说教的经典，但正是因为其偶然性和稀缺才成为经典。而他，只是一个普通的学生。所以在教育工作中，因生而异是促进学生成长的关键。”反思中的这一段话，朴实无华，然而它给人留下的印象尤为深刻。

一是通过撰写案例，当事老师归纳提炼出一个很重要的教育观念，即“因生而异是促进学生成长的关键”。学校教育必须坚持因材施教，面向全体学生，不让一个学生掉队，平等对待每一名学生，但这并不是要用同一

种方法去教育、引导、评价全体学生，而是要针对每一个不同个体的实际，包括兴趣、能力、态度、困难等等，分门别类实施不同的教育方法，提供不同的学习内容，采用不同的评价标准等。

二是撰写者持有求真务实的学习态度，学习研究经典但不照搬经典。这里可稍微延伸一点，将话题转到教师的专业发展上。教师专业发展的路径很多，正如学生“因生而异”一样，教师专业发展也应该是因人而异。现在提供给一线教师学习参考的资料，举办的专题研讨等活动，多数都把普通一线教师当成了“教育名家”，忽视了普通一线教师在背景、经历、需求等诸多方面的差异。有的教师反映，参加培训研讨，专家讲得很好，听得也很过瘾，笔记没少记，可是返回学校碰到具体问题仍然不知道如何是好。这并非不要“高大上”的培训学习内容，而是必须正视普通教师的个体差异，其专业发展通常都是以“经验模式”为主，例如撰写教育故事和教育案例等。适合学生实际情况的教育引导才能奏效，满足教师实际需求的培训才能促进教师的专业发展。

● 有待商榷

在反思中有这样一句话“于杨运博而言，学习上的挫败感让他失去了自信、人生的意义”。纵观杨运博的言行，他的确在学习上遇到非常大的困难，以致对自己缺乏自信，自尊心受损。杨运博离家出走、休学回家等，其目的是躲开家长的唠叨与抱怨，逃避在学校、在老师和同学面前的尴尬。若要对杨运博当时的心理状况做出判断，笔者以为杨运博只是在困难面前，对现实不知所措，或者处于一种迷茫的状况。在整个案例中，我们很难找到杨运博袒露对自己人生的看法，更没有将求学途中的不顺与未来的人生联系起来，更没有过激言行。该生需要的是一点时间和空间去思考如何面对、如何改变在学习上的被动局面，或如何比较顺利地完成高中的学业。因此，笔者以为对杨运博做出让他感觉失去了“人生的意义”的判断值得商榷。

准确分析与判断学生的思想与心理状况，对于如何采取措施、采取何种措施以及何种态度去教育引导学生的作用不可小视。有时候言过其实，把问题看得过重，就会采取相应更加严厉或过激的教育引导措施，稍有不慎必定适得其反。可以假设一下，学校和家长认定杨运博认为他的“人生失去了意义”，换言之就是“活着还有什么意义”。特别是家长势必会担心孩子会有过激举动，就不可能在该生休学期间做到“无劝勉无抱怨”，就会在暗中“盯梢”或直接采取安全防护措施，也许这样又会给该生增添新的烦恼和压力。

● 建言促改

一是适当增加帮助学生提升学业成绩的具体措施。杨运博离家出走和休学的起因是成绩不好。在高考之前，这是很难绕过的一道弯，也是老师和学生都必须直面的问题。然而，在整个案例中，帮助学生提高学业成绩的具体措施比较欠缺。因此，需要根据杨运博各科学习的情况，查找原因并采取措施帮助该生提升学业水平。

二是从实际出发帮学生明确和树立相应的奋斗目标。鉴于杨运博在学习上面临较大的困难，要让他在高考中创造奇迹的可能很小。在积极备考的情况下，可与该生以及家长充分沟通后，提出适当降低升学目标的建议并实施相应的调整计划。杨运博曾说“我觉得除了学习，我什么都能做好”，可将此作为一个切入点，鼓励该生发挥自身的优势与特长，增强他对未来人生的自信。

（原载《湖北教育》2020 年第 6 期）

纪律委员的起起伏伏

故事撰写：杨琴，湖北省洪湖市戴家场镇观阵希望小学

自己从小在鄂西大山里长大，现在却在平原湖区农村学校当教师。我不仅在这里见证了革命老区孩子的成长，同时也在了解和熟悉自己的第二故乡。

开学如期而至，一年级的54名小朋友显得天真、活泼、兴奋。可是，董小星入学带给他的“兴奋”有些过头，他不仅自己在课堂上不能保持安静，还让老师不得安宁，曾有人怀疑他患有多动症。有一次，当我正在板书时，他居然爬到同学的课桌底下去了。看到他钻出来时的一副滑稽相，真让人生气又好笑。

科任老师课后少不了通报董小星课堂上玩出的各式花样，而我作为班主任看在眼里，便开始琢磨如何纠正董小星不守纪律的坏毛病。记得在《聆听·花开——中小学教育实践情境案例集》一书中读到，针对几个调皮捣蛋、屡教不改的学生，老师比较巧妙地将他们组织起来，成立了校园纪律监察小组，借此促使他们约束自身行为，同时也发挥他们在同学中的“权威”作用。于是，我便产生了在班级增设纪律委员的想法。

“同学们，我们班部分同学上课不守规矩，老师打算在班级增设一个纪律委员，负责维护班级的纪律……大家先观察几天，看看哪位同学符合这些条件，同学们就可以选他（她）当这个委员。大家说，这样好不好?”“好——”小朋友们拖腔拖调地应答。

本意是想借此纠正董小星的毛病，此后每当看到他的细小变化，我就在班级夸奖他、鼓励他，同时也让其他同学发现他有进步。一周以后，董小星得到全班同学的认可，并被推选为纪律委员。

下课后我问董小星："知道该怎么当好纪律委员吗？""老师您以前说过了，要负责管好全班的纪律。"董小星信心十足地回答我。"还要记住，管好全班的纪律，首先你要管好你自己……"看到董小星对纪律委员的职责有所认识，我又简单强调了几句。

上课预备铃响起。"同学们，快坐好！张喜平，别闹了，快回到座位上去……"董小星就这样开始履职，表现得像模像样。上课时，董小星开始举手回答问题。有时候下课后，他还主动擦黑板，帮老师分发作业本。科任老师议论说，董小星变好啦！

记得十一月份有次上新课，董小星想与同排男生说话，这位同学不理睬他，他就不停地拽他的衣袖。"董小星，请你把课文的第二段读一遍。"我以提问代替提醒，董小星站起来，左手拿着课本，右手不停地翻书，就是不知道该读哪页的第二段，这真令人生气、失望、头疼。

想起培训班上有专家讲，学生的成长与转变不是在一次教育或通过一项举措就能实现的，自己的生气、抱怨起不到任何教育与帮助作用。于是，随后我多次找他个别谈话，使用了多种激励办法，例如在班级"红心榜"上贴"小苹果"等。

董小星又进步了。每次上体育课他都会快速地把队排好，并提醒其他同学站好队形；他总是带头在体育课后捡垃圾。记得在一次班级大扫除中，他主动承担倒垃圾的任务，回到教室后把扫把、铲子等卫生工具摆放得整整齐齐。课间，他发现有同学有欺凌行为，他会上前去劝止，并及时向老师报告。如此种种，董小星展现出很多闪光点，不再是别人眼中的"调皮捣蛋鬼"。

董小星因饮食不当导致在课堂上呕吐，令人心疼，我赶快通知家长并送他到学校门外医务室医治。家长也及时赶到了，给他换掉了脏衣服。这件事也给他留下了深刻的印象。

家访中董小星的妈妈说："孩子这学期进步很大，回家后知道读课文、写作业，也知道自己整理书包、文具盒，并且知道帮着妈妈带妹妹，做一些力所能及的家务。他变得有礼貌了，也变得勤快了。这得谢谢老师您呀！"听到家长这番话，我很感动。

董小星的转变更加坚定了我的信念。只要我们用心去谋划班级管理，细心掌握孩子的个性与特点，用心去培育每一粒种子，他们定会开花结果的。

◆ 故事赏析

谋划让班级管理有的放矢

● 故事特点

从山区到湖区，从学生到教师，讲述者经历了生活环境与个人身份的转变，已经开始认识革命老区，见证老区孩子成长的使命感、荣誉感溢于言表。认定工作所在之地为"第二故乡"，讲述者对这块先烈战斗过的地方拥有一片深情。无论当初出于何种原因选择异地任教，可以相信学习和熟悉革命老区先烈的英勇事迹与革命精神可成为当事教师前行的重要动力，也是教育转化学生的红色教育资源。

当事老师教育转化董小星同学的过程并不复杂，其方式方法比较常见，最终的结果也令人满意。透过老师的教育过程以及董小星的进步，笔者以为这个故事揭示了一些常见的教育规律，而这些规律正因为通俗、常见，往往在教育实践中，特别是在教育过程中碰到困难时被忽视或遗忘。因此，教师应该高度重视和熟练掌握日常教育实践中的基本规律。换句话讲，对于教育的基本规律、普遍的规律，甚至可以说是一些常识性的规律切切不可小觑。相反，我们应该在日常的教育实践中去摸索、认识、掌握、利用好这些基本教育规律。

一、学生成长绕不过渐进模式

当事老师帮助董小星纠正不遵守纪律的坏习惯的过程比较曲折，但最终收到了预期的效果。概括地说，董小星在老师的激励与引导下，努力克服自身的小毛病，得到老师和同学的认可，他如愿以偿，当上了纪律委员，并且各方面的表现都比较突出。可是没坚持多久，董小星上课又开始不遵守纪律，直接干扰同学课堂学习。随后在老师的再三教育引导下，董小星的行为习惯发生了比较深刻的变化，得到了老师和家长的一致好评。

也许有读者在读到董小星的转化过程时，会有似曾经历过的感觉。笔者在收集整理中小学教师教育案例或故事时发现，很多老师都习惯用“旧病复发”“故技重演”等来形容学生成长过程中的起伏。有的老师见自己精心教育帮助的学生出现“旧病复发”状况时，都会表现出“生气”“失望”“无奈”等，个别教师还会失去信心。

其实，董小星成长和进步的过程告诉我们，学生成长绕不过渐进模式。特别是小学低年级学生，他们的纪律自觉、行为自控能力等的提升必定要经历一个漫长的过程。纠正这些学生不良习惯的过程中出现反复不足为奇，即使是成人年，其纪律自觉也需要长期修炼。因此，老师应该有足够的思想准备应对学生的“旧病复发”“故技重演”，应该采取持之以恒、坚持不懈的帮教措施，力求根治学生的不良习惯。

二、习惯养成必须选准切入点

起初，讲述者关注董小星的目的是纠正他不遵守纪律的不良习惯。在实施引导措施过程中，老师的出发点、老师的谈话等都聚焦在纪律上。然而，自从董小星担任纪律委员后，他带头遵守纪律，履行维护班级纪律的职责，还能“开始举手回答问题”“主动擦黑板”“帮老师分发作业本”。后来，家长还反映他“帮着妈妈带妹妹，做一些力所能及的家务”，“有礼貌了，也变得勤快了”。遵守纪律、团结同学、热爱劳动、懂得礼貌等都是学生习惯养成教育内容的具体要求。

一个改变学生纪律习惯的举措，为何促使学生发生了多方面的变化呢？只要略加分析，不难看出，老师引导董小星遵守纪律，实质上帮助该生解决了一个管不住自己的毛病，让他觉得老师没有歧视他。该生本性并不坏，一旦管住了自己，其他各方面自然而然就发生了积极的变化。

学生的成长与发展会受到多方面因素的影响，而这些影响因素相互之间必定有必然的或者说一定的关联性。只要老师能选准切入点，抓住关键的、主要的因素，耐心开展教育转化工作，学生的变化指日可待，有时还可收到“一石多鸟”的效果。

三、班级管理需要班主任谋划

为了纠正董小星不遵守纪律的缺点，班主任煞费心机，借鉴他人的具体做法，产生了一个让不守纪律的学生来担任纪律委员的想法；为了实现自己设计的目标，班主任不仅在班级提出了纪律委员的任职条件与要求，而且还经常当着全班同学表扬董小星的变化；董小星“旧病复发”时，老师没有在课堂上直接批评，而是采取了“以提问代提醒”的办法；后期的跟进措施包括表扬、激励、家访等。由此可见，当事老师针对这位一年级的小朋友的教育转化工作做到了谋划在先、环环相扣。

在班上提出纪律委员的任职条件，传递了平等、民主的信号，而且只有通过努力才能获得相应的荣誉。“以提问代提醒”既维护了纪律委员在班上的威信，也对当事的学生敲响了警钟，明确告诉学生，老师已经知道小星你注意力不集中，拉拽同学违反了课堂纪律。当然，“以提问代提醒”并非唯一的好办法。只要不伤害学生的自尊，又能起到提醒作用的教育方法，学生就能乐意接受。后期的多项跟进措施也表达了老师的爱心、耐心、决心。

也许有人会问，“对付”一个一年级的小朋友有那么复杂吗？难道一个成年人还管不好一个几岁的娃娃？本故事再次证实凡事谋则成。若不是谋划在先，老师设定的教育目标可能难以实现。面对认知能力与自控能力有限的低龄段学生，老师更应该讲究方式方法。

● 有待商榷

讲述者先后两次提到班级科任老师对董小星的评价与态度，“课后少不了通报董小星课堂上玩出的各式花样”，“董小星变好啦”。这留给笔者的印象是，在纠正董小星违反纪律的不良习惯等方面，科任老师似乎成了一个“旁观者”“局外人”。

帮助学生养成良好的习惯，包括遵守纪律、懂得规矩等是育人工作的重要内容。科任老师同样应该承担起育人的职责，与此同时若学生在课堂上不能遵守纪律必定会影响到正常的教学活动。因此，班主任作为班级管理的第一责任人，担当起育人的责任肯定是责无旁贷。与此同时，各科任老师在育人过程中也应该承担好各自相应的角色任务，既可主动参与，亦可根据班主任的统一安排与协调分担相应的工作任务。

● 建言促改

纪律意识差是小学生中一个常见的问题。增强学生的纪律自觉，让他们从小学会用纪律与规矩来约束自己的意义重大，其方式方法也比较多，这给老师发挥自身的聪明才智留足了空间。因此，建议：

一是充分利用好红色教育资源。革命老区除了革命纪念馆（碑）外，还有文字与口传的红色史料，记载了革命先烈严守纪律、保守机密等生动、感人的故事。可挖掘本地红色教育资源，教育引导学生树立和增强纪律意识。

二是利用个别教育促班风转变。本故事主要阐述了转化个别学生的过程与效果。还可结合对董小星的教育，纠正班级其他同学在纪律等方面存在的不同程度的缺陷与问题，在班级中形成遵守纪律的良好风气。

用肯定卸下冷酷的伪装

故事撰写：封明静，武汉市光谷第二高级中学

新学期第一天，作为高一（5）班的班主任，我激情满满走上讲台，“上课！”同学们“唰”地一下，都站了起来，只有坐在最后排的应文敏趴在课桌上一动不动！怎么回事？我的心咯噔一下，难道第一天上课就生病了？我试着提醒他上课了。他抬了一下头，没有睁眼，慵懒中带着一丝不耐烦，很快又趴下了。他的同桌着急了，小声提醒：“别睡了，快站起来！”提醒的声音虽细小但因随后参与提醒的人增多，教室逐渐变得嘈杂。迫于压力，应文敏终于慢悠悠地站了起来，我也暂时松了一口气，好在他没有生病！

下课后，我故意问道：“身体不舒服？”他冷淡地说：“没有，就是犯困。”我这才注意到，这是一个像从漫画中走出来的大男孩，眉清目秀，皮肤白皙，个子高挑，头发明显经过精心打理。看来，这不是一个好“对付”的家伙。果不其然，在后面的学习中，应文敏消极、懒散、落后，终日无所事事，消磨时间。我看在眼里，急在心上，却无计可施。

一个偶然的机会，他父亲当面告诉我：“文敏收集了不少明星演员的资料，成天做着演员梦。现在又对播音主持感兴趣，他以为只要普通话讲得标准就可当播音主持了。他根本就不知道没有文化基础做什么都不行。他清楚自己文化基础差，但他厌学，不想好好学习……”难怪他那么注重外表形象！我突然有了主意。高一（5）班是传媒班，为了营造氛围，我会时

不时给大家分享传媒学生面试的视频，也组织大家读报，练习基本功。因为应文敏一直沉默寡言，对他的内心想法不了解，所以前段时间没有给他展示的机会。

周五的班会课，我又一次组织大家观看播音主持专业学生的面试视频，鼓励学生指出每个面试者表现的优缺点。大家积极性很高，纷纷表达自己的意见，没有发言的学生也听得很认真，教室里不时爆发出笑声和掌声。我偷偷观察应文敏，他正饶有兴趣地听着，但没有主动发言。我想，时机到了。

到了读报环节，我直接点名请应文敏给大家朗读。同学们一起回头，诧异地望着他，随后爆发出一阵笑声，还夹杂着怂恿和起哄声。“糟了，同学们的反应不会让他打退堂鼓吧。”我紧张地关注着事情的进展，心里迅速地盘算着怎么助他一臂之力。还没等到我说出口，应文敏起身离开了座位，慢慢地走到讲台上。一反常态，他站得笔直，接过报纸，没有急着读，而是仔细地看了看要读的内容，神情专注，我心中的石头落地了。他开始读报，声音洪亮，语速适中，咬字清晰，读得很流畅，最后一个字读完，同学们自发响起热烈的掌声。仍站在讲台上的他一改往昔冷漠傲慢的神态，反倒露出一丝因为害羞而憨厚的笑容。

我压抑着心中的兴奋，趁机问同学们：“应文敏读得怎么样?”不出所料，大家齐声回答：“非常好!”说完都把目光投向应文敏。我趁热打铁，看着他的眼睛，真诚地说：“你读得真不错，是一块有待打磨的璞玉。相信经过打磨，你一定可以绽放出更耀眼的光芒!”说完，我真真切切看到，在他微笑着的眼中闪过一丝光彩，眼睛是心灵窗户，这丝光彩让我看到了应文敏冷酷外表下，怀揣梦想的真实自己。

随后的一段时间，应文敏的学习态度有所转变，但冰冻三尺非一日之寒，要想彻底转变，无论是学生还是教师，要做的还有很多……

◆ 故事赏析

引导学生扬长避短，成就学生未来梦想

● 故事特点

一、观察比较细腻，发现比较及时，措施具渐进性

老师宣布上课，而应文敏却“趴在课桌上”，老师怀疑他可能生病了，简单询问但没有在课堂上追根寻源一查到底，而选择做冷处理，留至课后进一步观察，避免了在课堂上引发正面冲突或激化矛盾，也节省了宝贵的课堂教学时间。

应文敏眉清目秀、皮肤白皙、个子高挑的外表以及精心打理的头发让老师意识到该生与其他学生的不同之处，初步判断该生可能不是一个好“对付”的家伙，这才对该生产生足够的重视，并萌生伺机开展工作的想法。其中包括找到家长进一步了解到他的“演员梦”与“播音主持兴趣”。

从“偷偷观察应文敏”，发现他“正饶有兴趣地听着”，“一改往昔冷漠傲慢的神态，反倒露出一丝因为害羞而憨厚的笑容”，“我真真切切看到，在他微笑着的眼中闪过一丝光彩”，从而逐步发现、了解该生心灵深处所思所想，相继给予机会和正面肯定。

同时，我们也能感觉到，在肯定之时班主任也为应文敏指明了努力的方向：“你读得真不错，是一块有待打磨的璞玉。相信经过打磨，你一定可以绽放出更耀眼的光芒！”璞玉要经过痛苦的打磨，才能产生光芒。璞玉是现实中的应文敏的定位，打磨是应文敏成长必经的痛苦过程，光芒是应文敏努力的方向与目标。老师当堂寥寥数语不仅让应文敏一个人受到了鼓励，同时也让全班同学都受到了教育和启发，更加坚定各自想要努力的方向。

二、主题对象明确，内容相对集中，描述客观真实

一篇千余字的短小教育故事，选用了第一次上课、与学生家长交流以及课堂上互动等多个场景。它生动再现了应文敏进入高中后不久在文化基础课程学习以及未来升学目标等方面表现出的迷茫等问题，集中描述了在老师引导帮助下应文敏开始向好的方向转变的过程，直接聚焦在应文敏的“演员梦”和“播音主持兴趣”等方面及其未来发展的潜能上。聚焦一个主题、反映一个主角有效地避免了讲述教育故事中比较常见的内容杂乱、问题宽泛不聚焦等问题。

故事在描写应文敏的行为、表情的同时，也描述了老师自始至终的认识以及思想变化过程。如“偷偷观察应文敏”，“我的心咯噔一下”，“我也暂时松了一口气”，“看在眼里，急在心上，却无计可施”，“我想，时机到了”，“我压抑着心中的兴奋”等。这些真实的描述比较客观地记录了老师做出的反应、产生的想法、经历的过程。它不仅代表了老师对自己的学生的认知过程，更重要的是体现了老师的心境、情绪、境界、方法等，为事后梳理与反思做好了铺垫。

● 有待商榷

一、分析不够充分，“病因”诊断含糊

也许是限于篇幅，该文以陈述事实和介绍转化过程为主，基本上没有深入的分析。在对应文敏“病因”分析诊断方面，有两点留给读者比较深的印象：一是标题“冷酷”，二是其父介绍的“演员梦”。似乎导致应文敏的多种不良表现都是因为理想与现实之间的落差引发的，甚至还可能误导读者，应文敏是因为有“演员梦”才表现得“冷酷”。但是，细读起来不难看出，如标题所示“冷酷”是“伪装”，那么“冷酷”“伪装”的究竟是什么呢？

老师若能从根本上分析应文敏“冷酷”的原因，则更有利于对症下药。根据故事中的有关描述，例如应文敏的学习兴趣不够浓厚、积极性不高等，我们可以猜测其中缘由可能是多方面的：(1）缺乏信心。应文敏不缺梦想，且与其梦想相连的是他具有一定的特长和天赋，但能否梦想成真，应文敏心中没底。(2）认识迷茫。对自己在高中阶段该做的事没有想明白，对前行的路径不清楚，对高考的结果不敢去设想。故事中的部分描述“在后面的学习中，应文敏消极、懒散、落后，终日无所事事，消磨时间”等，这通常是迷茫的一种表象。(3）厌学情绪。这是在故事中挑明了的一个问题。学生厌学的具体情况需要老师更细致地分析，从而判断其厌学问题的严重程度。不然，他“饶有兴趣地听着”就纯属“例外”情况。(4）毅力不足。虽有理想、有天赋、有基础，但是害怕吃苦，或不愿意吃苦。明知努力、勤奋、付出的重要性，但不能持之以恒。(5）自愧自卑。因文化课成绩比较差，感觉在同学面前抬不起头，假扮“冷酷”，遮盖心灵深处的自卑等。

二、个别沟通缺失，判断显得主观

基于观察和与学生父亲的交流，老师做出了一些判断，逐步采取了多项措施。但是，由于对其“病因”诊断不明确，应文敏发生的转变究竟能持续多久，我们很难做出判断。在观察以及转化的过程中，老师没有就自认为的“伪装”问题直接与该生交流沟通（也许有过个别交流沟通，但是没有在故事中反映出来)，因此老师很难知道应文敏究竟在想什么，他为什么要“冷酷”。如能抓住应文敏“饶有兴趣地听着”的这个时机，与之深入交流，不仅能在工作上多一个环节和机会观察学生的心理状态，更能通过深入地沟通对其“病因”给出比较准确的诊断。

三、背景有待清晰，理念可再提炼

故事以“新学期第一天”开头，但读者很难理解是高一新生秋季开学第一天，还是其他情境。从后面介绍的文字“我这才注意到，这是一个像从漫画中走出来的大男孩，眉清目秀……”看，应该是高一新生的第一次课。若发现学生在班主任第一节课上就能趴在课桌上，那么故事中提到的深入交谈，或与家长沟通的工作可以进一步加强或提前展开。但是，另有一处提到“我们班是传媒班”，班主任对该生的“梦想”“相貌”等就不会有文中所描述的“我这才注意到”“一个偶然的机会，他父亲当面告诉我”等，因为这都应该是预料之中或班主任该了如指掌的内容。

“用肯定卸下冷酷的伪装”告诉读者，转化应文敏的主要方法是肯定、赞赏等。但是在全文中，真正的“肯定”仅有一处。也许是考虑文章篇幅的原因，紧接着计划使用的肯定、激励等措施没能够充分描述，但仍然可以在故事结尾处直接或暗示会继续“肯定”应文敏，达到转化的目的。

● 建言促改

若的确是仅有的一次“肯定”促使应文敏发生了变化，则可增加一段反思，甚至在重构与呈现这个教育故事时，将自己在观察、发现、引导等过程中的感悟提炼出来，较之仅用“肯定”两个字，其作用与意义可能会大得多。深刻的感悟可以改变自身育人行为，同时对他人而言则可留下更深刻的印象，引发新的思考或受到有益的启迪。

教育故事与其他主题故事的不同之处就是它需要反映或揭示一定的教育规律、教育学原理、科学的教育方法等。只有撰写者在构思和撰写时经历和完成了认识升华的过程，才能通过写教育故事提升自我。不然就会像在沙滩上捡拾的一颗颗珠子，若缺少一根线将它们串起来，再好的宝贝也只是零散的原材料，难以成为工艺品，更不可能成为精品。

（原载《湖北教育》2020年第15期）

夏日里的怪异男孩

故事撰写：杨萌，湖北省宜昌市夷陵区官庄完全小学

夏日的午后，教室里的吊扇哐啷哐啷地转动着。角落里一个穿着高领长袖衫的男孩，显得格外怪异。我走近低声问道："你不热吗?""不热!"他脱口而出，眼神躲闪不愿意多说一个字。

初次入职担任班主任，对班级不熟悉，我便向同事了解情况，结果令人失望：他情商低、成绩差、调皮捣蛋数第一……

秋日的一天，班长急匆匆地来到办公室，脸红气喘地说道："老师，您赶快去教室，严珉要跳楼!"我连忙起身跑往教室。紧紧围住严珉的小朋友们不停地议论着："他自己背书慢还生闷气，用头撞墙还说死了算了。""顺着消防箱往阳台爬，幸亏老师手快拉住了他。"严珉瘫坐在地上，两眼通红，满脸是灰，双手不停地抓着头发，号啕大哭。

我蹲下来用衣服擦拭他的脸颊，轻声说："别哭，再哭就不帅了。"严珉的举动危及安全，我需要通知家长。"老师，我家就在学校旁边，您打我妈妈的电话行吗?"严珉向我哀求。然而，接电话的却是他父亲。听说父亲要来学校，严珉突然跳起来，像头暴躁的小狮子，欲冲出办公室。我正疑惑，他却说道："完了，今天我要被打死了。"话音刚落，严珉父亲就已经到达学校。

我转达了学校领导的建议，请家长带孩子接受一次专业心理疏导。严珉父亲提着孩子的衣领就往外走，路上还踢了他一脚，他一个踉跄摔在地上，一声哭喊回荡在整个校园。我走在他父亲的身后，严珉一只手伸向我，撕心裂肺地喊着："老师您救救我，求您救救我。"我犹豫了，脑海里想起一位老师的话："让他回家？出事了我们都不好过。"思绪乱成一团，但双脚不听指挥地跑了过去，喊着："等等！"我一把将严珉护在身后，严珉紧紧地抓着我的衣服不停地抽泣着，我向严珉父亲说："能让他留下吗？我还想跟他谈谈。"其父看着孩子，迟疑了片刻，回答道："行，老师我相信您。"

转身返回时，严珉要我等他一下，便跑向教室。我十分不安地跟了过去，却看到他向语文老师和同学们鞠躬道歉。这一幕深深地烙在了我心里！

在空荡的办公室里，严珉突然拉起衣服对我说："老师，给您看个秘密。"目之所及令人震惊，我极力掩饰自己的情绪，这个瘦弱的男孩竟然满身伤痕，脖子、后背、腿上，全是被皮带抽过的淤青。我问他："还疼吗？"他说："习惯了，他一生气就打我，我要不是舍不得我的妈妈，死了便可解脱了。"我不能想象眼前这个11岁的孩子究竟经历了什么，竟然对生活没有期待，如此厌世。他愿意向我打开心扉，我决定走进他心里，让他对这个世界多一些眷念。

显然原生家庭的环境对他产生了伤害，包容的母爱与严厉的父爱将孩子的内心拉扯。孩子虽小却也看到母亲在婆媳关系中的不易，他又总是言辞不当触及父亲的威严，而父亲的不善言辞又将暴力倾泄到他身上。后来的日子里，我经常跟他谈心，偶尔他还会掀起衣服给我瞧，但不再触目惊心。有时我也会去他家坐着闲聊，父亲也曾尝试主动关心他，母亲脸上的笑容逐渐增多了……信任终将打开心门，让温暖流进心田，小刺猬也变得柔软，不再锋利。

元旦节前，我给全班所有孩子送了贺卡，播放了一段班级短片。孩子们眼眶湿润了，严珉则哇地哭出了声，惹得大家笑了起来。当日放学后，他从家里拿了苹果给我，并说："老师，我期末考试数学绝对考及格。"

严珉生病住院，他却坚持参加了考试。考完后他说："61分，多1分送给您。"他得意地昂着头，父母在一旁笑了。突然间，我发现这个男孩日渐阳光，换下了怪异的长衫，还会嚷嚷着跟同学比腹肌，撸起袖子秀肱二头肌，显得有些傻气。

过去的这个夏天，他出现在我平淡的职业生活里，给我的生活撒上一把调味料，暴躁起来像一把熟透的朝天椒，辣眼又呛鼻；安静起来像一杯红糖水，温暖又美丽……

◆ 故事赏析

无声的"求救"不容忽视

● 故事特点

《夏日里的怪异男孩》中的严珉不仅有个完整的原生家庭，而且常年与父母亲生活在一起，照常理说他应该享有幸福的童年。相对于来自单亲家庭、组合家庭、贫困家庭或留守儿童家庭的部分孩子，严珉不应该具有故事中所描述的"求救"的需求。然而，讲述者的亲身经历与现场见证，又不容半点质疑。

从整体上看，小学生的童年生活是否幸福，其中部分孩子是否有"求救"的需求，这需要视具体情况而判断，不能简单地按常理去推断。严珉是幸运的，他遇见了一位有敏锐眼光、有爱心和责任心的老师，迅速而准确地接收到他的"求救"信号。若是深入分析一下，当事老师的工作比较好地体现了如下三个特点。

一、将无声的求救与大声的呐喊尽收心底

炎热的夏天，教室里开着电扇，然而严珉却穿着高领长袖衫，当事老

师在关切地询问之后，必定有过许多的推测，这才发现问题很可能不是“不怕热”那么简单，是生活习惯怪异还是另有隐情？然而，当事老师随后调研了解的信息似乎与“高领长袖衫”毫无关系。但是，正是因为老师的关注在严珉心中留下了印迹，严珉才感觉到新来的老师在亲近他，才愿意主动向老师袒露自己的“秘密”，才会喊出一声“老师您救救我”。

笔者读到过一个与此类似的案例。初中男生在炎热的夏天穿着长袖，当老师询问时该生也是什么都不说。老师感到其中定有蹊跷，便通过家访了解到，该生为留守儿童，在家自己做饭时不慎被火烧伤，遂用长袖遮盖胳膊上的伤痕。

由此，我们不难发现，有的学生在遇见困难时，往往因年幼而不善于寻求帮助，但是这并不意味着他们对救助没有期盼。相反他们会用自身的方式向老师、向周边的人发出无声的求救信号。无声并非无形，细致观察定能发现这类学生的求救信号会隐藏在穿戴、举止、表情等多个方面。对于无声的求救信号，老师需要的不仅是观察与发现的能力，更重要的是需要有一份爱心与责任感。

二、为学生免受皮肉与精神折磨勇于担当

严珉喊不想活了，要跳楼，事关学生的安全，及时请家长来校协助处理或请家长将孩子带回家均为比较恰当的处置方式。然而出乎预料之外的是，来学校的是孩子的父亲，且其父还没有离开校园就将孩子踢倒在地。初次见到孩子的父亲，在对孩子遭家暴等不甚了解的情况下，一位初次入职的年轻老师对处于危险之中的孩子的呼救，能做出果断的反应，需要勇气与担当。当事老师虽有瞬间的犹豫与思绪的混乱，但是其“双脚不听指挥地跑了过去”，驱动双腿的就是关键时刻的勇往直前与敢于担当。

也许时间不允许当事老师推测其父将孩子带回家后会有什么后果，然

而严珉喊出的一句话“今天我要被打死了”，以及夏日高领长衫等场景一定让她联想到孩子遭受的皮肉之痛与精神折磨。从这个意义上讲，老师的及时干预以及随后展开的疏导、劝说、关爱等工作不仅让严珉免受了皮肉之苦，而且还有助于消除其精神上的折磨，逐步走出家暴造成的心理阴影。

三、挽救学生的努力实则挽救了整个家庭

当事老师关注严珉，是以挽救自己的学生为出发点的。老师初次介入，听说父亲要来学校协调处理问题，严珉预感到会被打死；不知何时，“这个瘦弱的男孩竟然满身伤痕，脖子、后背、腿上，全是被皮带抽过的淤青”；在学校稍有点不顺心的事，孩子就叫嚷着要跳楼；一个 11 岁的孩子将“要不是舍不得我的妈妈，死了便可解脱了”挂在嘴边；甚至当着老师的面，家长也能将孩子踢倒在地；等等。这些足以证实严珉已经到了被家暴毁掉的边缘，说老师是在挽救学生一点儿也不为过。

进一步深入分析，不难看出老师挽救的绝不仅是孩子本身。在被毁掉的边缘，孩子的心理阴影必定会影响其健康成长，是否能成人成才就更无从说起了。况且孩子已有轻生的念头，做出极端的糊涂事也有可能。若孩子不能健康成长，或出现意外，毁掉的必定是整个家庭。因此，当事老师出面干预，挽救孩子的意义已经超出了教育孩子本身，实则挽救了一个家庭。

● 有待商榷

故事开头所描述的场景的确让人揪心、令人心痛，然而故事的结尾却让人看到了变化，看到了希望。当事老师施以关爱，让严珉感受到人间的温暖；当事老师联络家长，促其转变了教育态度与方法。老师的及时干预、耐心疏通与指导收到了较好的效果，孩子及家长都在一定程度上发生了向好的变化。尽管如此，笔者以为，严珉的父亲对待孩子的行为已经构成了

家暴。

首先，其行为已致使孩子身体受伤。当老师将严珉带到办公室时，严珉要给老师“看个秘密”：“这个瘦弱的男孩竟然满身伤痕，脖子、后背、腿上，全是被皮带抽过的淤青”。正如当事老师所描述的一样，“目之所及令人震惊”。在炎热的夏天，一个男孩子穿高领长袖衫到教室上课，可见这样的场景在他幼小的生命中肯定不只是偶然发生过一两次。特别是当老师问他“还疼吗”时，他回答说：“习惯了，他一生气就打我，我要不是舍不得我的妈妈，死了便可解脱了。”其家暴的严重程度以及频率可想而知。

其次，其行为已给孩子造成了心理阴影。除了皮肉之痛外，更重要的是其父的行为给孩子造成了极为严重的心理阴影。课堂上稍有不顺，严珉就想到要“跳楼”“死了算了”。听说其父要来学校，严珉情绪突变，还说“今天我要被打死了”。跟随其父回家途中被其父狠踢一脚后，严珉撕心裂肺地喊着“老师您救救我”。可见，严珉已经到了闻“父”丧胆、谈“父”色变的程度。

在分析严珉父亲举止行为的原因时，故事中提及“原生家庭的环境对他产生了伤害”，严珉“总是言辞不当触及父亲的威严，而父亲的不善言辞又将暴力倾泄到他身上”等等。也许严珉的父亲对自己的行为能找出诸多理由，例如恨铁不成钢，性情粗暴方法简单，是为了孩子好，只怪孩子不听话等等。但是其行为已经远远超过了一般家长偶尔用打骂来吓唬或惩戒孩子的做法。

若要追究其家长家暴的责任，作为见证人，老师肯定有许多困难或不方便之处，但是应该开诚布公地指出其父实施家庭暴力的错误行为，指明其行为已经对孩子身体上和精神上造成了比较严重的伤害，奉劝家长不可苛求孩子的每一句话都符合家长的期盼，更不能将孩子“言辞不当”视为在“触及父亲的威严”。

● 建言促改

继续密切关注严珉，必要时开展适当的心理疏导工作，帮助该生消除心理阴影，特别要注意防范该生轻生的举动。择机与家长沟通，明确指出他的行为已经构成了家暴，且对孩子带来了肉体上的痛苦与精神上的摧残，促使家长充分认识到家暴的严重性与危害性。规劝家长参与到协助孩子消除心理阴影的具体行动中来，例如劝导其父主动向孩子说一声“对不起”，并承诺今后将杜绝家暴的不良行为。向班上的科任老师通报严珉遭受到家暴的情况，引起各科任老师的重视，并积极主动向该生传递温暖，助其重拾对生活的信心，学会热爱生活，珍惜生命。充分肯定严珉的诸多优点，例如懂礼貌、信任老师等，鼓励该生在遇到困难时主动找老师，并承诺一定会呵护他健康成长。

当老师被学生怼怼后

故事撰写：陈莉苹，武汉市光谷第二高级中学

卢飞强是班里的一个男孩，他相貌平平，学习成绩一般，课堂上也不怎么发言。这样的学生一般很难获得老师的重视。要不是那天课上他说的一句话，或许他会一直静静地被我冷落在教室的角落。而正是他的那一句话让我的教育心态发生了转变。

记得那是一堂练习课，也是上午的最后一节课，我布置了作业让同学们做题。由于前面的知识梳理环节时间较长，后面留给学生做题的时间相对紧张。我害怕耽误后面的课程进度，于是对全班同学说："请同学们抓紧时间，下课之前谁要是没写完作业，就不要去食堂吃饭啊！"话音刚落，我就听到卢飞强在角落里不满地说："不吃就不吃，有什么了不起的。"他声音虽然不大，但是当时教室很安静，全班同学都能听见。我很惊讶，平时毫不起眼的卢飞强，怎么突然挑战老师的权威？这让我有些生气。我本想把他"怼"回去，将他狠狠地批评一顿，捍卫自己在学生心中的地位。但是理智告诉我不能这么做。于是，我调侃道："你真的不想吃中饭了？难道是想减肥？"全班同学听到后都笑了，卢飞强也没有再说什么。下课铃响，同学们都按时离开教室去食堂吃饭。

事后，卢飞强每每见到我，似乎都有些不好意思，上课时也不敢看我。每当我们的目光要相遇时，他就赶紧低下头，显然是在刻意回避。我心想：这样可不行，如果我和他之间的尴尬不被打破，卢飞强有可能会因此渐渐

失去对学习的兴趣，继而会影响他的成绩，同时也不利于他健康成长。于是我主动示好：上课时我会选择一些他有把握的问题让他回答；检查学生背书时，我推测他会背了就把他叫起来。卢飞强在我的精心引导下找到了自信，也领会了我对他的关注和帮助。我们之间的距离近了，之前的尴尬不复存在。为了“回报”我给他的帮助，在我的课堂上，他总是认真学习，主动回答问题，不再像从前一样沉默。也因为有了他的积极主动，我课堂的气氛更加活跃。

现在，我真的很庆幸。幸好我在那节课上控制住了自己的情绪没有批评卢飞强，我们才有机会成为互帮互助的好朋友。同时我也很后怕。假如我当时丢失了老师应有的风度，跟学生在课堂上“互怼”，那么我不仅会和卢飞强关系僵化，还可能和整个班的学生拉开距离，失去的将是老师的亲和力。

海纳百川，有容乃大。一群心智还在发育成长过程中的孩子，其中大多数都有自己的想法与个人的见解。与他人意见相左而产生矛盾和碰撞，对他们而言，这再正常不过了。老师一定要懂得接纳和宽容，并想办法疏导和沟通，才能拉近与学生的距离，形成良好的师生关系。更何况老师自身的观点与看法不可能总是毫无疏漏，更不会百分之百的正确。引导和鼓励学生表达观点，畅谈想法，也是老师应尽之责。

事后反思，我也看到自己的不妥之处。当时卢飞强的“怼”不是没有原因。老师在课堂上的言语失当，加之长期对他的忽视，卢飞强脱口而出的言辞其实是在表达他心中积蓄已久的不满。像卢飞强这样“不起眼”的学生其实不少，他们既不“冒尖”也不摆“尾巴”，但是他们同样渴望得到关注，需要我们这些园丁的精心呵护。这使我想起了张艺谋的电影《一个都不能少》，以后在我的课堂上也要一个都不能少！不管是欣然开放还是默默生长，我都要给你们洒满雨露和阳光。

◆ 故事赏析

从关注一个学生到关注每一个学生

● 故事特点

这是一篇由老师课堂上的一句话引发的一个简单的教育故事。当事老师持有的态度、事后的认识，以及故事的笔调和风格，较好地展示了自身思想的转变过程和处理问题的方式，包含了教育智慧和教育理念。

一、展示出教育智慧

课堂上师生之间发生正面冲突，甚至从言语冲突发展到“僵持”“推拉”的案例并不少见。很多情况下，冲突的结局要么是老师下不了台，在学生面前威严扫地；要么是老师表现“强势”，不肯退让半步，最终致使学生受委屈。因此，应对和处理好课堂突发状况，需要身经百战的临场经验，更需要教育智慧。讲述者在课堂上面对卢飞强突如其来的“怼”，做出了宽容的选择，及时化解了尴尬。一句充满幽默感的“难道是想减肥”，暗示了老师的本意不是不让同学们吃饭，体现了老师在特定情景下现场处置矛盾的教育智慧。

这让笔者联想到一个类似的案例：曾有一位化学老师在维持课堂秩序的全过程中经历了五个节点，分别是：（1）处置情况，发现课堂上学生中出现骚动，及时了解情况，提醒学生专心听讲；（2）激化矛盾，老师轻敲课桌面引发学生反感，激化了矛盾；（3）形成对立，学生一句“有话就讲，敲什么敲”使得老师陷入猝不及防的境地，本来还比较冷静的老师不假思索强令学生站起来，而该生纹丝不动；（4）借梯下台，科任老师迅速恢复理智，没有和学生继续僵持，而是说了一句“下课我再找你”，算是给自己搭建了一个台阶；(5) 转交矛盾，科任老师并没有在课后找涉事学生交流沟通、批评教育，而是选择了比较简单的方式，将矛盾移交给班主任。

我们也许需要进一步思考，在矛盾激化、对立形成后，科任老师除了借梯下台、转交矛盾外，还有没有其他更好的办法可以打破僵局，缓解对立情绪。例如，扭转话锋，不失幽默与宽容地调侃两句，体现教育智慧。课后再采取替换性措施，避免留下后遗症或使出下策，将问题转交给班主任。

二、体现了育人责任

教师有自身的岗位职责，即教书育人。故事中有多处描述都体现了当事老师的责任感。在被学生“突然当众挑战老师的权威”的情境下，他放弃了“将他狠狠地批评一顿”的想法，此时，当事老师压住的是“火”，保持的是理智。关键时刻能控制情绪的力量，其实就是来自教师为人师者所拥有的强烈的责任意识。老师与学生“过招”，不是为了在竞技场上比高低，而是要达到育人的目的。

事后，发现卢飞强“不好意思”“不敢看我”后，老师便“主动示好”“故意提问”。利用后续的跟进措施，老师视矛盾的发生和化解为转机，收到了良好的教育效果。将现场处置工作延伸到事后跟进，这也充分体现了老师的职业责任感。

三、感悟到教育理念

习近平总书记在 2019 年 3 月 18 日主持召开的学校思想理论政治课教师座谈会上强调“亲其师，才能信其道”，其中一个很重要的要求就是要建立和保持良好的师生关系。在叙述教育故事的过程中，当事老师多次强调了师生关系的重要性，并介绍了自身的认识过程。例如，学生“怼”老师，事发突然，但事出有因，学生借此发泄的是“积蓄已久的不满”。在老师的精心呵护下，卢飞强找到了自信，与当事老师“之间的距离近了”。随后文中还提到，“假如我当时丢失了老师应有的风度，跟学生在课堂上‘互怼’，那么我不仅会和卢飞强关系僵化，还可能和整个班的学生拉开距离，失去的将是教师的亲和力”。这反映了当事老师对形成良好师生关系重要性的深刻认识。通读全文，我们不难发现当事老师还采取了“退让”“变通”“主动”“跟进”“接纳”“宽容”等诸多教育策略与方法。

四、学会了如何反思

故事开篇的第一段就让人感觉到讲述者对教育实践的反思态度：“要不是那天课上他说的一句话，或许他会一直静静地被我冷落在教室的角落，而正是他的那一句话让我的教育心态发生了转变。”当通过自己的努力取得了良好的教育效果后，“我”也没有沾沾自喜，而是小心翼翼地在梳理和反思：“我真的很庆幸。幸好我在那节课上压住了自己的情绪没有批评卢飞强，我们才有机会成为互帮互助的好朋友。”故事结尾的一段是对整个故事及事发和跟进处理过程的小结，但是侧重点仍然是在反思。

踏破铁鞋无觅处，得来“一定”费工夫。任何高大上的教育理念和教育智慧、教育责任都体现在日常教育实践的细微之处。据此教育故事的内容判断，当事的老师应该是一位比较年轻的教师，在入职后不久就能结合自身教育实践深入反思，实属难能可贵，值得肯定，也值得学习。

● 有待商榷

在充分肯定当事老师针对自身的“不足”“疏忽”进行反思的同时，我们也看到了当事老师曾经对卢飞强的关注不够、了解不充分等薄弱点。

“相貌平平，学习成绩一般，课堂上也不怎么发言”的卢飞强以及其他与之相似的学生一般都很难引起老师的注意。我们常说要关注每一个学生，卢飞强这一类学生本该被老师们一视同仁，却没有得到应有的关注，其中的原因也值得分析和思考。当然，这其中或许有时间因素，若“我”担任该班的班主任时间不久，还没有顾得上关注每一位学生，那么情有可原。但如果对学生产生了思维和行为的惯式，教师应该对此高度重视。

另外，本故事的起因其实是老师在课堂上的一句话：做不完作业就不要去吃饭。这句话让当事的老师有意外的收获，但是这明摆着就是做不到的一件事。老师在学生面前的每一句话、每一个举动都会对学生产生影响，即使是有的学生把老师的话“不当回事”，“不当回事”本身也是学生所给出的反应。老师需要思考，为何学生不把老师的话当回事。在学生面前，老师应该说到做到。老师的话虽不是“一言九鼎”，老师也并不像“圣人”一样毫无过失，但是老师应该让学生感觉到自己的一言一行都是认真的。卢飞强出乎预料的反应告诉我们，虽然他对老师的话有怨言，但他还是把老师的话“当真了”。教育实践中的补救措施不可少，但是教育引导工作应该要有前瞻性，尽量避免因老师自身的原因而造成失误和不足。

● 建言促改

在中小学阶段，与卢飞强性格相似的学生绝不是一个两个，为何他们只有“一反常态”才能吸引老师的眼球，才能受到更多的关注？关注和关爱每一位学生，是老师的职责与义务。然而教师最难顾及的就是这些不起眼的孩子。结合这篇教育故事所反映的当事老师处理师生关系的特点，大家不妨举一反三，回顾一下自己的职业生涯，看看是否遇见过其他类似卢飞强这样的学生，自己又是如何与他们相处的。若能从中找出一些规律性的特点，并运用到教育实践中去，定能更好地落实“关注每一位学生”的要求与理念。

（原载《湖北教育》2020 年第 21 期）

一句来之不易的道歉

案例撰写：韦善，武汉市光谷第二高级中学

师者，所以传道授业解惑也。可担任班主任一职，远远不是授业解惑那么简单，学生的道德教育才是最重要的。“浪子回头金不换”，作为老师，我不会轻易放弃任何一名学生。

自打我接任高三（2）班的班主任，龚旭义就和我“杠上了”，他时不时挑战我这位年轻教师的原则底线。有一次他在我的晚自习上使用手机，手机被我当众没收。在后来的小半年里，我俩相安无事。我以为我就这样“收服”了他，然而这只不过是个开始。

学校规定，学生周末返校时必须上交手机。一次考试结束后，学生成长中心主任在楼梯间遇见龚旭义玩手机，随即采取冷处理，将问题转交给我这个班主任。得知此事的我很惊讶，他的手机明明已经交给我了，怎么还能玩手机？我再次没收了龚旭义的手机，并对他教育了一番。可没想到我的宽容在他的眼里竟成了没有原则，从此，他跟老师们玩起了“躲猫猫”。

不久后的一节自习课上，龚旭义玩手机被我抓个现行，他扭扭捏捏地交了手机。可在随后的语文课上，校长巡堂又发现了他玩手机。这让我感到十分诧异，我刚在自习课没收了他的手机，怎么又冒出一部？原来，龚旭义之前上交的是个手机模型。然而，即使是“证据”确凿，龚旭义也没有半点认错的态度，一句抱歉都没有说。最后，反倒是他的家长跟老师道了歉，这让我心里说不出的难受。

此后，龚旭义仍然沉浸于和老师们“斗智斗勇”的“躲猫猫”的游戏之中，只要老师抓不到现行，他就坚决不承认错误，还说老师不尊重他、不信任他，枉为人师。面对如此屡教不改的学生，我几乎就要放弃了。但在后来龚旭义又一次玩手机被发现时，我改变了以往的心态，不再像当初那样恼怒了。那天，龚旭义在接受完年级主任训话后来到我的办公室。作为班主任的我，需要对他这种屡次违反校园规定的行为采取惩罚措施。他满不在乎地站在我面前，看着他这般模样，我的心里只有一个想法：停课处理，回家反省。

那时候已经接近期末，元月份的天气格外的冷，而我的心也是一片冰凉。我知道“回家反省”是对龚旭义下的最后一道“通牒”，这样的决定很有可能让他在偏离正道的路上越走越远，他的高中生活也不会留下美好的记忆。想到这儿，我有些犹豫。

最终学校还是决定给龚旭义停课处理，并正式通知家长。可龚旭义仍是一副停课算不上什么大事的神情，我内心生气极了，但我没有发火，而是平和地说：“龚旭义，我知道你是一个金庸迷，但是一个真正的金庸迷，一个几乎把高中课余甚至课上时间全都献给金庸小说的人怎么会如此没有骨气？你有傲气，却没有傲气的资本。”听到这儿，他眼里似乎有些动容。于是，我细数起金庸小说中的侠义英雄，我告诉他，大侠都有敢做敢当的一身正气，都有着伟岸的理想和抱负。我还提到了一些反派角色，例如《射雕英雄传》中的杨康：“侠之大者，为国为民。我不要求你做多么伟大的事，但是你起码要做一个敢做敢当、有正义感的人，正视自己的错误有何难？怕的是像杨康这样，一错再错。”

一番话下来，龚旭义并没有被说动。也对，他如此固执地屡教不改，又怎么可能轻易被说动呢？我说的话，也许他一句都没有听进去，甚至嗤之以鼻。或许我说再多都是徒劳，在他眼里，我不过是在履行一名班主任的义务，对他虚情假意地说教罢了。我无奈地望着他："回去吧!"他低着头往门口走去，却在开门时停住了脚步，我疑惑地看着他，只听他轻轻地说："老师，对不起，给您添麻烦了……"

龚旭义走后，我望着窗外，心里生出一股暖意。冬天来了，春天还会远吗?

◆ 案例赏析

理解教育理念，在实践中增强适切性

● 案例特点

一、秉承传统教育理念，边实践边尝试

故事开篇用几句话表明了讲述者自身的教育理念与态度。首先，结合班主任岗位职责，对"传道授业解惑"提出了自己的见解，"担任班主任一职，远远不是授业解惑那么简单，学生的道德教育才是最重要的"。其次，明确教育态度，珍惜"浪子回头"的可贵，"不会轻易放弃任何一名学生"。讲述者能在教育实践中，秉承一些传统的教育理念，并形成自己对学生、对教育的看法，是理论联系实际的体现。

通读故事，不难看到这位老师在教育实践中尝试了相应的教育理念与方法。例如，在通知学生将被惩罚时，仍然与该生进行了一次深入的谈话。这是告诉龚旭义，老师仍然没有放弃被给予停课处罚的学生。这与开篇的"不会轻易放弃"的理念遥相呼应，知行合一。龚旭义离开时的道歉也显示出谈话的得当。

二、严格执行学校规定，从严管控手机

学校管控学生手机的办法往往大同小异，其目的是希望学生不要因沉迷于手机而荒废学业。如何避免学生跟老师玩“躲猫猫”的游戏，这需要老师们尤其是班主任严格执行学校的规章制度。当事老师第一次就毫不含糊地将手机“当众没收”，反映了执行校规的严肃态度。当龚旭义多次违规使用手机时，“我”也坚持督促他上缴了手机。虽然这个动作比较简单，但是它维护了校规的严肃性，有利于引导学生们建立规矩意识。也许这在龚旭义身上的作用不够明显，甚至前期是失败的，但是班级其他学生能从中体会到老师严格执行校规的举动，由此对规矩和规则产生敬畏感。

教师执行学校的各项规章制度有着很重要的作用。若抓得不紧、落实得不好，校规校纪就会形同虚设。当然，教师还要利用好执行规章制度的过程，培养和增强学生的规矩、规则、规范意识。

三、不厌其烦再三说服，道歉来之不易

在学校做出停课处理的决定后，老师仍然坚持对学生进行开导劝说。结合金庸小说中的人物，老师谈了自己对他们的认识与评价，谈话内容深入具体，也许这出乎龚旭义的预料，恰好是在老师以为谈话可能“徒劳”的时候，“奇迹”发生了。龚旭义终于说了一声“对不起”。一句迟到的道歉的确“来之不易”，老师不厌其烦再三说服终于见到效果。

即使学生被惩戒是“罪有应得”，但是惩戒学生在任何时候只是教育的手段与方法。惩戒有教育的作用，对被惩戒学生和其他学生会产生一定的威慑力，但是它不能取代规劝、说服。在通知龚旭义校方的惩戒决定时，当事老师的一番话语，发自肺腑，贴近学生，在学生的心灵里打上了烙印。

● 有待商榷

如前文所述，在故事的导入中提及的三个教育理念应该得到充分的肯定，但是细细品读又感觉到被引入到一个比较模糊的认识区。

“传道授业解惑”是对教师职业比较经典的描述，包含三层意识，形成了一个整体，缺一不可。讲述者提出“当班主任远远不是授业解惑那么简单”，这是否就是将班主任定位在“传道”的位置？虽强调的是一个侧面，但很有可能忽视了对这一经典完整性的理解与诠释。对于类似经典观点、理念、思想等，我们需要深入地去理解，反复地去体会，才能把握其精神实质，继而指导自身的教育实践。不然就会出现偏差或误解，误导自身的教育实践，甚至由此产生的理念与实践脱节的问题还会让人无所适从，对经典理念持怀疑态度等。

不会轻易放弃任何一个学生既是一个公认的教育理念，也是学校教育的基本要求，这其中当然包括不服管教的学生。然而，对待学生，尤其是问题学生，我们采用什么方式去教育、引导、批评、帮助，这与老师的教育理念和方法密切相关。而有效的方法和优秀的教育理念需要我们更专业地学习，更积极地实践，以及更深刻地思考。

从管控龚旭义手机的艰难过程来看，当事老师一直使用“管教”的方式。你违规玩手机，我就给你收起来；你再玩，我再收；管不住，我就下狠招惩戒你，这样的教育方式呈现的是“公事公办”“例行公事”的程式。若能对龚旭义“手机控”的具体原因进行深入的分析，师生之间坦诚交流，一起克服困难，解决问题，相信老师的“管教”会令学生更加心服。

另外，对于龚旭义是否应视为“浪子”暂且不论，但是“浪子回头金不换”这句俗语的引用让笔者不禁联想到曾在微信上看到的一些描述、使用成语或俗语等却自相矛盾的文章，例如“出淤泥而不染”与“近朱者赤，近墨者黑”出现在同一个语境里并连用。这并非文字游戏，而正好是中国文字表达的深奥之处。笔者以为，运用和理解成语、俗语不能脱离语境，否则会给人留下模棱两可或自相矛盾的印象。那么根据前文，我们可以理解作者在此使用该俗语是指要珍惜“浪子回头”的学生，同时感慨及时醒悟的可贵。

● 建言促改

首先，改变教育措施的切入点。管控手机的过程证实，对龚旭义采取就事论事的办法见效并不明显。中小学生管不住自己，其原因也是多层面的。有的是不懂规矩，有的知道规矩但管不住自己，还有的是明知故犯，公然挑衅规则。因此，可将不守规矩、不尊重规则的行为梳理后，从整体上帮助学生提升认识，敬畏规矩，遵守规则；引导学生增强自律意识，并辅之监督检查措施，持之以恒定会收到效果。

其次，积累教育的方式和方法。老师在铁面无私执行校规的同时，应与该生深入交流，不要将学生放在“对立面”，也不必抱着“收服”学生的心态与之较劲。例如，在通知惩戒决定最后一刻的谈话，就是在告诉学生要分清轻重缓急，要遵守学校规定；阅读和鉴赏文学作品时要感悟和学习相关人物的可贵品质，以此来获得进步。正因如此，“最后通牒”才改变了学生对老师说服教育的态度，让学生认识到自身的错误。对于类似有效的教育方式和方法，年轻教师尤其需要在日常工作中注重积累。

再次，重新整理加重反思分量。讲述者在多处谈到自己的认识以及思想变化，言真意切。建议对整个教育引导过程再次进行梳理，特别是围绕龚旭义为何会一犯再犯，为何能两次“蒙混过关”，为何老师以为龚旭义听不进去的最后一次谈话反而被他听进去了，以及在导语中提及的教育观（理）念的适切性等进行更深入的反思，相信当事老师会有更新、更深刻的感悟，同时也能给故事的分享者带来更多的启迪。

（原载《湖北教育》2020 年第 27 期）

倔强学生的心锁“撬”不得

故事撰写：陈文东，湖北省襄阳市诸葛亮中学教育集团

八（2）班是我中途接手的一个班级，班上基本上没有“尖子”学生，“尾巴”却是挺大的，这也加大了提高成绩的难度，且班级管理也就相应地变得更复杂。肖光的故事就比较典型。

在其父再婚后，肖光主要由继母照料。开朗活泼热情的性格让肖光能与同学友好相处；倔强执拗的弱点，会致其易于冲动。在一次历史课上，他不小心把笔袋掉到楼下，老师拒绝了他下楼捡笔袋的要求，他却大摇大摆地走出了教室。事后的惩戒自然少不了：向历史老师认错，在班里公开写检查……肖光明知不该犯类似错误，但脾气一急，就什么也不记得了。

此后有件事促使我强烈地意识到，单靠肖光来实现自律并不是一件容易的事，他需要进一步的教育与监督。那天早自习，我巡查发现有几名男生的座位是空着的，我便在教室门口等候。不一会，肖光等几个人走回教室，大汗淋漓。经询问，原来他们是为准备当日下午的篮球联赛而放弃自习去练球。“老师，早自习不重要，为班级赢球、得奖杯更重要。”肖光找的理由反映了这几位男生的心声。

“集体翘课！”于是，我便有了“小题大做”的战术：通知家长，报告学校，请求“外援”。然而，肖光的态度不是很好。“那我们就不参加联赛了。”肖光不停地嘀咕。一气之下，我把肖光的错误态度通报给他父亲。迫于家校的压力，肖光最终写下保证认错了。但是，他的眼神告诉我，我的教育并没有达到目的。这让我心里一凉。

此后，肖光的操行继续下滑。吸取前次家校“联手”失败的教训，我只好不厌其烦地进行教育，严厉的、温柔的，是非之分、做人之道，晓之以理、动之以情等等。对于肖光这样脾气的孩子，我相信公正对待、以理服人会比严厉指责的效果好很多。

不久后我陪学生跑操，肖光很不认真，边跑边说话。于是跑操后我把他留下来进行个别谈话。他眼神中流露出抵触与对抗：“我比以前认真多了，还有什么好说的。”此刻铃声响了，他想回去上课。我心想如果今天不说服他，那么老师的教育就没有任何的意义。

我深吸了一口气，开始转变谈话角度，我说：“肖光，现在能够直言你缺点的人才是真心为你好、关心你成长的人……像你这样有特长的学生将来上了高中，前面的道路是很宽广的。我相信你是个懂事明理的孩子，应该能分清主次。……如果你对老师有意见，你可以直接提出，好的建议我一定接受并对自己的问题加以改正……”肖光边听边点头，虽然这次他没怎么说话，但是我感觉他真的听进去了。返回教室的路上，我又叮嘱了几句：“看着脚下，你的每一步都有一个痕迹，你的路是靠你自己走出来的，如果不想把它走歪，你就要落好自己的每一个脚印。”

出乎意料的是，第二天我收到了肖光的一封信：……上次参与集体翘课，老师和家长的处理方式让我觉得老师您并不够朋友，不理解我，从此便产生抵触心理。但是日前老师的一席话，真的触动了我，让我感受到老师您是在为学生的未来与人生在思考。您的真心帮助让我感觉到您是值得信任的人……

肖光的信让我感动，我当即给他写了回信，表扬他懂事和求进步的决心，相信只要他肯努力，一定能取得更大的进步。

这封信给了我这个老班主任更大的信心和动力。也许每个学生的心都像上了锁的大门，任你用再粗的铁棒也撬不开。唯有教师付出真诚的关怀和发自内心的师爱，才能把自己变成一把把巧妙的钥匙，开启一扇扇通向学生心灵的大门，走进学生的心中去了解他们。

像肖光这样的问题学生自卑有余，自信心不足，对老师缺乏信任和好感。如果班主任尊重他的人格与权利，以诚相待，给学生创造和谐的氛围，必将有助于激发他们自我转变的主动性和积极性。

◆ 故事赏析

暂时的挫败是走向成功的铺垫

● 故事特点

《倔强学生的心锁“撬”不得》比较集中地讲述了初中学生肖光在教师的教育和引导下，逐步成长的曲折过程。讲述者以为，肖光同学在其所在班级具有典型性。笔者以为，刚步入青春期的男生表现出倔强的性格，或言行冲动应该具有一定的普遍性，是初中阶段学生中常见的现象与问题。笔者相信，倔强的肖光的成长与转化过程会在许多读者中引发共鸣，也许还有老师会有似曾经历过的感觉，联想起自己学生中的另外一个或几个“肖光”。细读关于肖光的故事，当事老师所实施的教育与转化工作具有几个比较明显的特点。

一、坦诚面对失败的教训

凡老师眼中的倔强或调皮学生，老师的教育工作肯定会遇到较多的困难，并非一次谈话或一个举动就能奏效的，甚至屡教屡败也不为奇。当事老师当时做肖光的工作也没有逃脱如此轨迹。肖光在历史课堂上不听老师劝告，擅自离开教室下楼后，曾写检讨、向老师道歉等，但没过多久就将自己改错的承诺忘得一干二净。不按课表安排上早自习，邀约男生练球，老师批评时，肖光还振振有词，为自己的错误行为辩护……当事老师也曾经“心里一凉”。

然而，当事老师能客观看待教育批评屡不见效的事实。通过分析与思考，讲述者意识到“对于肖光这样脾气的孩子”“公正对待、以理服人会比严厉指责的效果好很多”。基于此认识，老师改变了态度与方法，后期才收到了较好的效果。

面对教育转化工作中出现的失误、失败等，作为老师一定要坦诚面对，不可回避。有的老师往往以为采取的方法针对性很强，应该见到效果，最终事与愿违，这对于缺乏经验的老师更是如此。究其原因，很有可能是因为老师对学生的行为动机、性格特点等缺乏必要的了解，施用的方法，就像中医师的处方一样，剂量不准或缺少一味药等，导致“疗效”不佳。因此，面对一两次或多次教育效果不佳，或失败，老师需要从学生和自身两个方面找原因，不能仅仅把问题都归结到学生身上。若是老师在施教时，有明显的不当之处，真诚向学生说一声“对不起”也未尝不可。

> 班主任在与学生进行‘对话’时，除了要真诚、细致外，还必须要充分尊重学生的人格和情感，应多用商量式的语气、建议式的口吻。(老师）不能不顾学生的意愿、情感，强迫学生接受自己的意见，把自己凌驾于学生之上，而应靠爱心、理解和尊重帮助学生取得更大的进步。转化问题学生的过程，是师生之间的情感交融、心理相容、双向交流、相互尊重和信任的过程。

这是讲述者随后发来的一段感悟，生动、贴切，具有指导性。

二、情绪不稳时教育效果就不佳

调整和保持良好稳定的情绪对教育效果的好坏至关重要。这既包括受教育者学生的情绪，也包括教育者老师的情绪，即使只有一方的情绪不佳也会影响到交流与沟通的成效，甚至很难顺利完成沟通，有时候还可能适得其反，激化矛盾。

肖光等男生不上早自习跑去练球，在老师面前不认错。于是，当事老师将此定性为“集体翘课”。随后当事老师采取了“小题大作”的战术，对男生利用早自习练球做出了系列的处置——通知家长，报告学校，请求“外援”，但最终的教育效果并不理想。客观分析，当事老师的教育措施的确是“小题大做”。

为何当事老师要出此“下策”？笔者看来，老师当时的情绪不稳，急于求成是一个重要的原因。肖光所在的班级“基本上没有‘尖子’学生，‘尾巴’却是挺大的，这也加大了提高成绩的难度，且班级管理也就相应地变得更复杂”。况且肖光是班级学生中反面的典型代表。若是“镇不住”肖光，就难以管理全班；若是今后其他同学都找由头“翘课”，班级的成绩就更难提高。正因为如此，老师遇事能不急吗？

当事老师在情绪不稳的时候，通常会显现出急于求成、恨铁不成钢、将学生置于对立面等态度，并据此选择教育转化方式。因此，作为教师，应该时刻牢记要做好学生的教育引导工作，特别是处理和纠正学生所犯错误，首先应该调整好自己的情绪，采用关爱、友善的态度接近学生。即使对学生实施教育惩戒，也必须以教育学生为目的。讲述者利用陪学生跑步时与肖光交流，听到铃声后的肖光对老师的谈话不感兴趣。然而当事老师“深吸了一口气，开始转变谈话角度”，自身情绪控制非常到位。这才有第二天肖光写给老师的信。

三、话不在多须一语中的

在故事的结尾处，讲述者袒露了自己教育转化肖光后的感悟：“也许每个学生的心都像上了锁的大门，任你再粗的铁棒也撬不开。唯有教师付出真诚的关怀和发自内心的师爱，才能把自己变成一把把巧妙的钥匙……”笔者非常赞同当事老师的看法，这个比喻也比较恰当。

教师对学生要做深入细致的工作，要有坚守的态度和持久的耐心，这强调的是要给学生吸收老师的意见与建议留有一定的时间。但是，这并不意味着做学生的思想教育工作就一定要多谈话、反复谈。只要教育或批评能切中要害，让学生感受到老师的关心与用意，有时候几句话就能发挥作用，收到一语中的的效果。

这也并不是说前期的谈话与沟通都是无效的，或是在浪费时间，相反前期的工作也许就是铺垫，为学生完全接受老师的教育打下了基础。当时老师与肖光谈话，就间接提到自己过去对肖光的批评，而“能够直言你缺点的人才是真心为你好”，让肖光对老师的怨恨得以释怀。

● 有待商榷

在肖光等“集体翘课”后，当事老师的处置措施之一就是“通知家长”，并请家长参与相关的教育批评。当然，家校联手教育孩子值得肯定，在通常情况下，也是必需的。但是，当学生犯错时，是否通知家长，或要求家长参与教育转化，需要权衡利弊，慎重行事。一方面，家长不恰当的参与很有可能致使学生失去对老师原有的或即将建立起来的信任感。另一方面，得知孩子在校惹事，很多家长会觉得孩子在外面给自己丢脸了，会加重惩罚自己的孩子，激化孩子与家长、学生与老师之间的矛盾。

肖光“翘课”发生在校内，翘课去打球显然不妥，但是也有个较好的由头，为班级比赛做准备。这既是“初犯”，又无安全隐患，完全处于老师的掌控之中。因此，通知家长，甚至在同行中找“外援”等措施的确值得商榷。

● 建言促改

为教育转化肖光同学，当事老师采取了家校联手、反复规劝、开导启发、耐心说服等诸多措施，在收到肖光来信的那一刻，老师增强了“信心和动力”。在其工作过程中，老师还认识到要尊重学生的“人格与权利”等。这些行之有效的措施值得坚持。

在故事中，当事老师还简要介绍了肖光的优点，如性格开朗、与同学相处融洽等。因此，面对倔强的学生，老师在坚持前述有关措施的同时，还可尝试利用学生的优点来教育和转化学生。特别是在“尖子少”“尾巴大”的班级，更需要有在全班同学中有影响力的学生来引领，从班级管理的方方面面来逐个实现突破。

从教室卫生思劳动教育

案例撰写：石家锐，武汉市光谷第二高级中学

清晨，值日生正在教室外的走廊上拖地，但拖过的地方却留下了许多脚印，看上去地更脏了。教室内，桌歪椅斜，不少座位下边垃圾遍布，同学们视若无睹地拿着书本早读。走向讲台，班主任故作冷静地问道：“座位下满是垃圾，你们坐在中间舒服吗？教室内乱放杂物，桌上杂乱无章，你们能有好心情开始新一天的学习吗？”

面对突如其来的质问，班上没有人吭声。短暂的安静后，陆续有学生开始整理课桌、打扫卫生……但这也不是个长久办法，于是，班主任便找劳动委员和当天的值日生谈话，希望他们担起责任，并与他们一起将教室里暂时无人认领的物品装入袋子，通知学生们课后去认领。

有家长曾向班主任抱怨学生在家一有闲暇就玩手机、打游戏、看电视，极少参与家务劳动。班级也曾组织过“周末生活调查问卷”活动，除了学习、睡觉、玩耍，学生们劳动的时间少之又少。部分学生并没有真正认同“劳动最光荣”的观念，甚至有人蔑视劳动。

为此，周五的班会班主任决定以“劳动最光荣”为主题。通过一番讨论，绝大多数学生认为热爱劳动是一个人应该具备的重要品质。课堂上认真学习，课后按时完成作业，热爱阅读，热爱运动，亲手为父母制作生日礼物等，这些日常细节里处处体现着劳动之美。

“观念决定方向”，在主题班会上，班主任强调说，“同学们要认识到，劳

动即在做中学，在做中求发展，在做中实现自己的梦想。懂得了劳动之美，同学们未来无论身处何地，都能热爱劳动，都能做实事，都能通过自己的努力实现个人价值。”最后，班主任要求学生们通过阅读和网络搜索搜集一些与劳动有关的励志语在班级分享，包括励志语的出处、寓意和背后的故事。

接连几天，从突击抓教室的卫生，继而延伸到强化劳动观念，所见成效令班主任深感欣慰。其实，卫生习惯与教室保洁，何止与学生的劳动观念相连。班主任在电子工作日志上敲下了这样几段文字：

教室环境需“先立后破”。突如其来的质问以及主题班会给全班学生“猛击一掌”。有的学生劳动意识和责任意识较强，也有一些学生比较懒惰，自制力较差。因此，必须建立制度，形成机制，包括值日分工、职责说明、卫生标准、例行检查、奖惩措施、温馨提示等。表扬与勉励起带头作用的学生，鼓励与监督自觉性不强的学生，继而让学生监督代替班主任检查，达到即使无人督促检查，学生也能做好卫生、保持整洁的目标，将他律转换为学生的自律。

劳动创造美。美好的教室环境可以陶冶学生的情操，激发学生维护环境的内在动力。学生养成讲卫生、爱整洁的习惯可与展示“最美寝室”“最美角落”等活动相结合，用环境育人，陶冶学生的情操。评选“卫生之星”，引导学生爱劳动、重实践、欣赏美、关注健康。落实劳动实践类课程，如学习雷锋活动，让学生在维护美好社区行动中树立责任意识，领会助人为乐的精神与共建美好家园的担当。

培养学生的卫生习惯与劳动意识，间接影响着学生社会公德的形成。如遵守社会公共规范，提高自制力，做高素质的社会公民。应培养学生良好的行为习惯，体验劳动的快乐与光荣，与家人共同承担家务，与同学共同打造最美校园。让劳动成为一种习惯，让整洁的校园成为一道亮丽风景。作为班主任的我，以身示范，常抓不懈，责无旁贷……

◆ 案例赏析

增强劳动观念，陶冶美的情操

● 案例特点

通过清晨进教室后发现清洁卫生状况不佳，班主任不仅严肃认真地指出了存在的问题，还以小见大，将此提升到劳动观念、社会责任，欣赏美、展现美、陶冶情操的高度来教育引导学生。从处置问题入手，将班级管理过程变成教育和引导的过程，其重要性与教育性不可低估。在学生们的眼里质问“突如其来”，而班主任则是深思熟虑，找准机会“猛击一掌”，唤起了学生对教室清洁卫生以及保持环境整洁的意识，有助于学生增强劳动观念，陶冶美的情操。

一、以身示范，长短结合建章立制

班主任与学生们一起将无人认领的物品装入袋子起到了以身示范的作用。如果说这是举手之劳，那么班主任在工作日志上留下“以身示范，常抓不懈，责无旁贷”的字样，则体现其在班级管理中身体力行的理念与决心。老师以身作则比口头说教更能深入学生的心灵，更好地发挥带动作用。

维护教室的清洁卫生和培养学生爱整洁的习惯需要长久发力的举措。“猛击一掌”虽然见效较快，但难以持久，必须要建立制度，形成机制。“值日分工、职责说明、卫生标准、例行检查、奖惩措施”等，就是建章立制，用制度来规范和约束学生的日常行为，促使学生养成良好的生活卫生习惯，保持公共学习场合的整洁，为学习与活动创造良好的环境。

由此，案例给予我们启示：若在班级管理中制度难以执行，或达不到预定的目标，则需要分析一下是否缺乏与制度配套的具体方法，或缺少实现目标所必须遵循的规程。部分学生缺乏劳动的体验，不懂得相关的劳动技巧不足为奇。因此，帮助他们解决技术性层面的具体问题，例如写出“职责说明、卫生标准”等，教会学生一定的劳动方法与技巧也很有必要。

二、以近促远，针对问题传播理念

“劳动最光荣”主题班会的目的是向学生传播正确的劳动观念。以打扫卫生、维护教室整洁为切入点，让学生们交流对“劳动最光荣”的理解，深化对劳动的思想认识。许多日常生活细节，如“课堂上认真学习，课后按时完成作业”，“热爱阅读，热爱运动”，“亲手为父母制作生日礼物”等，无处不体现劳动之美。用身边看得见、摸得着的实例纠正学生对劳动的错误认识，从广义上诠释劳动的含义，有利于增强学生的劳动观念，在青少年时期养成热爱劳动、参与劳动的良好品质。

学生怎样认识劳动，就会产生怎样的劳动效果。班主任在班会上强调“观念决定方向”，学生们经讨论将劳动定位为“一个人应该具备的重要品质”，就是要将劳动视为人生奋斗以及实现个人价值的必要途径。相信全班学生都能从班会上的交流与班主任的讲话中吸取营养，从思想上扭转对劳动的肤浅认识，时刻牢记“劳动即在做中学、在做中求发展、在做中实现自己的梦想”；懂得劳动之美，时时处处热爱劳动，能做实事，能通过自己的努力实现个人价值。

三、以虚促实，紧扣方针落实美育

工作日志记录的是班主任的反思与观念，强调了“劳动创造美”。在很短的篇幅内一共使用了五个“美”字，“展示‘最美寝室’‘最美角落’”“爱劳动、重实践、欣赏美，关注健康”“维护美好社区”“共建美好家园”。这的确令人耳目一新，自然联想到美育。

也许有人认为将劳动教育与美育相类比有些牵强，因为美育概念看上去显得比较抽象、比较“虚”，难以落地。但是本案例从“最美宿舍”“最美角落”等两个方面将美化环境、环境育人落到了实处。学生还可通过“欣赏美”陶冶自身的情操，不断提升对美的欣赏能力。

劳动可以树德，可以增智，可以强体，可以育美。我们可采取一系列措施和方法，将美育的理念与要求变成教育目标与教育实践过程，我们可采取一系列措施和办法，培养学生发现美的能力、欣赏美的能力、展示美的能力、分享美的能力、创造美的能力。学生参与班级劳动，改善校园和教室的学习生活环境，就是在美化环境，在一定意义上就是在创造美。因此，培养学生的劳动意识，引导学生提升创造美的能力，就是在落实对“劳”和“美”的要求，让学生热爱劳动，参与劳动，受到美的熏陶，在美中成长。

● 有待商榷

本案例若是将学生不会拖地和不爱整洁作为在班级开展劳动观念教育的一个切入点未尝不可。若是要借此解剖学生中存在的劳动观念薄弱、劳动技能与效果差等背后较深层次的原因，仍有值得进一步推敲与斟酌之处。

学生中不会拖地者定有其人，但是作为分析研判，我们更应该注重找出学生不会拖地的原因。拖地的方法很重要，但毕竟还是简单的动作，地湿会造成行人滑倒或人走过会留下脚印的道理，高中学生都应该明白。极少参与家务劳动更不应该成为不会拖地的理由，何况方法与经验仍然只是一个表象。因此，如果说是缺乏劳动的方法与经验，理由似乎不够充分。

学生对糟糕的教室卫生环境视若无睹，显示了他们对教室环境质量的要求很低，无责任和担当意识。联系本案例“从教室卫生思劳动教育”的主题，若是从参与保持公共卫生等角度去分析或判断，很有可能导致学生对劳动的概念产生狭义的理解，不利于促使学生从广义上把握“劳动”深刻而丰富的内涵。幸好班主任在日志中已经思考了如何采取跟进措施。

案例中列举了“周末生活调查问卷”的结果，不知列举这样一个调查结果，是想表明家长在抱怨学生在家劳动的时间少之又少呢，还是学生不听家长安排自由地学习、睡觉和休闲呢？经过一周紧张的学校生活，学生回家后，多花点时间休息或自学又有什么不妥呢？问题在于是否有人引导学生承担一定的家务劳动，或是否有人陪同学生参加一些社会义务劳动等。

总之，若能对学生劳动观念不强，甚至有人“以劳动为耻”等的成因进行更加深入的剖析，则会使案例更加丰满，更具有教育和借鉴意义。

● 建言促改

2019 年高考语文全国 I 卷的写作题要求考生围绕“热爱劳动，从我做起”撰写一篇演讲稿，随后媒体上有关“劳动”的讨论用铺天盖地来形容一点儿也不夸张。高考试题中关于“劳动”的命题，的确应该引起教育工作者对劳动教育的高度重视。

因此，建议借教育界、媒体以及社会上对作文题引发的讨论，细致阅读，反复品味，深入分析各方对劳动教育的看法与评论，增强对学校开展劳动教育重要性的认识，并拓宽思路，力求在教育方法与路径上有所创新、有所突破。

结合本案例的实际，从家庭教育、学校教育、社会环境、个人认识与实践体验等方面具体分析高中生劳动观念薄弱、劳动技能差的原因，可将侧重点放在家庭影响与学校教育两个方面，主动反思学校劳动教育的成败。我们不仅要看到学生在高中学段存在的问题，同时也要对低学段期间在劳动教育方面留下的漏洞进行分析，对症下药，增强教育措施的针对性。

（原载《湖北教育》2020 年第 33 期）

当努力没有得到回报

案例撰写：杨瑜，武汉市光谷第二高级中学

高一年级的期中考试如期而至。面对进入高中后的第一次大型考试，学生难免会紧张，都想通过这次考试证明实力。在生物科开考的前夜，一直都有学生围在老师身旁讨论问题，还邀请老师带领他们将重点内容从头至尾复习了一遍。唐丽与很多其他同学一样，考试的前一天中午不休息还在复习。进考场前，同学们都是信心满满的，甚至还有学生说："杨老师，我们班这次生物成绩绝对是年级第一！"

考试结果却差强人意。晚自习时，有女生低声跟我说："杨老师，唐丽现在很伤心，她生物学得很努力，考前一周就重点复习生物了，可连个及格都没有得到。"我心里咯噔一下，看了看唐丽，她正在偷偷地落泪。

对学习缺乏信心的学生，都想通过期中考试找回自信，急于证明自己有努力就能成功的潜能。期望越高，失败后打击就会越大，我担心唐丽会因此放弃努力。在课堂自习时，我佯装不经意走到她身边，轻声安慰了两句，但她一直将头低垂在胸前。

也有部分学生考完后无所事事。为抓住机会让学生反思和设定目标，我要求同学们给老师写纸条。基于两个多月相处的基本信任，唐丽在纸条上吐露了心声："我"很痛苦，痛苦于自己的努力没有回报，觉得自己再怎么努力都学不好生物。我花了一天的时间，在每个同学交上来的纸条上都写上一段话。我告诉唐丽，她是一个可爱聪明的女孩，老师相信她的能力，人生的路好长好长，这次考试只是万千脚印中的一个，不仅不影响大的方向，还可成为成功的基石，自己的信念才会影响前进的方向……唐丽看完反馈的纸条后，见到我会心地笑了。

日常考试只是一件小事，但它对于学生的成长却非常重要。很多学生都有同样的困惑，为什么平时很努力，考试成绩却不理想。根据韦纳的归因理论，一个人在分析其成败原因时，主要可考虑三个维度：稳定性、内在与外在、可控性，以及六种因素：能力高低、努力程度、任务难度、运气好坏、身心状况、外在环境。基础较差的学生很容易将不理想的成绩简单地归因为自己的能力不足，因而难免会失去信心。老师此时应引导学生将失败归因为努力程度不足，帮学生找回信心，甚至可以帮助他们归因为任务难度、运气好坏、外在环境等外在因素，避免他们过度自我怀疑。对于那些推卸责任，只归因于外在因素的学生，老师一定要引导他们认识努力与付出的重要性。

有老师时常感叹高中生没有小学或初中学生跟老师的关系亲近，可能是因为高中生心智更成熟。但实际上他们的心智远没有看上去那般成熟，在学习以及其他很多方面他们同样需要老师的引导和帮助。方法得当帮助才会奏效，最基本的是建立师生互信：通过与学生交流，了解学生，分析问题，促其健康地成长。一旦学生形成了良好的学习习惯，并且找到了有效的学习方法，将有利于学生未来的发展，使他们终身受益。伴随其中，良好的师生关系也会更加稳固和深厚。

面对此类事情的发生，我对唐丽采用的策略虽说没有不当，但也不够完善和成熟，能够以点带面才更能体现教师的智慧。若能给唐丽及其他同学留下更多的时间空隙，让他们先自主思考，然后再同他们面对面地深入交谈，同学们对自身的特点或问题会看得更准，分析得更透彻。下一步仍可在了解其学习困难和习惯的基础上，引导学生学会归因的方法，列出解决问题的具体措施，教育和引导他们面对生活中的各种成功和失败。

◆ 案例赏析

调准学业期望值，激发学习内驱力

● 案例特点

本案例围绕不理想的考试结果这一话题，着重陈述了具有代表性的学生的思想变化过程和老师的教育引导措施，以及老师的研判与反思，在学校教育中具有比较普遍的意义。

一、紧盯常见现象解决实际问题

考试成绩低于预期在高中学生中是一个常见的问题，颇具典型性。生物科老师并没有因其为常见而忽视它，而是发现唐丽同学考后情绪波动，及时采取了相应的措施。例如，“佯装不经意走到她身边，轻声安慰了两句”，随后又“要求同学们给老师写纸条”，“让学生反思和设定目标”，这给予了唐丽“吐露心声”的机会。老师在给唐丽的反馈纸条上对其给予了鼓励，其中“万千脚印中的一个”“成功的基石”“前进的方向”等措辞，定会对该生产生积极的影响。

滴水成河，粒米成箩。学生的知识积累就像习惯养成一样，需要从点滴之处着手，不能奢望立竿见影；学生的教育与成长，需要在日常细节上做文章，贵在坚持不懈。然而，这些简单、通俗、可行、有效的道理与做法，往往在教育实践中被忽略。有的老师对学生中常见的现象与问题不敏感，或因事小而不为。无论是对唐丽当面的劝慰，还是在反馈纸条上留下的文字，都具有一语中的的特点，能够结合学生思想状况道出实情，说到点子上，其沟通的态度与方式值得同行思考与借鉴。

二、梳理教育过程让反思变行动

撰写者反思了自己对唐丽教育开导的过程，首先是对自身已经采用的措施做出了基本的评判，老师以为“采用的策略虽说没有不当，但也不够完善和成熟，能够以点带面才更能体现教师的智慧”。紧随其后，撰写者提出了更具可操作性的具体措施，即“给唐丽及其他同学留下更多的时间空隙，让他们先自主思考，然后再同他们面对面地深入交谈，同学们对自身的特点或问题会看得更准，分析得更透彻”。相比之下，反思中提出的措施从另外一个角度切入，可引导学生独立深入思考。

通过反思重新认识过往的教育实践，但仅仅停留在认识的层面是远远不够的，必须在重新认识的基础上采取更加有效的教育引导措施，或对已用措施加以弥补，达到教育转化的目的。相信在反思之后，教育引导措施的实践，会更有效。

三、寻求理论支撑“鱼”“渔”兼授

撰写者结合解决学生面对考试失误的实际，不限于精神和思想上的安慰与鼓励，还帮助学生分析考试结果差强人意的原因。当事老师运用韦纳的归因理论，在分析与研判中示范了如何从三个维度与六种因素的角度进一步分析成功与失败的原因。在反思中撰写者再次强调要教会学生归因的方法，引导他们正确面对生活中的各种成功和失败。这有利于引导学生学会分析问题的基本方法与技巧，达到授人以渔的目的。

教育案例或叙事研究一般以特定的具体问题、人物、事件为主体，集中探讨的问题或涉及的面受到一定的限制。若要发挥教育案例和叙事研究的作用，我们需要学会举一反三。其中比较有效的方法就是通过案例或叙事体现一定的教育学原理或应用相关的理论与方法进行分析，充分发挥案例与叙事研究的作用，在引导学生提高分析能力的同时，提升教师的教育理论素养。

● 有待商榷

个别概括性语言不够严密。本案例中概括和判断性表述多处可见。例如，“期望越高，失败后打击就会越大，我担心唐丽会因此放弃努力”，笔者在其他的场合或文章中，也常听到或看到“期望越高，失落越大”等。单独地看，前述两种表述无论是逻辑上，还是所表达的意思上都无可挑剔。但是结合本案例中学生对学习效果或考试结果的期望，若强调“期望越高，打击就会越大”势必会削弱“目标引领”在引导和激励学生提升学习效果中的作用，甚至误导学生降低自身学习的目标。

也许将“期望越高，失败后打击就会越大”用来表达对外控因素的期盼比较恰当。若指内控因素，最好还是引导学生有所期望。如国外有的教师通常用“Higher expectation, greater achievements”（期望值越高，学业成绩越好）来激励学生。学生确立了自身的学习目标与期盼，才不会脚踩西瓜皮，这里的期盼也就变成了内驱力。

对学生日常考试如何定位。本案例讲述的是学生面对进入高中后的第一次期中考试前后发生的故事，不可避免地涉及对考试与评价的认识与定位。例如，学生“都想通过这次考试证明实力”。学生对这场考试的定位就是要证明自己的能力，即能够考好，能够比过去考得更好。而在老师眼里，“日常考试只是一件小事，但它对于学生的成长却非常重要”。显而易见，老师和学生对期中考试的定位与认识存在差异。

著名教育评价专家斯塔佛尔姆强调：“评价不在于证明，而在于改进。”很明显，学生带着“证明实力”的想法去参加考试的苗头应该引起老师的重视。考试成绩以及考试能力对于高中学生的重要性毋庸置疑。笔者以为，中小学生在校参加的考试，除毕业考试和升学考试外，各个阶段不同名目的考试所承担的作用主要体现在诊断和反馈两个方面。但是，若是每次考试都将关注的重点放在分数的变化上，可能导致学生将学习过程和考试结果本末倒置。在校生的学业（科）考试重在找短板，查漏洞，检验教与学的效果。若能引导学生端正对日常考试的认识与态度，定能帮助学生缓解因考试而产生的压力与焦虑。

● 建言促改

深入研判具体原因。在分析与研判中，撰写者对学生考试失利的原因进行了分析，并专门引用和介绍了韦纳的归因理论。但是，所做分析以及提出的措施仍然比较宽泛，对学生而言针对性不强。案例和叙事一般是将一个具体的问题说清楚，让读者看明白。例如，利用归因理论帮助唐丽找出影响其考试结果的主因，是学习态度差，还是方法不得当等，这样才能帮助学生更好地明确努力方向，补齐自身的短板。

详细描述实情实景。情景再现对故事的情节进行了描述，但仍然可以更加生动地呈现。例如，引用唐丽给老师写的纸条的原始内容以及老师回条的原文等，既可增强情景的真实感，也会使描述更加生动。对另有一处"对学习缺乏信心的学生……"，建议围绕"缺乏信心""找回自信"等，进行更加细致的描述，展开师生谈心、同学对话或纸条沟通的过程，将读者带入情景，引发其联想，加深其印象。

扣住主题聚焦反思。反思内容中提到了"师生关系""教师智慧"等两个主要方面。相信撰写者草拟案例时，故事已经过去了一段时间，也许已经尝试过反思中提及的弥补和跟踪措施。因此，可紧扣"当努力没有得到回报"这个主题，进一步阐明良好的师生关系是如何发挥作用的，或教师智慧与提升学生努力学习的"回报率"的关系等。